U0119556

民間信仰研究叢書11

小眾信仰的宗教市場模式研究

—以廣州菩提學會爲例

吳良平 著

蘭臺出版社

從市場看宗教與社會關係的重構——來自中國的一個地方性知識

這是我在中山大學攻讀人類學博士學位的論文，該文是基於筆者22個多月的田野調查工作寫成的文本。這篇論文探討的實質問題和我碩士期間的研究問題具有延續性。兩者均是探討佛教信徒的組織模式、資源動員機制及其對宗教社會功能作用的影響，具有較為強烈的現實社會關懷感。在《瑪納斯大佛寺寺內居士林與社會建設》一文中，筆者主要探討了一個寺內居士組織的創立對於宗教組織結構變遷以及宗教和社會關係重構的意義，而這篇博士學位論文則延續了這個問題，只不過採用了當代人類學家喬治·E. 馬爾庫斯（George E · Marcus）提出的文化並置方法，將研究對象換成了體制外宗教現象——藏傳佛教的居士組織，即廣州市菩提學會。筆者嘗試借助另一種佛教信徒組織的修行理念、資源動員模式和社會功能的研究，為漢傳佛教居士組織和社會的關係研究提供另一種可能的對照。在理論視角上，本書引入了宗教市場論的區位概念，嘗試為西方宗教社會學理論注入中國文化經驗，重構西方宗教社會學的核心概念，推動西方宗教社會學理論的本土化。同時，在闡釋宗教組織資源動員方面，即各類細分市場的資源整合機制上，除了引入佛教居士網路這個關鍵概念外，還首次將長尾理論引入宗教現象的解釋中，這種做法雖然容易受到那些不喜好經濟理論的專家的批評，但筆者認為長尾理論在解釋藏傳佛教在內地傳播的社會資源動員機制方面確實有效。

本書具體內容介紹如下：

學界關於宗教市場論在中國語境下的適應性問題主要包括範式合法性、命題檢驗、文化多樣性和理論邊界問題等四種討論維度。本書主要結合文化多樣性和理論邊界拓展兩種維度進行探索。

文章認為市場的本質是一種資源配置方式，有關宗教組織的市場運作和資源配置方面，宗教市場論提供了頗具啟發性的解釋，宗教市場論有回應現代性問題而拓展其理論邊界的潛力。但宗教市場論在中國的運用有賴於結合具體的社會文化脈絡重構其概念內涵和分析框架。文章結合廣州市菩提學會的田野調查資料，以斯達克宗教區位市場概念為邏輯切入點，結合社會文化脈絡重構宗教市場區位的內在構成維度；同時借助長尾理論探討廣州菩提學會各類小眾市場（細分市場或區位）運作的資源動員機制，推動宗教市場論回應宗教和社會關係重構的問題，進而為拓展宗教市場論的理論邊界創造條件。

本書的主要發現和論述結構如下：

第一，廣州菩提學會的宗教現象是一種小眾信仰。第一章介紹了文章的研究問題、理論視角、田野過程和論文結構。第二章田野調查發現，廣州市菩提學會的信徒大多屬於教育水準高、收入穩定、年輕的新型社會階層，表現出了義理佛教信仰偏好，屬於典型的小眾宗教信仰現象。

第二，廣州菩提學會各類小眾市場構成有其社會文化脈絡。本書第三章中，從文化脈絡上講，基於大乘佛教「自度度他」宗教精神和菩提學會「漸修漸悟」的修行理念，廣州菩提學會創建了佛法共修、佛化國學、慈善、放生和臨終助念等多種宗教子公司類型。社會脈絡上講，如此多樣的宗教公司為信徒提供了多種的宗教服務，迎合了新型社會階層的多重信仰偏好需求，廣州菩提學會形成了佛法共修、佛化國學、慈善、放生和臨終助念等多種分散的信仰小眾（區位）市場。

第三，資源長尾：廣州菩提學會各類小眾市場運作的資源動員機制。第四章到第七章在第三章基礎上進一步詳細描述了各類細分市場的生成過程、內在構成後，運用長尾理論分析了各類小眾信仰偏好市場的需求、人力、物力等資源如何在信徒網路的作用下跨區域彙集和共用的過程。由此生成了佛法共修、佛化國學、慈善、放生和臨終助念等市場運作所需的多條資源長尾。正是依託這些資源長尾，廣州菩提學會實現了跨區域的信仰傳播。

第四，結語：理論回應和研究展望。首先，廣州菩提學會的宗教市場構成有其社會文化脈絡；新型社會階層信仰選擇有實踐理性精神；區位跨立是一種常態，中國宗教市場構成並不止三種顏色。其次，廣州菩提學會宗教市場的資源動員中形成了資源長尾機制。廣州菩提學會資源動員機制可能推動了區域佛教不同教派間、宗教和地方社會的關係重構。最後本書提出可以進一步開展佛教不同教派、不同宗教的市場構成和資源動員機制比較研究，以推動宗教市場論回應宗教和社會的關係問題，拓展其理論邊界。

本書解釋了廣州市菩提學會的宗教區位市場構成、資源長尾機制和資源長尾中的區域佛教結構重組。這對於推進當代城市宗教現象的認知可能會有所助益，對於瞭解當下中國新型階層的精神特徵以及政府的宗教管理也有啟發意義。在理論上，文章借助宗教市場論區位概念的重構，探討了當代中國社會階層分化背景下的小眾信仰市場的運作規律，回應了宗教市場論的一些爭論；並將市場看作一種資源動員機制，進而分析其在重構地方宗教和社會關係方面的可能，為拓展宗教市場論的理論邊界創造條件。由於作者水準的局限以及各種限制因素，本書的觀點未必完全合適，也歡迎更多學術同仁多多批評指正，共同推進相關研究的進步。

在本著即將付梓出版之際，特別要感謝在我求學過程中給予我思想啟迪的諸位老師，尤其要感謝我的恩師，中山大學劉昭瑞教授，感謝劉老師對我的栽培和教導，劉老師嚴謹的治學態度，深厚的「板凳功」，這些都是我們後輩需要傳承的學術精神。也要感謝我的師資博後合作導師，陝西師範大學中國西部邊疆研究院王欣教授，王老師為人和善、熱情，特別強調學術的社會使命感以及學者的安身立命之所的雙重意義。感謝陝西師範大學的周偉洲先生、馬強教授、韓香教授、吳洪琳教授和吾斯曼江教授等給予筆者的諸多鼓勵和指導，感謝徐百永副教授、王啟明副教授、王超副教授以及羅宏博士，在工作生活方面給予我這位後來者提供了諸多寶貴經驗分享和指點。本著的寫作過程中還得到很多專家、資料收集對象等等的支持和幫助，這些故事都在本書後記中有詳述，這裡不再贅述。還要感謝蘭臺出版社的陳嫊竹女士、楊容容女士、沈彥伶女士及各位工作人員們，感謝參加本書匿名評審的三位專家教授對於本書學術價值的認可及提出的寶貴修改意見。正是他們的辛勤工作，才保證了本書順利出版。

吳良平
陝西師範大學　雁塔校區　文科科研樓
2019年10月17日

目　錄

從市場看宗教與社會關係的重構——來自中國的一個地方性知識　5

第一章　導論　13

第一節　問題與意義　14

一、一個延續性問題　14

二、研究意義　18

第二節　研究評述、理論框架和概念　19

一、研究評述　19

二、理論框架　46

三、概念界定　47

第三節　田野過程、分析方法和論文結構　50

一、田野過程　50

二、資料分析方法　53

三、本書結構　55

第二章　廣州菩提學會概況　59

第一節　緣起與活動空間　59

一、緣起　60

二、修行場地　61

第二節　小眾：信眾人口特徵　67

一、信眾人口社會特徵　68

二、若干案例　70

本章小結　72

第三章　廣州菩提學會的市場構成　73

第一節　修行理念與「宗教子公司」　74

一、修行理念：自度度他　漸修漸悟　74

二、宗教組織類型和修行活動內容　78

第二節　信眾偏好的分化　84

一、修行路上的初次分化：靈驗和理性認知型信仰 85
二、聞思與發心：願菩提到行菩提 86
三、聞思佛法的分化：佛教學習的次第 89
四、發心偏好的分化：度化對象的選擇 91
第三節 迎合信仰偏好中多重小眾市場的生成 97
一、佛法共修市場 98
二、佛化國學市場 99
三、慈善和放生市場 100
四、臨終助念市場 101
本章小結 102

第四章 佛法共修市場的資源動員機制 103

第一節 新型階層的義理佛教信仰偏好 103
一、從居士口述改信經歷中看新型階層的信仰偏好 104
二、次第修行：廣州菩提學會佛法學習特徵 108
第二節 佛法共修細分市場的構成 110
一、初來乍到者的學修生活 111
二、跟隨圓泓學習入行論預科 114
三、高知高管們的佛法學習 118
四、培養居士弘法精英 122
第三節 佛法共修市場運作的資源長尾機制 130
一、信徒網路資本積累的三重機制 130
二、佛法共修市場增長的長尾機制 137
本章小結 139

第五章 「佛化國學」市場的資源動員機制 141

第一節 宗教供方的適應性調整與「佛化國學」市場 142
一、緣起 142
二、課程體系和組織結構 145

三、身份合法化的努力 147
第二節 「佛化國學」細分市場的構成 151
一、嬰幼兒及孕婦佛教共修 151
二、青少年的修行 156
三、面向高校學生成長的項目 160
四、社會企事業單位的講座 163
五、社區老人 166
第三節 佛化國學市場運作的資源長尾機制 169
一、共享課程資源的長尾 169
二、師資力量的長尾 171
三、需求市場的長尾 172
四、項目孵化器 173
本章小結 177

第六章 慈善和放生市場的資源動員機制 179

第一節 公益活動中的信仰需求偏好和細分市場的構成 180
一、宗教慈善需求偏好市場 180
二、CH宗教公益團體：信仰偏好的社會表達形式 181
三、基於信眾特徵的廣州CH宗教公益活動 183
第二節 一種長尾式慈善資源動員機制 191
一、慈善項目 191
二、微慈善：配捐 192
三、「佛友交易俱樂部」194
四、愛心小馬駒 194
五、徒步公益捐款 195
第三節 放生細分市場的運作的長尾機制 196
一、放生中的信仰偏好 196
二、放生概況 197
三、道友網路與日常化放生的長尾機制 200
本章小結 206

第七章　臨終助念市場的資源動員機制　207

第一節　實地助念市場：一種供方模式　208

一、慈航：廣州生命關懷團概況　208

二、實地助念的一般程序　211

第二節　實地助念的困境與適應策略　213

一、動員困境　213

二、適應需求方的策略　215

第三節　網路助念市場資源動員的長尾機制　219

一、一程網路助念發展概況　220

二、助念的多重偏好市場　223

三、信徒網路與助念活動中的長尾效應　225

本章小結　235

結　語　237

一、廣州菩提學會的宗教市場構成及其資源動員機制　237

二、宗教市場的資源長尾與區域佛教結構重組　242

三、展望：文化並置視角下的宗教市場類型研究　250

參考文獻　253

附錄1　2015級入行論預科班學員資訊表　267

附錄2　2016年3月-2017年6月廣州XR組織外出講座記錄　270

附錄3　成長營課程表　275

後記　277

第一章
導論

宗教市場論在中國的適用性是學界爭議較多的問題之一。概括起來主要包括範式合法性、命題檢驗、文化多樣性和理論邊界拓展四種進路。本書認為宗教市場論在中國的運用有賴結合具體的社會文化脈絡重構其概念內涵和分析框架。同時，有關宗教組織的市場運作和資源配置方面，宗教市場論提供了頗具啟發性的解釋。借助宗教市場資源動員機制的研究可以為宗教的社會參與問題討論創造條件，回應宗教和現代性的關係問題，進而拓展宗教市場論的理論邊界。本書基於廣州市菩提學會的田野資料，以宗教市場論的區位概念為起點，嘗試借助區位概念的重構拓展宗教市場論在解釋中國宗教現象中的可能性，並引入長尾理論分析市場資源動員機制，為探討宗教和社會關係重構問題創造條件，進而拓展宗教市場論的理論邊界。

第一節　問題與意義

因緣聚合，使得筆者有條件來展開這樣一項研究，本書通過深入的田野調查給予菩提學會的區位市場構成及其資源動員機制以解釋。

一、一個延續性問題

選擇廣州菩提學會的宗教市場機製作為學位論文研究主題，源於筆者在新疆瑪納斯大佛寺和廣州菩提學會的兩次調研經歷。

剛上碩士時，碩士生導師就讓我去新疆瑪納斯大佛寺[1]做田野調查。為調研的方便，筆者採取了成員身份法[2]，個人角色先後經歷了兩次演變，從一名普通的「居士」變成寺內居士林的秘書兼宣傳部部長。期間筆者參與籌建了瑪納斯大佛寺寺內居士林。這一寺內居士林是適應新疆的獨特宗教文化生態背景的產物，大佛寺寺內居士林的籌建推動了寺院組織結構的變遷，增強了其資源動員能力，進而擴展了寺院的社會參與，重構了寺院與當地社會的關係。但由於寺院義理佛教供應不足導致居士凝聚力低，制約了寺內居士林資源整合水準，限制了寺院其他活動的開展。[3]筆者開始思考宗教組織的

【1】 該寺院是漢傳佛教寺院，以淨土宗為主要修行法門。

【2】 如懷特在《街角社會》中所言，被調查對象認可了你這個人，就會認可你做的事情，如果不認可你這個人，即使做的事情是正確的，也未必得到認可。筆者就是基於這樣的原則進入田野的，先採取成員身份法，當獲得足夠接納和認可後，逐漸亮明自己研究者的身份，使得研究過程變成一項合作行動。在瑪納斯大佛寺調研中，寺院住持把筆者的研究納入其寺院文化建設的一部分工作，所以可以算是研究和實踐行動於一體的。寺院住持還把筆者發表文章的雜誌存入了寺院圖書館。

【3】 吳良平，龍開義，劉向權，瑪納斯大佛寺寺內居士林與社會建設，世界宗教文化，2014(04)。吳良平，一個淨土宗寺院再造研究，碩士學位論文，石河子大學，2015。

資源動員和社會參與能力問題。

在瑪納斯大佛寺調研的第二年（即2013年下半年），筆者發現以前寺院的一些居士義工，漸漸的疏離於寺院，他們有了自己的修行生活。他們認為寺院的修行不注重佛法聞思[4]，自己不懂佛法教義，在寺院就是盲修瞎練，容易造惡業。從2014年6月，我接到他們的邀請，一同去了趟四川省甘孜地區色達縣喇榮五明佛學院。從五明佛學院回來後就開始參加他們的共修學習。學習的方式是每週固定的時間和地點集體共修，每個組大概十多人，選擇一名班長，一名學習委員負責考勤。學習的教材是《離幸福很近》，地點是某個居士家裡，學習的程式包括：串講上一課內容、自己看法本、一起看上師輔導視頻接受法傳承[5]和集體討論課後思考題。此外，還參加了幾次由石河子市菩提小組組織的放生、春節殘疾人和困難家庭慰問等慈善活動。當然，對於這些居士而言，學習佛法才是修行的重點。

筆者多次和大佛寺法師交流探討這一現象。法師認為，瑪納斯大佛寺的居士絕大部分文化水準都不高，過分注重法義的學習，脫離大眾，大眾信仰偏好依然是傳統的實修型[6]，唯有淨土法門最為合適。大佛寺法師批評這些改信的漢族居士不護持三寶，為「狂慧」

【4】所謂聞思，簡單來說，聞是聽的意思，思是思考的意思，合起來就是聽聞佛法，仔細思考佛法教義。

【5】嚴格來說，藏傳佛教裡面所講的傳承是指佛法在上師和其弟子之間的口耳相傳，這裡的傳承是上師為了方便和更多居士結緣，經過上師開許後的一種網路傳承。

【6】所謂實修，就是不過分強調佛教義理的學習，更注重具體的行為實踐的一種修行方式。具體表現就是護持寺院、參加各類法會和佛教儀式等等修行。這是基於漢地傳統佛教僧俗分工（即僧人弘法、居士護法）的修行模式。

居士。並且認為，從民族文化角度講，寧瑪大圓滿法不是漢族人的宗教文化，很多漢族信眾缺乏政治覺悟，缺乏民族意識，盲目跟風。如此組織化的學習，這也是非法的，會遭到政府的打壓，是危險的，會葬送佛教。如此以來，這一信仰流動現象雖然引起寺院的注意，但並未將其看作佛教的變化趨勢，只是一股小眾信仰偏好的表達罷了。

考上博士研究生後，在博士生導師的授意下，決定在廣州做延續研究[7]。在廣州的田野調查中，筆者對菩提學會有了新的認識。這次的參與式觀察較前一次深入得多，所以從材料的接觸上來說也更豐富。這種深入體現在個人扮演的成員角色的不同。第一次跟蹤調研中，「居士們」有意推薦筆者為班長，但後來中斷了調研，所以就不了了之。這次在廣州的追蹤調研中，我先參加了基礎班的學習，之後選擇入行論預科班作為主修（預科班包括加行、入行和淨土三種類型），其他班級作旁聽。在入行論班上，筆者當選為小組組長，之後又參與了他們的一個公益組織（XR組織），擔任該組織的後勤服務中心負責人。2016年6月，開始擔任某高知基礎班的輔導員助理，該班輔導員是廣州菩提學會的負責人。2016年12月初，我隨高知班進入加行預科班繼續擔任助理輔導員。憑藉這些重要角色，在田野調查期間，筆者參與了廣州菩提學會居士的各種修行活動，既包括修行團體的內部活動，也包括修行團體與其他週邊組織的互動過程。在參與式調研中，筆者發現了各類信仰組織形式。這種組織形態讓筆者頗為好奇，預感到碩士期間關注的宗教組織資源動員能力和社會參與能力問題可以得到新的探索。

在對廣州菩提學會作田野調查的同時，筆者也時不時的走訪了

【7】 菩提學會遍及全國各地，筆者聯繫了新疆佛友，申請轉班，聯繫上廣州菩提學會，隨後筆者接到了上課的通知。

廣州五大佛教叢林[8]，調查發現，廣州漢傳佛教寺院（以禪宗和淨土為主）的宗教供給呈現分化中，除了傳統的法會、拜經懺、禪修念佛外，還分化出慈善公益、佛學講座、居士佛學班和國學班等新內容。但這些新內容尚處於萌芽起步階段，無法充分滿足廣州新型階層的義理佛教信仰偏好。與此相對應的是，廣州菩提學會借助多種特色的宗教服務為新型社會階層提供了與其信仰偏好相符的宗教產品。正是信徒自身的人口社會特徵、信仰偏好和宗教供給差異等等因素促成了廣州漢族居士的信仰流動。

在廣州菩提學會的調研發現，雖然就具體的區域來說，參加菩提學會共修的居士只是大佛寺住持所言的「小眾」。但在東部大城市中的菩提學會，基於共修小組形成的穩固道友關係、上師-輔導員-信徒角色關係和輔導員管理系統等特質因素，借助互聯網等多種工具，實現了各個菩提小組的跨區域互動，各個區域的小眾有了聯繫，形成跨區域的信徒網路。這一信徒網路對於整合分散的信仰偏好（小眾）市場需求、人力、物力等資源起到了重要的作用，在這種整合中形成了各類資源動員的長尾效應機制。正是依託這一資源動員機制，廣州菩提學會活動中，既有注重佛法聞思的活動，如菩提小組共修；也有大量的踐行佛法的修行活動，佛化國學（XR組織[9]）、慈善、放生和臨終助念等跨區域的宗教活動。全國各地的大中城市都有菩提學會，此外歐洲、加拿大等國外地區也有菩提學會，菩提小組已經遍佈世界各地。

為什麼菩提學會能夠在內地，尤其是都市漢族社會廣泛傳播呢？其資源動員機制是什麼？在解釋信仰資源配置方面，文章認為宗教市場論提供了一種富有啟發意義的思路。但宗教市場論在中國

【8】 廣州佛教五大叢林包括：光孝寺、大佛寺、六榕寺、海幢寺和華林寺。
【9】 本書中涉及組織名稱一律使用字母代碼。

的運用有賴結合具體的社會文化脈絡重構其概念內涵和分析框架。基於廣州市菩提學會的田野調查資料，本書以宗教市場論的區位概念為起點，嘗試借助區位概念的重構拓展宗教市場論在解釋中國宗教現象中的可能性，隨後以長尾理論分析廣州菩提學會的各類市場資源動員機制，在此基礎上對相關爭議問題作出回應。

二、研究意義

（一）構建中國宗教市場的中層理論

本書結合菩提學會各類宗教公司的市場區分維度，將廣州菩提學會看作一種小眾信仰現象，重構了斯達克有關宗教區位的概念，勾勒了廣州市菩提學會的區位市場（細分市場）構成。隨後運用長尾理論探討了廣州菩提學會各類細分市場運作的資源長尾機制。因此本書可以看作是一項對互聯網時代中國城市宗教市場的中層理論探索。

（二）發展宗教市場論在解釋宗教和現代性關係問題上的潛力

宗教市場論的核心問題是宗教自身的發展規律，忽視了宗教和現代性關係這個現代宗教社會學元問題的探討。本書不同於宗教市場論範式合法性爭議，本書結合社會文化脈絡分析廣州菩提學會區位市場的構成情況，同時將市場看作一種資源動員或配置機制，借助長尾理論分析廣州菩提學會的資源動員機制。在此基礎上探討菩提學會對於重構地方佛教和社會關係等方面的意義。以此推動其回應現代社會學有關宗教和現代性的關係問題，超越斯達克宗教市場論僅僅關注宗教市場本身的運作規律的局限性，進而拓展宗教市場論的理論邊界。

（三）掌握中國社會階層分化背景下的佛教內部不同教派關係情形

個人層次的改信，對於結構層次來說，則可以用宗教流動一詞來表達，以瞭解一個社會中的宗教變遷情形。[10]田野調查發現，菩提學會的居士絕大多數均有本地寺院的修行經歷，放棄之前的修行而參加菩提學會的學習屬於信仰流動現象，利於分析社會階層分化背景下的宗教信仰變化趨勢和模式，特別是在理解宗教團體成員的流入和流出方面是有用的。

（四）為政府的宗教管理政策制定提供參考

和菩提學會廣泛傳播相比，知識界對其瞭解還很不足。本書對廣州菩提學會的宗教市場構成和資源動員機制的探討，有助於增加學界對這一新的宗教現象的瞭解，也為相關部門瞭解這一宗教現象的產生、運作規律提供了新的圖景。這對於相關部門制定適合的宗教管理政策是有意義的。

第二節　研究評述、理論框架和概念

本書將市場看作一種資源配置機制，借用宗教市場的思想和長尾理論分析廣州菩提學會的小眾市場（區位市場或細分市場）構成和資源動員機制，進而為探討區域宗教和社會關係的重構創造可能，推動宗教市場論積極回應宗教和現代性的關係這個宗教社會學元問題，拓展宗教市場論的理論邊界。本節將介紹本書的理論視角、理論框架和核心概念。

一、研究評述

（一）宗教市場論及其主要爭議

宗教市場論（Religious market theory），也稱供方理論，其代表性人物是羅德尼·斯達克（Rodney Stark），本書以其代表作《信

【10】林本炫，臺灣民眾的宗教流動與地理流動[A]，宗教與社會變遷—第三期第五次臺灣社會變遷基本調查之研究分析研討會論文集[C]，2001。

仰的法則》為核心介紹宗教市場論的主要觀點。

1.宗教市場論的基本觀點

世俗化理論把宗教信仰和非理性等價，認為宗教信仰妨礙了人們的理性思維能力，如此以來宗教成為科學的敵人。兩者是此消彼長的關係，宗教將會在科學的進步中走向消亡。這被學者歸納為「世俗化命題」。斯達克列舉下面三個社會文化事實挑戰了世俗化命題的預言：20世紀美國宗教的復興；歐洲大量外來宗教和新興宗教的快速發展和當代大多數科學家均有宗教信仰。這些現像是傳統的世俗化理論所無法解釋的，宗教市場論應運而生。

第一，宗教市場論的基本假設或邏輯起點。宗教市場論認為「宗教活動和其他人類活動一樣是理性的，因而可用世俗方法來進行分析。人們加入教會、委身宗教或接受一種信仰，都是從他們自身偏好出發並權衡其成本和收益的結果。」[11]宗教市場論把宗教信仰看作是人類和超自然之間的交換關係。交換中遵循的人類理性原則是：「在其資訊和理解的局限之內，在可行的選擇的制約下，在其喜好和趣味的引導下，人們總是試圖做理性的選擇。」[12]借助理性選擇假設，斯達克認為可以將宗教活動看作一個市場。類比市場，宗教市場由「宗教產品的需求者：信徒或潛在的信徒；宗教產品的供給者：和尚、牧師、神甫等專業教職人員；宗教產品：各式各樣的宗教活動」[13]三個要素構成。以理性選擇公理作為邏輯起點，斯達克先後推理出微觀個體、中觀的組織群體和宏觀的宗教市場關係三個

【11】羅德尼·斯達克，羅傑爾·芬克著，楊鳳崗譯，信仰的法則：解釋宗教之人的方面，北京：中國人民大學出版社，2004：46。

【12】羅德尼·斯達克，羅傑爾·芬克著。楊鳳崗譯，信仰的法則：解釋宗教之人的方面。北京：中國人民大學出版社，2004：46。

【13】羅德尼·斯達克，羅傑爾·芬克著。楊鳳崗譯，信仰的法則：解釋宗教之人的方面。北京：中國人民大學出版社，2004：143-144。

層次的經驗命題。下面分別作概括性介紹。

第二，三個層次的命題。個體層次：社會資本、宗教資本與改教（conversion）和改宗（reaffiliation）行為。斯達克認為，個體的宗教選擇可分為兩種：改教和改宗。「改教是指跨宗教傳統的轉換。改宗是指宗教傳統內部的轉換。」[14]學界長期把「群體本能」、「感染性群眾心理」、「集體意識」或「集體無意識」等非理性因素作為改信現象產生的原因。而斯達克則認為，改教和改宗主要是基於社會資本與宗教資本最大化這兩個因素理性選擇的結果。[15]

宗教交換中，是否能夠得到預期的回報存在各種不確定性，因此存在很大的風險，「當宗教固定在穩定的社會組織群體中，人們能夠集體最優化他們對於宗教解釋的信心和對於彼世回報的安全性的信心，並有效地加強彼此的委身。」[16]正是這種風險的存在使得個體的宗教交換命題向組織群體層次過渡。

群體層次：教會—教派組織類型。「宗教組織是社會單位，其主要目的是給一群個體創造、維護和提供宗教，並且支持和監督他們跟神的交換。」[17]信徒通過集體活動進行宗教產品生產、交換，依此把控風險和增加價值。並且通過增加參與的「費用」或代價來控制搭便車行為。這種費用或代價多以自我犧牲（sacrifice）或恥辱（stigma）等多種形式出現。增加費用或代價就提高了信徒的委身程

【14】羅德尼・斯達克，羅傑爾・芬克著。楊鳳崗譯，信仰的法則：解釋宗教之人的方面。北京：中國人民大學出版社，2004：139。

【15】羅德尼・斯達克，羅傑爾・芬克著。楊鳳崗譯，信仰的法則：解釋宗教之人的方面。北京：中國人民大學出版社，2004：149-155。

【16】羅德尼・斯達克，羅傑爾・芬克著。楊鳳崗譯，信仰的法則：解釋宗教之人的方面。北京：中國人民大學出版社，2004：131-132。

【17】羅德尼・斯達克，羅傑爾・芬克著。楊鳳崗譯，信仰的法則：解釋宗教之人的方面。北京：中國人民大學出版社，2004：127。

度，提高了進入的門檻，把「搭便車」者排除在外，這樣嚴格的教派獲得迅速發展。由此推導出宗教市場論另外一個經驗命題：教會的嚴格化導致教會的增長。

斯達克根據宗教組織與外部環境之間的關係張力來界定兩種組織類型：教會與教派。這是一個理想類型，教會和社會環境的關係張力較低，而教派和社會環境的張力則相對較高。一個宗教組織和周圍環境的張力程度高低決定其委身程度的排他性、深度、廣度和代價高低。於此相關，委身程度高代價高則回報和價值越高。嚴格教派的性價比成為吸引信眾和實現增長的重要機制。「但是教派的增長也會導致宗教群體跟社會的張力降低，因而導致成員平均委身程度下降，這樣小教派就轉向大教會。」[18]同樣地，「在對更多宗教回報的理性追求的推動力驅使下，有些大教會也會逐漸轉變為小教派。」[19]如此以來，就如同世俗社會的公司，教會－教派間連續運動模型呈現出波動規律。

宏觀的市場層次：區位、競爭和宗教參與水準。斯達克將利基概念引入了宗教經濟領域提出了區位概念：「區位（niches）是共有特定宗教喜好（需要、趣味和期待）的潛在信徒市場區段（segments）。」[20]根據教會－教派連續譜的張力大小，斯達克構建了一個宗教市場區位的曲線圖，分別提出了極端開放區位到極端保守區位的連續譜。認為教會偏開放區位，而教派則偏保守區位。宗

【18】羅德尼・斯達克，羅傑爾・芬克著。楊鳳崗譯，信仰的法則：解釋宗教之人的方面。北京：中國人民大學出版社，2004：187-205。

【19】羅德尼・斯達克，羅傑爾・芬克著。楊鳳崗譯，信仰的法則：解釋宗教之人的方面。北京：中國人民大學出版社，2004：320-324。

【20】羅德尼・斯達克，羅傑爾・芬克著。楊鳳崗譯，信仰的法則：解釋宗教之人的方面。北京：中國人民大學出版社，2004：269-318。

教公司為了佔據一定的宗教市場區位而在教派-教會形態間擺動。斯達克注意到了一個宗教公司同時佔有多個區位的現象，並提出了區位跨立的概念。[21]區位跨立存在的理論依據：第一，宗教組織的區位移動通常是逐漸的[22]；第二，跨區域宗教組織內部的宗教多樣性[23]；第三，和第二點相關，如果地方自主權較大，那麼其宗教信仰服務就會更加具有地方特色，因此容易造成特別的地方模式。[24]斯達克又對區位跨立現象進行了限制。「雖然區位跨立經常發生，但是甚至對於高教會來說也是有限的。不可能有一個單一組織跨立從開放到保守的區位，更不用說從開放到嚴格的區位了。」[25]

斯達克強調，宗教需求長期來說是非常穩定的，基於上述宗教「需求一供給」的分析，斯達克得出了宏觀層次的宗教經濟論題：「宗教參與的總體水準是宗教供給差異性和能力來決定。」[26]如果政府對宗教管制力較弱，宗教供方自由競爭會提升宗教的供應水準，從而滿足不同信仰偏好的信眾需求，這會推動宗教參與率的上升；反之，政府對宗教過度管制，則會造成某些宗教供應方成為信仰市場的壟斷者，這弱化了宗教的供應能力，造成很多信仰偏好得不到

【21】羅德尼・斯達克，羅傑爾・芬克著。楊鳳崗譯，信仰的法則：解釋宗教之人的方面。北京：中國人民大學出版社，2004：265。

【22】羅德尼・斯達克，羅傑爾・芬克著。楊鳳崗譯，信仰的法則：解釋宗教之人的方面。北京：中國人民大學出版社，2004：264。

【23】羅德尼・斯達克，羅傑爾・芬克著。楊鳳崗譯，信仰的法則：解釋宗教之人的方面。北京：中國人民大學出版社，2004：264。

【24】羅德尼・斯達克，羅傑爾・芬克著。楊鳳崗譯，信仰的法則：解釋宗教之人的方面。北京：中國人民大學出版社，2004：265。

【25】羅德尼・斯達克，羅傑爾・芬克著。楊鳳崗譯，信仰的法則：解釋宗教之人的方面。北京：中國人民大學出版社，2004：265。

【26】據說這個結論及其證據是對「世俗化理論」最重要的反擊，也就是說，宗教多元化，不會帶來世俗化，只會帶來宗教繁榮。

滿足，處於潛在狀態，進而造成宗教參與率下降。斯達克認為經濟學的原則在宗教領域的應用具有很強的解釋力。在《信仰的法則》第九章中，斯達克分別解釋了美國、歐洲等宗教現象。[27]

2.宗教市場論應用的四種取向

概括起來說，國內外學者對宗教市場論的推廣應用問題形成了範式合法性爭議、具體命題檢驗、文化多樣性的當地語系化修正和理論邊界擴展四種態度或研究取向。

第一，範式合法性的爭議：宗教信仰是理性選擇的結果嗎？如前文所述，理性選擇假設是斯達克宗教市場理論的基本假設，後續理論命題均是由此演繹推理而來。但這也恰恰是最引發爭議的觀點。Steve Bruce認為「雖然宗教行為在最普遍的意義上是理性的，但它並沒有被經濟理性或理性選擇模型的期望的應用所闡明。實際上，這種方法只有在一個完全世俗化的社會中才有意義。」[28]伯格說：「不是所有的行為都可以用理性選擇來解釋的，比如對於伊斯蘭教極端分子的自殺性爆炸。這一理論關於成本的分析，在宗教領域也難以令人滿意。」[29]魏樂博（Robert P. Weller）認為，「人類的許多選擇並非出於理性計算，而是通過布迪厄討論過的慣習結構做出的，……。當人們能夠做出明確的選擇時，市場理論就會非常有效。建議對於中國的研究應當採取較之以前更加寬闊的市場和其他資源配置方法的視野。」[30]Chaves認為，「單從理性選擇假設出發，

【27】羅德尼・斯達克，羅傑爾・芬克著。楊鳳崗譯，信仰的法則：解釋宗教之人的方面。北京：中國人民大學出版社，2004：249。

【28】Bruce, Steve. *Religion and rational choice: A critique of economic explanations of religious behavior.* Sociology of Religion. 1993, 54(02).

【29】黃劍波、魏德東，宗教社會學研究的八大課題，中國民族報，2008-06-03。

【30】Weller，范麗珠，Madsen，陳納，鄭筱筠，對話宗教與社會資本，世界宗

我們既不能得到關於實際宗教現象的真實解釋，也不能對宗教未來如何發展進行任何有效預測。宗教的理性選擇假設只是一句空洞的規範描述。他認為，為了得到解釋與預測，除了理性假設外，我們還需要知道個體偏好的具體內容與他們作出選擇的情境。」[31]范麗珠認為「宗教經濟範式中的宗教市場的供方與求方是理解宗教的錯誤邏輯；在工具理性和價值理性兩個重要概念中有相互混淆和偷換之嫌。理性選擇理論將供方作為首要的研究對象，而忽視宗教的需求方，忽視了對隱藏在宗教背後的『宗教性』(religiousness)的考察；宗教還和民族認同、國家認同等情感共同體相互關聯，並非簡單的基於工具理性的選擇問題。從歷史上看，宗教信仰往往不是理性選擇而是沒有選擇地接受。」[32]何星亮認為人類的宗教生活，大多是感性行為所決定的。[33]李向振認為「與宗教市場理論相比，『信仰慣習』理論更為貼近事實，同時也更具解釋力。」[34]

除了從理性選擇假設出發質疑宗教市場論，還有學者繼續探討了中國宗教市場的有無問題。范麗珠認為「中國的經濟市場的開放，並不意味著宗教市場的開放。」[35]陳納認為「在當今中國社會現

教文化，2011，05。

【31】Chaves, Mark. *On the Rational Choice Approach to Religion.* Journal for the Scientific Study of Religion. 1995, 34(01)。

【32】范麗珠，現代宗教是理性選擇的嗎？——質疑宗教的理性選擇研究範式，社會，2008，06。

【33】何星亮，近代基督宗教在民族地區的傳播策略和傳播效果分析——兼與羅德尼·斯達克等商榷[A]，國際人類學與民族學聯合會，文化多樣性背景下的宗教和諧——國際人類學民族學聯合會第十六屆大會文集[C]，國際人類學與民族學聯合會：中國民族學學會，2009：38。

【34】李向振，「信仰慣習」：一個分析海外華人民間信仰的視角：基於新加坡中元祭鬼習俗的田野考察，世界宗教研究，2018，01。

【35】范麗珠，現代宗教是理性選擇的嗎？——質疑宗教的理性選擇研究範

實中的宗教發展的流動性、機會均等和理性選擇似乎都不很典型。中國多數信眾，更關心的是『靈驗』，理性選擇的成分較少。」[36]李峰認為「由於權力和關係在不同的地區、不同的時空運作方式各不相同，（中國和美國）宗教市場的運作邏輯也不同。」[37]還有學者質疑了宗教作為商品的合理性：「宗教市場論中無論何種意義的『商品』都不具有商品應有的可度量性。」[38]「物質產品與精神產品有不同的供求規律；私人物品和公共物品的供求關係不同；宗教供求關係必然受到社會歷史條件的制約。」[39]也有學者持支持態度。如祝逸雯認為「儘管中西方宗教文化存在差異，不存在如美國社會那樣的充分自由競爭的宗教市場，但宗教市場論也提供了一種重新關照中國宗教市場形態的一面鏡子。」[40]

第二，具體命題的檢驗研究：微觀層次的宗教資本、社會資本和宗教理性選擇。文永輝研究發現「鄉村社區天主教在日常生活和葬禮、敬祖等問題上採取了處境化策略，這使得潛在的信徒在儘量多地保留原有宗教資本的情況下更易接受天主教這一新的宗教產品。」[41]張清津從精神資本五個維度分析了我國傳統宗教信眾皈依基

式，社會，2008，06。

【36】Weller，范麗珠，Madsen，陳納，鄭筱筠，對話宗教與社會資本，世界宗教文化，2011，05。

【37】李峰，回到社會：對當前宗教社會學研究範式之反思，江海學刊，2013，05。

【38】王奇昌，此市場非彼市場：對宗教市場論的再討論，世界宗教文化，2014，03。

【39】馮玉軍，真理與謬誤之間：略論宗教市場論的適用邊界，中國民族報，2015-04-21(006)。

【40】祝逸雯，從現代社會的道教儀式看宗教市場論，商業文化（學術版），2007，05。

【41】文永輝，從宗教市場論視角看天主教的「處境化」：以貴州甕安縣草塘

督教的市場機制。[42]劉夏蓓研究發現：「個案的宗教委身是他們經過比對的理性選擇，且宗教委身選擇保持或增加了他們的社會資本；在個案的宗教委身過程中，親屬關係、朋友關係、生意夥伴關係等社會網路關係起了重要的媒介作用，且這些關係得到了進一步的鞏固和發展。」[43]秦國帥運用宗教市場論對「全真道興起及興盛的原因、儒者入全真道現象及全真道由民間信仰到國家承認的宗教轉換過程等早期全真道的幾個問題進行瞭解讀。」[44]劉賢在山東省泰安市的城區教會的個案研究發現，「可以把中國人在皈依基督教過程中信仰的功利性以及重視神跡奇事的靈恩傾向等現象視為宗教文化資本的保留和轉化。」[45]

理性選擇的宏觀層次命題，國內外學者對宗教供方是否決定了宗教的參與水準和多元宗教競爭與宗教參與率的關係等命題進行了檢驗性研究。Peter A. Zaleski基於177個會眾的數據分析發現，提供更令人滿意的產品來做出更多競爭的教會，在宗教市場中能更好地填補宗教空隙市場。[46]Rick Phillips用美國摩門教會（Mormon

---

鎮為中心的人類學調查，西南民族大學學報（人文社科版），2007，05。

【42】張清津，精神資本與中國宗教市場中的基督教皈依，中國民族報，2009-08-18(006)。

【43】劉夏蓓，宗教研究的「科學範式」與「信教」行為的經驗研究：以兩個「信眾群體」為個案，中南民族大學學報（人文社會科學版），2010，30(06)。

【44】秦國帥，宗教市場論對早期全真道若干問題的解讀，理論界，2010，08。

【45】劉賢，淺論中國城鄉基督教會的差異：以理性選擇理論為視角的個案研究，宗教學研究，2011，02。

【46】Peter A. Zaleski and Charles E. Zech. *The Effect of Religious Market Competition on Church Giving.* Review of Social Economy, 1995, 53(03).

Church）的數據發現了不同於供方理論的模式。他將摩門教的幾個特徵作為偏離供方理論命題的原因，在此基礎上提出了供給方理論適用的範圍條件。[47]Brooks B發現教派多樣性與美國城鎮教會成員數量總水準呈負相關。[48]Phillips研究發現猶他州早期教會與國家關係的放鬆與宗教活動的上升速率和宗教多元化的出現是一致的。然而，摩門教內部的新增長迅速削弱了這些早期趨勢。表明了宗教供方理論命題的限度。[49]Melissa J. Wilde認為供給方理論無法解釋為什麼梵二會議後美國的天主教徒離婚率是其他具有競爭性宗教經濟的國家的兩倍。他認為在未來的宗教市場分析中應考慮另一個包含這些「目標市場品質」的變數。[50]James. D借助1865年紐約城鎮和1990年美國城鎮的數據進行假設檢驗發現，宗教組織產品多區位和宗教參與水準呈現負相關。[51]Paul Froese以蘇聯解體後匈牙利的宗教復興為例，借用匈牙利的全國調查數據，評估了宗教市場論有關宗教競爭和宗教繁榮水準的關係。[52]Robert I. Mochrie基於1885年蘇格蘭

【47】Rick Phillips. *Religious Market Share and Mormon Church Activity.* Sociology of Religion, 1998, 59(02).

【48】Brooks B. Hull and Frederick Bold. *Product Variety in Religious Markets.* Review of Social Economy, 1998, 56(01).

【49】Phillips, Rick. *The 'Secularization' of Utah and Religious Competition.* Journal for the Scientific Study of Religion. 1999, 38(01).

【50】Melissa J. Wilde. *From Excommunication to Nullification: Testing and Extending Supply-Side Theories of Religious Marketing with the Case of Catholic Marital Annulments.* Journal for the Scientific Study of Religion, 2001, 40(02).

【51】James D. Montgomery. *A Formalization and Test of the Religious Economies Model.* American Sociological Review, 2003, 68(05).

【52】Paul Froese. *Hungary for Religion: A Supply-Side Interpretation of the Hungarian Religious Revival.* Journal for the Scientific Study of Religion,

教堂參與有關國家資助教會的爭議方面的資料研究發現，證實了信眾人口和宗教競爭力的關係命題。但對宗教活動的參與和宗教競爭的關係命題提出了質疑。[53]Olav Aarts等學者通過考察26個歐洲國家的宗教參與程度及其內部差異發現放鬆管制會促進教會的參與，但發現現代化對教堂的侵蝕程度比取消管制更能刺激教會出席。[54]Yoo Kwangsuk基於韓國宗教的研究發現，被宗教市場論忽視的需求因素對於更好地理解當代韓國算命的流行更為重要。[55]JianLin Chen認為宗教市場論的擁護者掩蓋了兩個重要問題：誰有權享有「自由競爭」以及宗教與世俗意識形態或信仰相比是應該享有特權還是處於劣勢？基於新加坡對改變宗教信仰的限制的案例研究發現了法律、政治制度等在不同宗教之間宗教自由市場的非中立性。[56]

梁景文、羅斯等對廣東和浙江八座黃大仙廟研究發現：「在最成功的新寺廟中，管理者制定了選址、推銷、推廣、革新和公共活動等一系列戰略決策，以增加他們寺廟的吸引力。」[57]盧雲峰以法輪

2001, 40(02).

【53】Robert I. Mochrie, John W. Sawkins and Alexander Naumov. *Competition and Participation in Religious Markets: Evidence from Victorian Scotland.* Review of Social Economy, 2008, 66(04).

【54】Olav Aarts, Manfred Te Grotenhuis, Ariana Need and Nan Dirk De Graaf. *Does Duration of Deregulated Religious Markets Affect Church Attendance? Evidence from 26 Religious Markets in Europe and North America Between 1981 and 2006.* Journal for the Scientific Study of Religion, 2010, 49(04).

【55】Yoo, Kwangsuk. *Applicability of Religious Economy Model (REM) to the Growth of Fortunetelling in Contemporary Korea.* PHD: University of Ottawa (Canada). 2012.

【56】JianLin Chen. LAW & RELIGIOUS MARKET. *PHD: THE UNIVERSITY OF CHICAGO.* 2015.

【57】Lang, Graeme, Selina Ching Chan and Lars Ragval.*Temples and the Religious*

功、一貫道等宗教現象為案例，認為宗教經濟模式有助於理解當代中國新宗教法輪功的演變，[58]並檢驗了宗教市場論的若干命題。[59]魏德東認為宗教市場論可以用來解釋中國五大宗教的發展不平衡性、佛教中教派發展的不平衡性。[60]文永輝以九福寺為例，他認為「宗教組織將宗教作為一種資源進行經營，通過不斷創造和更新宗教經營技術，迎合、創造和誘引了信眾的宗教需求，是宗教復興的一個重要原因。」[61]陳贇認為「宗教經濟理論側重於供應方的分析不能充分解釋在中國宗教復興中需求方發揮的顯著作用，該理論中有關政教關係的諸命題未能涵蓋中國政教關係的表現形式與特點。」[62]吳理財研究發現「在各種新興宗教的競爭之中，基督教因為提供了更好的『信仰產品』而在宗教市場中佔有更大的份額。」[63]

第三，強調文化多樣性也是挑戰宗教市場論普遍適用性的重要

Economy. in Yang Fenggang and Joseph B. Tamney eds. State, Market, and Religions in Chinese Societies, Boston: Brill. 2005:149-180. 梁景文，陳犄，羅斯，陳銳鋼，民間寺廟與中國宗教經濟——對宗教經濟理論的探討。世界宗教文化，2010，02。

【58】Yunfeng Lu. *Entrepreneurial Logics and the Evolution of Falun Gong.* Journal for the Scientific Study of Religion, 2005, 44(02).

【59】Yunfeng Lu. *THE TRANSFORMATION OF YIGUAN DAO IN TAIWAN: ADAPTING TO ACHANGING RELIGIOUS ECONOMY.* Lanham: Lexington Books, 2008.

【60】魏德東，宗教市場論：全新的理論範式，中國民族報，2006-01-24(006)。

【61】文永輝，九福寺的宗教經營——宗教市場論視角下的田野研究，開放時代，2006，06。

【62】陳贇，基層宗教市場中的管制與競爭：以一個縣級個案適用並反思宗教經濟理論，東嶽論叢，2012，33(09)。

【63】吳理財，個體化與當代中國農村宗教發展，江漢論壇，2014，03。

策略之一，同時也是支持者修正宗教市場論，推動宗教市場論本土化的依據。Sharot, Stephen認為，宗教市場論是以美國宗教實踐為模式和解釋框架的，將這一範式用於非西方宗教，其概念和理論將面臨挑戰，東方宗教中的信徒和超自然物的交換關係不同於西方基督教。理性選擇的宗教理論家試圖建立一個跨文化的、普遍的概念體系，但美國宗教經驗的影響在觀點的表述和解釋中是顯而易見的，當觀點應用於非西方宗教時，會出現概念和理論問題。理論概念必須根據東方宗教進行修改。壟斷和多元主義在東方宗教背景下具有不同的含義，國家規制的變化與西方的變化有不同的後果。[64]斯蒂芬・沃訥認為，「在某種程度上，宗教世俗化理論與宗教市場論是建立在歐美不同宗教經驗之上的。歐洲因為有國教傳統，宗教不曾展開充分的多元競爭，由此出現主流宗教的衰退；美國從一開始就實行政教分離的原則，出現了空前多元、競爭激烈的宗教市場，造成了美國宗教的繁榮。」[65]英國學者格瑞斯・戴維等人以「多元的現代性理論」回應宗教市場論及其對世俗化理論的攻擊。[66]科大衛（Jordan, David K）認為，華人社會中的改教具有許多基督宗教不曾有的特徵：累加性、制約性和眾神可交替性。[67]鄭志明認為，漢人社

【64】Sharon, Stephen. *Beyond Christianity: A critique of the rational choice theory of religion from a Weberian and comparative religions perspective.* Sociology of Religion, 2002, 63(04).

【65】斯蒂芬・沃訥，宗教社會學範式及理論的新進展，中國人民大學學報，2006，06。

【66】轉引：魏德東，宗教社會學的範式轉換及其影響，中國人民大學學報，2010，24(03)。

【67】Jordan, David K. *The glyphomancy factor: Observations on Chinese conversion[A].* Conversion to Christianity: historical and anthropological perspectives on a great transformation[C], edited by Robert W. Hefner.

會中與其說存在「改教」，不如說廣泛存在著「遊宗」[68]。盧雲峰認為宗教市場論更多的論述了西方排他性宗教，而對華人社會中的非排他性宗教關注不夠，並且從微觀、中觀和宏觀三個層次提出了質疑，呼呼超越西方基督教社會學。[69]丁仁傑認為，引入宗教市場論的部分學者由於忽略了地方文化脈絡，直接移植西方的理論概念來解釋中國的宗教現象，對相關概念在不同情境裡的意義反省不多，這樣的對照性討論，不僅與中國宗教真實發展過程有所疏離，也無法對於斯達克的理論提出任何較為直接的批評。[70]

楊鳳崗結合中國的情況和信仰區位的張力維度，通過分析政府管制對宗教市場的作用，提出了三色市場理論。[71]還有學者結合本土宗教文化特性，提出了靈性資本概念[72]。另外一些學者對引入宗教資

Berkeley: University of California Press, 1993: P285-304.

【68】意即信眾在各宗教之間來回遊走，今天拜這個神，明天拜那個佛，後天可能還會光顧教堂；他們以開放的心態平等對待各種宗教，與各類神靈廣結善緣。鄭志明，華人的信仰心理與宗教行為，鵝湖月刊，2002 324。

【69】盧雲峰，超越基督宗教社會學——兼論宗教市場理論在華人社會的適用性問題，社會學研究，2008，05。

【70】丁仁傑(Jen-Chieh Ting)，當天道遭逢宗教市場：評Lu Yunfeng, *The Transformation of Yiguan Dao in Taiwan: Adapting to a Changing Religious Economy.* 臺灣社會學刊，2009，43。

【71】楊鳳崗，中國宗教的三色市場，中國人民大學學報，2006，06。

【72】參考：Lu Yunfeng, *The Transformation of Yiguan Dao in Taiwan: Adapting to a Changing Religious Economy*, New York: Lexington Books, 2008.應用方面，於飛借用宗教市場論的視角分析了佛教參與中的靈性資本運作的市場邏輯。參考：於飛，靈性資本、精神資本與佛教文化，深圳大學學報（人文社會科學版），2011，28(03)。張清津認為中國社會中基督徒數量的大量增長，是一種從傳統的民間信仰皈依基督教的改教現象。這說明基督教所提供的靈性資本高於傳統的民間信仰。參考：張清津，靈性

本、文化資本和社會資本概念持有謹慎態度。[73]梁永佳認為「中國農村宗教復興可能存在著尚不為學界所充分認識的社會機制，有著提供本土理論的潛力。在世俗化理論和市場理論之外，應該嘗試使用『禮物模式』探索這一社會機制。」[74]黃飛君認為「宗教經濟理論是以排他性宗教為對象建構起來的。她以中國臺灣地區的宗教實踐為例，闡述宗教經濟理論的解釋限度，論證修訂和拓展宗教經濟理論相關命題的必要性。」[75]周典恩通過兩個時代基督教在安徽的傳播的比較研究，認為宗教市場論的科學性與普適性值得商榷，其缺陷主要在於忽視了社會文化傳統對宗教發展至關重要的影響。[76]劉煒通過「展示『借身人』信仰的微型民族志詳細呈現不同於西方神啟現象

資本與中國宗教市場中的改教，文史哲，2012，03。

【73】魏樂博（Robert P. Weller）認為，「至今為止，宗教資本或靈性資本概念都沒有取得廣泛的影響。將宗教或精神生活從其他形式的社會生活中分離出來，可能並無必要。」趙文詞認為，「社會資本是宗教研究中的第二序概念，這一概念的產生只面向特定文化中的重要問題和研究傳統。第一序概念包括網路、規範和信任，這些才是所有社會構建的基本內容。社會資本是一種研究在美國社會結構構成要素產生出問題的途徑。對於研究中國宗教的社會學家最好回到社會資本的第一序概念，來構建他們自己的第二序概念，以便闡述中國社會在此轉型階段所面臨的主要問題。」詳情可參看：Weller，范麗珠，Madsen，陳納，鄭筱筠，對話宗教與社會資本，世界宗教文化，2011，05。

【74】梁永佳，中國農村宗教復興與「宗教」的中國命運，社會，2015，35(01)，汲喆，禮物交換作為宗教生活的基本形式，社會學研究，2009，03。

【75】黃飛君，宗教經濟理論的限度：以中國臺灣地區宗教實踐為例，世界宗教文化，2013，01。

【76】周典恩，從基督教在安徽的傳播再看宗教市場論：兩個時代的比較分析，宗教學研究，2013，03。

的信仰邏輯，以期進一步拓展既有的宗教理論。」[77]

第四，理論邊界擴展的思考。有學者認為世俗化理論作為宗教市場論的理論靶子，並非簡單的失敗了。宗教市場論對世俗化理論的攻擊並未切中問題的實質。這些批評進而引發了其他學者對宗教市場論理論邊界問題的新思考。如汲喆認為「世俗化理論討論的實質問題是宗教與現代性的關係，而宗教市場理論對此並沒有什麼新貢獻。對經典世俗化理論的真正超越，不在於簡單地否定宗教衰落的命題本身，而在於更好地回答經典世俗化理論所提出的問題。」[78]M.R.奧特認為「宗教的理性選擇理論並不關心宗教對苦難的人性渴求解放、救贖以及更人性、更公正的未來社會的疾呼。」[79]李向平、楊林霞認為「斯達克的宗教市場論不僅對宗教現象和宗教活動展開分析，同時也涉及到宗教與個體信仰、國家、社會、政治等相互之間多重複雜的互動關係。」[80]還有學者探討了宗教市場運作中的宗教社會功能。高萬芹基於浙江農村地區民間宗教的實踐活動的調查研究揭示了通過宗教市場實現社會整合的案例。[81]程猛認為「家庭教會的快速發展體現了農民在荒漠化的村莊尋求聯合生活的

【77】劉煒，「借身人」信仰：神啟現象的社會學分析，中國農業大學學報：社會科學版，2016，33(04)。

【78】汲喆，如何超越經典世俗化理論？——評宗教社會學的三種後世俗化論述，社會學研究，2008，04。

【79】邁克爾・R.奧特，張湛，完全「他者」的概念及其在宗教批判理論與宗教的理性選擇理論中的作用，基督教學術，2012。

【80】李向平，楊林霞，宗教、社會與權力關係：「宗教市場論」的社會學解讀，華東師範大學學報（哲學社會科學版），2011，43(05)。

【81】高萬芹，民間宗教市場：一種現代社會的整合機制：以浙江農村地區的民間宗教為例，民俗研究，2015，01。

渴望。」[82]

3.本書的理論對話點

關於第一條進路，在斯達克對於其理性概念內涵的重新闡釋中，理性並非如批評者所認為的狹義的經濟理性或者工具理性，而是強調了其理性概念的模糊性、實踐性，是厚的模型。是布迪厄的實踐理性，並非韋伯意義上的工具理性。[83]斯達克這樣表述：「在其資訊和理解局限之內，在可行的選擇的制約下，在其喜好和趣味的引導下，人們總是試圖做理性選擇。」[84]這裡的喜好和趣味已經足以把各種非工具理性的因素納入到其分析框架。實際上，很多批評者往往從自己界定的理性概念出發展開對斯達克觀點的批評。本書認為，如果限於第二條進路，即具體的命題討論，宗教市場論的發展潛力是有限的，無法很好的解釋中國的宗教現象的獨特性。如果限於第二條進路，中國宗教現象的特性就被西方理論遮罩了。

如果說第二條進路是對宗教市場論的小修小補，那麼第三條進路和第四條進路則打開宗教市場論的廣泛應用空間。因為市場的本質是一種資源配置機制。如此以來，研究宗教市場也就是分析宗教組織的資源配置和動員過程。通過這樣的分析，可以為分析宗教和社會關係的重構創造條件。當然，在不同的社會文化場域中，宗教市場的生成過程和內在結構形態具有自身的特性，因此通過概念重構勾勒中國宗教市場的結構形態和資源動員機制是中國學者開展宗

【82】程猛，尋找聯合生活——人類學視野下農民加入家庭教會的原因探析，北京社會科學，2017，03。

【83】羅德尼・斯達克，羅傑爾・芬克著，楊鳳崗譯，信仰的法則：解釋宗教之人的方面，北京：中國人民大學出版社，2004：45。

【84】羅德尼・斯達克，羅傑爾・芬克著，楊鳳崗譯，信仰的法則：解釋宗教之人的方面，北京：中國人民大學出版社，2004：46。

教市場研究的基礎。在此基礎上，可以思考宗教與社會關係的重構問題，推動西方宗教市場論面對現代性和宗教關係這個核心問題，從而拓展宗教市場論的理論邊界。

第一，中國社會文化脈絡中的宗教市場。

本書認為宗教市場論真正進入中國語境，需要結合中國具體社會文化脈絡，從基本概念上下功夫，進行概念內涵重構。概念是對經驗現象的抽象，中國宗教經驗的差異要首先通過拓展概念的內在維度來體現。只有打牢了概念基石，才可以進行更為深度的檢驗宗教市場論的適應性和推動中國宗教理論的創新。否則，如果直接套用宗教市場論的分析框架，就容易陷入一種用「邏輯的事實」代替「事實的邏輯」[85]的尷尬境地。這就需要充分考慮本地文化脈絡，回歸到地方社會文化的整體中，要對宗教市場論的概念內涵重構。以區位概念為例，很顯然，斯達克受限於西方的基督教教會-教派組織類型學以及區分這一組織類型的張力維度。[86]無法看到多元區位可以作為宗教公司經營的常態。國內有學者對此提出了修正，如文永輝注意到了中西宗教需求差異，提出中國的宗教市場區位成三角形。[87]盧雲峰根據臺灣的宗教實踐經驗，提出了放棄張力維度，採用功利型和超驗型的區分維度。[88]為了剝離其基督教色彩，同時也和斯達克基於張力維度的區位概念相區別，本書採用信仰偏好市場（或小眾市場、細分市場）概念來表述區位。信仰偏好包含更多的區分維

【85】皮埃爾·布迪厄，華康德譯，實踐與反思：反思社會學導引：北京：中央編譯出版社，2004：42。

【86】雖然斯達克有所提及其他維度，但受西方基督教教會-教派類型學的影響，並未得到足夠的重視。

【87】文永輝，神異資源：一個西部社區的宗教市場與宗教經營，北京：社會科學文獻出版社，2014：298-301。

【88】盧雲峰，從類型學到動態研究：兼論信仰的流動，社會，2013，33(02)。

度，張力只是其中之一。如此以來，保持了區位概念的開放性，就可以擴展區位概念在其他非基督教文化語境中的適應性。信仰偏好市場是由一組具有相似需要和需求的消費者組成，是根據消費者屬性特徵的多重維度或變數而區分的市場亞類型。本書將結合廣州菩提學會組織類型和居士信仰偏好，提出多重信仰偏好市場（細分市場）類型及亞類型。[89]

第二，將市場的本質看作是一種資源分配機制，借助長尾理論分析各類市場的資源動員機制，可以為宗教市場論探討宗教與社會關係問題創造條件。

本書認為，宗教市場論提供了一種新穎的觀察宗教現象的鑰匙。市場的本質更是一種資源配置機制，宗教市場分析有利於揭示宗教組織的資源資源動員機制。不能一味的排斥，儘管中西方宗教文化存在差異，不存在如美國社會那樣的充分自由競爭的宗教市場，但宗教市場論也提供了一種重新關照中國宗教市場形態的一面鏡子。[90]通過宗教細分市場資源動員機制的分析，利於解釋當代中國宗教組織的各類資源配置的變遷，為探討宗教與社會關係的重構創造條件。本書認為斯達克的宗教市場論的確沒有回答世俗化理論有關宗教與現代社會的關係問題，但有很大的探討空間。因為通過揭示宗教市場資源動員機制的基礎上，可以探討宗教與社會關係重構的過程。

（二）長尾理論

為論述廣州菩提學會的市場資源動員機制，本書引入了長尾理

【89】後文概念界定部分詳述。這些宗教信仰偏好市場本質上就是各類小眾文化現象。

【90】祝逸雯，從現代社會的道教儀式看宗教市場論，商業文化（學術版），2007，05。

論。下面從理論內涵和應用方面對長尾理論進行概括介紹。在此基礎上探討長尾理論在宗教市場資源動員中應用的可能性。長尾理論有其最初的含義，但隨著長尾理論在非經濟領域的應用，長尾理論內涵得以擴展。

1.何為經濟學上的長尾效應？

長尾是美國《連線》雜誌主編克里斯·安德森（Chris Anderson）於2004年10月提出的一個網路經濟的新概念——長尾（The Long Tail）。[91]「『長尾』(long tail)是指下面統計圖1中那條淺色的長『尾巴』，它著力於描述一個遠離暢銷品的區域，即各種小市場區域。」[92]

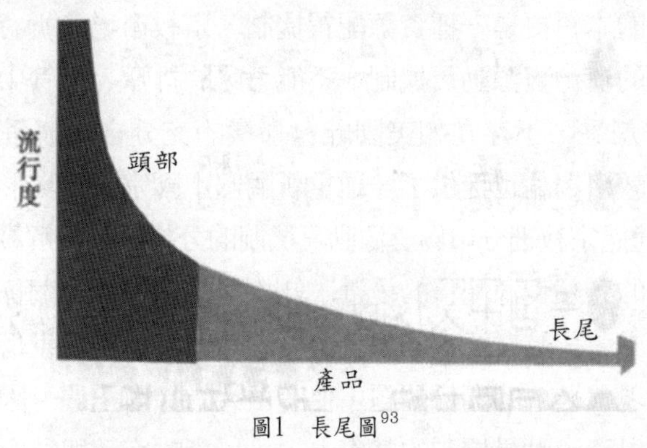

圖1　長尾圖[93]

隨著經濟社會的發展和社會階層分化，消費需求也開始分化，

【91】Marshall, Walter, and Timothy Consedine. *The Long Tail. Monthly Labor Review,* 2007, 130(03).

【92】陳力丹，霍仟，互聯網傳播中的長尾理論與小眾傳播，西南民族大學學報（人文社會科學版），2013，04。

【93】本圖引自蘇海燕《基於「長尾理論」的圖書館服務模式》一文。蘇海燕，基於「長尾理論」的圖書館服務模式，情報資料工作，2007，03。

越來越個性化。而互聯網的使用則為這些個性化需求的彙集創造了條件，這些個性化需求的彙集所獲得的盈利可以和曾經的暢銷品盈利空間相媲美，甚至超過某些暢銷品的盈利額。長尾機制的核心要點包括：消費者追求個性化消費，大量潛在的小眾市場產生；互聯網和現代物流為消費者提供了無限的選擇空間；無數小市場聚沙成塔，匯溪成流，其利潤總和可以和傳統大市場相媲美。

2.長尾理論無處不在嗎？

安德森在其《長尾理論》中提出，長尾無處不在。[94]長尾在經濟銷售、企業管理、廣告業、新聞傳播、出版業、公共服務等領域均有應用。在這些運用中長尾概念逐漸超越了狹義的經濟意涵。

第一，長尾理論在經濟領域的廣泛應用。

銷售領域：亞馬遜圖書銷售的成功就在於其借助網路實現了分佈在長尾上的非暢銷書的小市場的彙集。[95]中國車商網為全國所有汽車經銷商和汽車衍生服務商提供增值服務，從而開發諸多細分市場，生成長尾效應而獲得可觀的盈利空間。[96]企業管理：有學者認為「在『互聯網＋』知識經濟時代，小微企業應用長尾理論改變產品供給結構是結構性改革的重要思路。」[97]有學者認為阿里巴巴的成功正是彙集了「多品種、小批量」的市場，這正是長尾模型中橫

【94】（美）克里斯·安德森著，長尾理論，喬江濤譯，北京：中信出版社，2006：50-51頁。

【95】（美）克里斯·安德森著，喬江濤等譯：長尾理論，北京：中信出版社，2006：12。

【96】馬建威，長尾理論：網路經濟時代中小企業的新寵，財務與會計，2007，22。

【97】歐陽芳，基於長尾理論的小微企業供給側改革新思路，福建論壇：人文社會科學版，2016，10。

坐標上的「數量」值低、「品種」值高的長尾。[98]金融業：「招商銀行的成功應當歸功於按產品生命週期對持卡人進行細化的分層，並分別發行了不同的信用卡，進而生成長尾效應。」[99]還有學者採用案例分析「發現用戶數量、交易意願、交易風險、大數據應用這四個核心因素的變化會引致互聯網金融市場長尾的延展、和加厚和向下。為互聯網金融發展找到了依據和策略。」[100]近年來，「互聯網金融擴大了小微企業的資金供給量，拓寬了小微企業的融資渠道，促成長尾效應的生成，為小微企業搭建了融資新平臺。」[101]出版業中，「隨著互聯網的興起以及數字出版技術的發展，在長尾經濟條件下，圖書出版有了一個與『暢銷書模式』並存的『長尾書模式』。」[102]「為了開發個性化的長尾盈利空間，出版業創建了網路自助出版模式，以滿足小眾個性化的圖書需求。」[103]物流領域的研究發現，「協力廠商物流企業應通過開發長尾產品、拓展長尾市場、挖掘長尾終端來實現產品差異化、市場差異化和渠道差異化。」[104]有學者提出「創造和保護『長尾市場』是中小物流企業生

【98】馬建威，長尾理論：網路經濟時代中小企業的新寵，財務與會計，2007，22。

【99】馬建威，長尾理論：網路經濟時代中小企業的新寵，財務與會計，2007，22。

【100】霍兵，張延良，互聯網金融發展的驅動因素和策略：基於長尾理論視角，宏觀經濟研究，2015，02。

【101】牛瑞芳，互聯網金融支持小微企業融資的經濟分析：基於「長尾理論」的視角，現代經濟探討，2016，07。

【102】練小川，冪律、長尾理論和圖書出版，陝西師範大學學報（哲學社會科學版），2007，03。

【103】劉肖，網路自助出版模式研究：基於「長尾理論」的分析視角，出版發行研究，2007，11。

【104】謝泗薪，袁姣，第三方物流企業差異化攻略：長尾理論新視角，中國

存和發展的關鍵。」[105]此外，長尾理論在旅遊業、通訊、廣告等領域均有應用。有學者以「長尾理論」為指導思想，提出我國旅遊景區盈利的創新模式。[106]還有學者基於長尾理論探討了小靈通的特點和小靈通在3G時代的生存空間，[107]認為手機「碎片時間」為手機利用「長尾理論」謀利創造了一次絕佳的機會。[108]Google是一個最典型的「長尾」公司，「Google目前有50%的收入來自小網站。數以百萬計的中小企業代表了一個巨大的長尾廣告市場。」[109]

第二，非經濟領域的資源長尾。

在非經濟領域中，學者對長尾理論在圖書館服務、資訊傳播、現代教育和科學研究等領域的應用探討較多。和經濟領域的基於多元個性化需求的小市場長尾不同，長尾理論在非經濟領域的應用中，長尾效應更為突出資源的優化配置和彙集過程。

圖書館服務方面，有大量研究提出採用長尾理論視角，推動圖書館個性化服務。例如有學者提出「在數字化內容日益豐富的環境中，圖書館面臨著用戶注意力分流問題。應用長尾理論對圖書館當前在資源整合和服務方面存在的問題進行分析，為網路環境下圖書

流通經濟，2013，27(06)。

【105】平海，基於長尾理論的中小物流企業發展路徑探討，中國流通經濟，2011，01。

【106】馬宏麗，基於「長尾理論」的我國旅遊景區盈利模式創新策略研究，河南社會科學，2014，22(10)。

【107】陳力，蒲愛潔，從長尾理論到3G時代小靈通市場，商場現代化，2007，28。

【108】昝廷全，高亢，手機「碎片時間」價值的「長尾理論」分析，現代傳播：中國傳媒大學學報，2013，11。

【109】馬建威，長尾理論：網路經濟時代中小企業的新寵，財務與會計，2007，22。

館服務的重構提供參考。」[110]有學者認為「圖書館紙質資源利用無法很好的發掘個性的服務市場，而數字化資料的利用中呈現了明顯的長尾效應，建議圖書館積極採用利於存儲，便於檢索的數字資源服務，為個性化的服務需求滿足提供可能。」[111]還有學者提出「圖書館需要突破『二八定律』。由忽視或無力顧及眾多用戶的個性需要到聚合並積極滿足用戶個性需求；由重視資源擁有數量到更加重視資源獲取能力；由消極對待利用率低的資源到主動推介使每種資源有其用戶，自覺開發長尾資源，提高資源利用率，形成新的服務理念。」[112]

資訊傳播、廣播電視領域。陳力丹、霍仟探討了「互聯網資訊傳播中的長尾形成機制，即生產內容的工具導致資訊生產的長尾、配銷大眾化導致資訊傳播平臺的長尾、連接供給與需求的可能導致資訊需求的長尾。」[113]「在網路謠言發生的初始階段，謠言的爆發點處於『長尾』的尾部，關注的人並不多，但經過網路低成本的傳播、擴大、發酵，其迅速觸發『長尾效應』，進而裂變為網民廣泛關注的焦點。」[114]「起點中文網的運營案例分析發現人們需求的多

【110】 周軍蘭，長尾理論與圖書館，圖書情報工作，2007，51(04)。

【111】 宓永迪，長尾理論在圖書館的應用，圖書館雜誌，2007，05。顏世偉，長尾理論與數字圖書館聯盟的長尾效應，情報雜誌，2007，11。安東梅，耿曉光，微內容：圖書館服務的「長尾」，圖書館建設，2010，12。程娟，肖雪，基於長尾理論的數字圖書館用戶保障，圖書情報工作，2008，52(08)。燕姣雲，長尾理論：高校學科館員服務理念創新的基石，圖書館建設，2010，03。

【112】 蘇海燕，基於「長尾理論」的圖書館服務模式，情報資料工作，2007，03。

【113】 陳力丹，霍仟，互聯網傳播中的長尾理論與小眾傳播，西南民族大學學報：人文社會科學版，2013，04。

【114】 彭榕，網路謠言與公共秩序：基於「長尾理論」的觀察視角，學術交

樣性使網路作品在客觀分佈和點擊使用方面呈現長尾分佈，提出加強長尾分佈網路作品的版權管理、促進數字文化發展的途徑。」[115]網路時代的戲曲欣賞極具個性化，對視頻網站而言，應該有意識地將市場細分，注重戲曲資源的個性化和差異化，追求長尾效應，以保持可持續發展。[116]56.com、抖音等的成功就是基於長尾效應，基於播客原創視頻作品的小眾化的視頻點播是必不可少的。[117]還有從長尾視角對電視節目[118]、付費電視[119]和電影[120]等的研究。

教育領域。有學者運用長尾理論分析了基於Web 2.0的資訊素養非正式教育效果發現：「只要學習者利用Web 2.0學習的時間足夠長，學習資源、學習者和學習方式不斷增多，學習效果和規模也隨之增強。」[121]還有學者認為「大量社會性軟件使學習者進行非正式學習越來越容易，人們的學習越來越向學習的『長尾』延展。」[122]

流，2018，06。

【115】 韋景竹，盧俊，長尾分佈的網路作品版權管理研究，圖書館論壇，2015，35(11)。

【116】 周秋良，網路戲曲視頻的特點、價值及發展前景，學術論壇，2015，38(3)。

【117】 王婷，魯學博，長尾理論在互聯網時代青少年文化需求中的應用，中國青年研究，2008，09。

【118】 高貴武，連哲，試論新媒體環境下電視「長尾」市場的開發，國際新聞界，2013，02，李彬，長尾理論對電視節目傳播的啟發，中國電視，2018，03。

【119】 顧中，「冷門」亦可創造財富：試以「長尾理論」檢討付費電視的生存法則，中國電視，2008，02。

【120】 李竹榮，張黎焱，「長尾理論」與低成本電影的商機，當代電影，2008，09。

【121】 王希，資訊素養教育在Web 2.0環境下的長尾效應，圖書館雜誌，2010，03。

【122】 宋權華，于勇，廖守琴，長尾理論下的非正式學習方式探析，遠程教

隨著「長尾理論」在學校微德育中的應用和延伸，不僅成為微德育的價值源泉，而且進一步拓展和推進了新媒體時代的學校微德育。其實踐路徑主要有：觀察微現象、發現微問題、搭建微組織、創造微平臺、開發微產品、實現微體驗、關注個性化，推動微德育。[123]當前成人高等教育的市場呈現多元化、個性化和分層化，是「頭部市場」和「尾部市場」並存的格局，應依據這樣的市場需求格局制定相應的轉型策略。[124]

另外，長尾理論在科學研究、資訊管理、公益慈善、政府管理和政治選舉等領域也有一定程度的應用。如業餘天文學家憑藉的人數規模、時間的聚合，進而形成長尾效應，發現了罕見的天文現象。[125]還有學者提出利用長尾經濟學的概念來更好地管理科學研究中的「黑暗數據」的潛在解決方案。[126]公益慈善研究領域有學者提出「高校借用經濟管理學科中的長尾理論，實現大額捐贈與小額捐贈的共同發展。」[127]還有學者認為「積極探索對民意『長尾』的充

育雜誌，2009，02。

【123】 季海菊，微德育：新媒體時代學校德育的新形式：基於「長尾理論」的延伸與應用，學海，2012，06。季海菊，當代高等教育的問題與對策（筆談）：長尾理論視角下的微德育開發，學海，2014，06。

【124】 陳凱紅，「長尾理論」視野下我國成人高等教育發展思考，成人教育，2018，09。

【125】 美．克里斯．安德森，長尾理論，喬江濤等譯，北京：中信出版社，2006：65-69。

【126】 P. Bryan Heidorn. *Shedding Light on the Dark Data in the Long Tail of Science.* Library Trends. 2008, 57(02)。歐陽進良，湯嬌雯，龐宇，陳光，國家科技計畫及專案管理中的「二八」現象和長尾理論的影響淺析，科學學研究，2009，27(10)。

【127】 楊維東，朱麗軍，大學捐贈基金籌資模式的轉變：基於長尾理論的分析，教育與經濟，2015(03)。

分性和有效性進行開發的路徑，可以為政府在公共決策中的民意吸納提供優化思路。」[128]政治選舉中，有研究者認為2008 年和 2012 年奧巴馬總統競選兩次獲勝與他的推廣團隊在網路上的長尾理論運用分不開。[129]

長尾效應無處不在嗎？也存在少部分質疑的聲音。有研究基於兩個國家的三個搜尋引擎行銷活動中獲得的數據發現搜尋引擎行銷的成功是由相對較少的關鍵字驅動。[130]還有研究發現，與長尾理論形成鮮明對比的是，電影銷量仍然集中在少量的點擊量中。[131]有學者認為「長尾理論」並不適用於檔案工作。[132]

從長尾理論在經濟領域到非經濟領域的應用可見，正是這些應用使得長尾理論超出經濟領域，理論內涵得到極大的發展。長尾積聚的內容不僅僅包括市場需求，還有人力、時間、物力等等各種資源。由此產生的聚集效應即為資源長尾效應。

3.宗教的長尾如何可能？

宗教傳播中，是否存在長尾現象？目前尚未見到相關的研究成果。本書認為，宗教傳播本質上也是一種文化傳播。所以應該與上

【128】 李書巧，李寒，政府公共決策中民意吸納的優化路徑：基於長尾理論的視角，領導科學，2018(02)。

【129】 李麗莎，受眾角色影響下的和行銷策略：以奧巴馬決勝競選的「長尾戰略」為例，東南傳播，2011，81(05)。

【130】 Skiera, Bernd; Eckert, Jochen; Hinz, Oliver. *An analysis of the importance of the long tail in search engine marketing.* Electronic Commerce Research and Applications. 2010, 9(06).

【131】 Anuj Kumar; Michael D. Smith; Rahul Telang. *Information Discovery and the Long Tail of Motion Picture Content.* MISQ. 2014, 38(04).

【132】 吳雁平，劉東斌，「長尾理論」在檔案界遇冷的思考：檔案界10年「長尾理論」研究綜述，檔案管理，2018，(02)。

述文化資訊傳播中的長尾現象具有相似的一面，即都需要資訊受眾有各類個性化的需求和偏好。本書後面章節將會論述，廣州的菩提學會田野調查發現，廣州菩提學會信眾以新型階層為主，這些信眾在佛教信仰表達方面存在諸多分化的個性化需求。並且，廣州菩提學會在迎合這些個性化需求中生成了各類細分市場，借助共修形成的廣泛信仰網路促成了各類個性化需求、人力、物力等社會資源的彙集。正是借助這種彙集的資源，廣州菩提學會才能夠獲得廣泛傳播空間。同時，這種宗教資源長尾效應還推動了區域佛教和地方社會關係的重構。本書將詳細論述廣州菩提學會各類細分市場的構成和資源長尾機制，這是構建中國化的宗教市場理論的積極嘗試。也為宗教市場論的理論邊界拓展開闢路徑。

二、理論框架

圖2勾勒了廣州菩提學會的修行理念、組織類型、市場構成和資源動員機制。第一，基於「自度度他」和「漸修漸悟」的修行理念，廣州菩提學會創建了佛法共修（義理佛學）、佛化國學、慈善、放生和臨終助念等多種宗教組織類型，各類組織類型還包括若干亞類型組織。第二，多樣的宗教組織類型及其亞類型提供了多樣化的宗教產品，迎合了新型階層的多種信仰偏好，生成了多重信仰偏好（小眾）市場，為菩提學會提供了廣闊的市場空間。第三，借助佛法共修中積累的信仰網路社會資本，各類組織在資源動員中產生了信仰需求、人力、物力等等資源長尾效應，為上述各類市場的運作提供了重要支撐。這正是廣州菩提學會的宗教市場的資源動員機制。

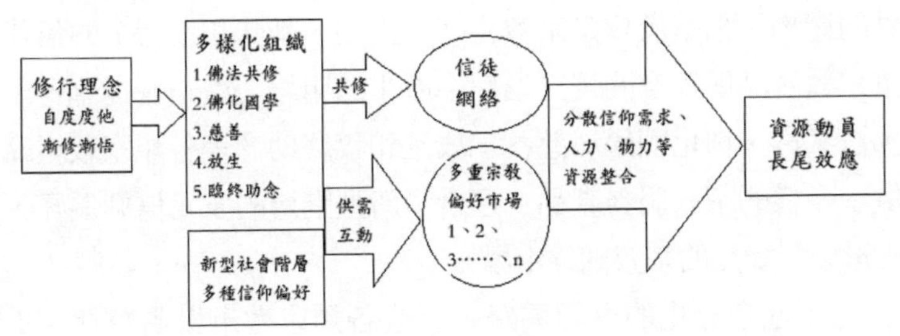

圖2 廣州市菩提學會的宗教市場構成和資源動員機制

三、概念界定

下面結合上述理論框架，筆者將分別就本書中涉及的小眾信仰、信仰偏好市場、信徒網路、資源長尾和佛教結構重組等核心概念作界定，也對本書涉及的相關佛教知識性概念作一定介紹。

（一）小眾信仰和信仰偏好市場

1.小眾信仰。

是指某類群體在信仰選擇中有某種特定喜好的宗教現象，這個群體或者由某一類社會階層或群體為主。如廣州菩提學會的信眾以教育水準較高、收入穩定的女性新型社會階層為主，其信仰喜好上以義理佛教為主，注重佛法教義的系統深入學習，隨後在佛法學習和各類發心工作中，根據信仰喜好又有進一步的分化。

2.信仰偏好。

指在信徒在信仰選擇中，表現出的一種特定喜好（需要、趣味和期待）的信仰表達取向。

3.信仰偏好市場。

也叫小眾信仰市場或宗教細分市場[133]，信仰偏好市場是供需

【133】 和斯達克有關「區位」（niches）概念相對應。區別在於區位的劃分維度，斯達克僅考慮社會張力維度，而本文則僅從信仰偏好進行劃分，

互動的產物。指基於特定宗教喜好（需要、趣味和期待）的信徒在多重宗教產品屬性空間選擇過程中產生的市場。廣州菩提學會創建了佛法共修、佛化國學、慈善、放生和臨終助念等各類宗教組織，提供了多樣的宗教服務產品，迎合了新型階層的多元信仰偏好，因此，形成了多元的宗教細分市場。

為了迎合分化的信仰偏好，上述各類宗教市場還有進一步細分，如佛法共修市場，按學習內容分為入行、加行、淨土共修班；按學習主體分為學員共修和輔導員共修；按學習層次分為基礎、預科和正科；還有按文化水準分為普通班和高知高管共修班；佛化國學按年齡段分：嬰幼兒、青少年、高校學生、社會企事業單位、老年人等課程體系；慈善按項目按募捐方式可分為不同的亞類型市場；放生按節日類型、放生地點、參與放生方式等可細分為不同亞類型；臨終助念按場地分實地和網路兩種形式，此外，還可以按參與方式細分。

（二）信徒網路和資源長尾效應

1.信徒網路。

是指廣州菩提學會的居士在長期的佛法學習共修中，形成的學員和學員之間、學員和輔導員之間以及學員和上師之間的較為穩固的人際關係。

2.資源長尾。

借助共修中生成的道友關係網絡，廣州菩提學會各類組織和細分市場在資源動員中實現人力、物力、宗教需求等資源跨區域的整合，聚沙成塔，也就生成了多條資源長尾效應。以此支持各類宗教

以此拓寬了「區位」概念的適用性。參考：羅德尼·斯達克，羅傑爾·芬克著。楊鳳崗譯，信仰的法則：解釋宗教之人的方面。北京：中國人民大學出版社，2004：269-318。

活動的開展。

（三）佛教結構重組[134]

指佛教不同教派內部關係或區域佛教和社會關係的重構。就本書而言，具體表現有階層分化與信仰偏好轉型、信仰流動、跨區域宗教組織的生成、宗教的網路形態變化以及宗教的結構性地位和社會功能變化等等。

（四）其他相關概念

1.堪布。藏文མཁན་པོ[135]，藏傳佛教稱謂，通過佛學教育的出家僧侶，達到較高水準後可以享有這個稱號。通常被稱為堪布的僧人，同時要兼負寺院的管理職責，相當於住持。

2.上師。藏文བླ་མ།，[136]藏傳佛教顯密並弘，顯宗的修行可以依靠法本修行，而密宗的修行則必須依靠更有德行的師父引領方向。上

【134】 這一概念受到美國當代學者伍斯諾（Robert Wuthnow，1946-）宗教結構重組概念的啟發。他認為，無論是「世俗化」的觀點，還是「反世俗化」的觀點，都對美國當代宗教做出了過於簡單化的解釋。他承認一些傳統的宗教表達方式已經消失，但宗教在當代社會中以其他方式展示著自身，這就是美國宗教的結構重組。從宗教自身的角度來看，有兩個重要的組織層面的變化對美國宗教的結構重組有著決定性的影響。這兩個組織變化分別是：第一，宗派主義的重要性下降，這是美國宗教結構重組的其他方面的得以浮現的基礎；第二是相應於宗派主義重要性下降而出現的大量具有特定目標的團體（如各類慈善、婦女權益、環保協會）。這些團體的增長對於美國宗教的新生及其對於更複雜社會環境的適應，都聚十分重要的意義。參考：李向平等，當代美國宗教社會學理論研究，上海：中西書局，2015：254-255。Robert Wuthnow, *The restructuring of American religion: society and faith since World War II*, Princeton University, 1988: 72-126.

【135】 相關藏文術語由陝西師範大學王海燕老師提供。

【136】 相關藏文術語由陝西師範大學王海燕老師提供。

師正是修行道路上引領方向的出家人。一般上師都是具有較高修行成果的僧人。

3.法師。能精通佛法為人之師者，又謂行法之師也。[137]在本書中，多指堪布弟子經過系統的佛法教育之後，經過考核取得弘法資格的出家人。

4.居士。[138]在今天的中國社會，佛教居士主要是指信仰佛教但依然過著世俗生活的在家信眾。佛教「在家居士」要求皈依三寶、受持五戒、持齋、修行菩薩六度、居家八法等等。實際上有不及這個標準的，也有超過這個標準的。

第三節　田野過程、分析方法和本書結構

本節將對本書的資料收集方法、資料分析方法和結構進行介紹。

一、田野過程

關於廣州菩提學會的田野調查，得從筆者在新疆石河子菩提學會的活動說起。那時候，筆者在瑪納斯大佛寺調研，2013年下半年發現部分居士疏離於寺院參加了石河子市菩提學會的佛法共修班。在這些居士的引薦下，筆者隨後也參與其中。先後跟蹤調研了一年左右，在長期的活動參與中，筆者和道友建立了比較穩固的關係。2014年6月在石河子市菩提小組一位負責人的資助下，筆者隨同去了四川色達縣五明佛學院參訪。

【137】 引自在線《佛學大辭典》，《佛學大辭典》是由近代無錫人丁福保先生轉譯日本真宗大穀派學僧織田得能著作《織田佛學大辭典》而成。http://foxue.supfree.net/

【138】 引自在線《佛學大辭典》，《佛學大辭典》是由近代無錫人丁福保先生轉譯日本真宗大穀派學僧織田得能著作《織田佛學大辭典》而成。http://foxue.supfree.net/

由於菩提學會修行團體活動較為隱秘，對於外來者具有較高的警惕性，所以筆者只能採取成員身份的角色進入調查。通過長期的參與式觀察，為各項資料的收集創造條件。筆者首先借助新疆佛友的關係，通過申請跨區轉組，找到了廣州當地菩提學會，首先是以一個「居士」的身份入場的，逐漸獲得了「道友」和各級負責人的認可，扮演的角色從普通居士，變為共修小組的「組長」和「助理輔導員」。在這些角色的扮演中，筆者親身經歷了共修小組的運作和管理過程。並且也作為成員參與到臨終助念和放生等活動中，追蹤調研各種信仰活動。在XR組織擔任後勤服務中心負責人，基於職責，筆者參與到XR組織各個事業部門的各項活動中，收集了大量一手素材。調研中，筆者較為深入的捲入了修行團體的各類組織生活，協助各項活動的開展工作。當然，正是這些重要角色的擔任，筆者也為道友們的修行生活做了不少事情，這便是筆者調研中的互惠行為。憑藉XR組織的角色扮演，筆者又參與到了與XR組織有合作關係的CH公益組織活動中去。在調研的後期，一些負責人提議筆者以參與的活動經歷為基礎撰寫畢業論文，在他們看來，學者的介入也是很必要的，他們希望聽到公正的聲音。看到時機成熟，筆者和博士導師商量後，最終確定以廣州菩提學會為博士學位論文的研究對象。[139]

【139】 如懷特在《街角社會》中所言，被調查對象認可了你這個人，就會認可你做的事情，如果不認可你這個人，即使做的事情是正確的，也未必得到認可。筆者就是基於這樣的原則進入田野的，先採取成員身份法，當獲得足夠接納和認可後，逐漸亮明自己研究者的身份。在廣州的調研中，待信任關係建立後，幾位負責人均已知曉筆者是中山大學人類學系的博士研究生，聽說我要博士畢業論文，也鼓勵筆者選擇這個主題做博士畢業論文，他們希望有學者能夠公正的發聲。當然，筆者論文所述未必能夠完全合乎調查對象的願望，因為筆者不僅僅基於

筆者的訪談對象包括：廣州菩提學會的負責人圓成居士；2015級基礎班輔導員陳居士，及助理輔導員翁居士；預科班各科系負責人（2015級加行科系負責人李居士，2015級入行科系負責人圓泓居士，2015級淨土科系負責人圓華居士）；預科各科系輔導員以及各個班的助理輔導員（2015級某淨土班輔導員圓華居士，助理輔導員圓心居士，2015級某加行班輔導員陳居士，2016級加行班輔導員戴居士，助理輔導員李居士，2015級入行論班輔導員圓泓居士，助理輔導員黃居士、李居士和田居士）；2015級入行論研討班法師及廣州地區負責人晴天居士；XR組織弟子規老師；XR組織各個事業部的負責人（孕育希望事業部的李居士、江博士、范博士，少兒事業部的方居士、朱居士，高校社團事業部的張居士、圓明居士，社會團體事業部的劉居士，老年事業部負責人程居士、黃居士）；CH組織負責人周居士、黃居士和李居士。另外，還有與筆者合作工作的其他發心人員，比如高知班助理輔導員兩位吳居士，XR組織負責培訓考勤的鄭居士、圓蓮居士、朱居士等等。XR組織與CH慈善公益團體在西部助學項目方面也有合作關係，筆者借此參與到CH組織的項目活動中去。臨終助念團和XR組織以及學會共修班進行對接，組建各個小組的臨終助念專員，筆者開始接觸到臨終助念團負責人心秀居士。放生方面，則由各個共修班負責組織，筆者依託共修班的學員、小組長及助理輔導員身份參與了諸如百日放生、節日放生、特殊紀念日放生（比如索達吉上師母親辭世的日子）等各類放生活動。

宗教看待很多活動的意義，而是在儘量理解其宗教含義基礎上，還要從其社會功能上探討和評估。同時，對於很多敏感資訊作了匿名化處理，大部分居士允許使用其法號代替真實姓名，還有少部分居士感到很榮幸，能夠被寫入筆者的博士學位論文，則同意使用真實姓名。在此表示感謝。

筆者還經常隨同XR組織相關部門負責人，去與其他組織機構洽談，進而瞭解到XR組織與外部組織的互動關係情況。比如與F社區家庭服務中心負責人林主任、黃主任的溝通，與青少年活動中心楊主任的項目洽談。此外還有濱江某公益組織、一些高校社團、女子戒毒所隊長、小學校長和中學校長等等。XR組織組織面向企業社團的課程項目中，筆者接觸到廣州某行業協會的會長。

菩提學會各項活動開展中，網路發揮了相當重要的作用。從共修班級群、研討班學習、還有各類活動（比如網路助念、放生捐款）幾乎都是依靠網路方式進行的。各類網路工具大量的應用，比如微信、新浪Show、YY語音、微信公眾號、紅點和APP等，還有各類網站。可以說網路已經成為廣州菩提學會的基本活動平臺之一。筆者進入了各類網路空間，收集到大量的相關資料。比如共修活動的各類資訊、研討班、XR組織、放生、CH宗教公益團體和助念活動的橫向發展方面，這些都是依賴網路資料進行分析的。文章對各類組織資源動員中彙集成資源長尾效應的研究，也即宗教組織橫向擴展，正是網路上宗教活動的具體展開模式的分析。

二、資料分析方法

（一）主位－客位分析

「主位的觀點即以參與者或文化負荷者的觀念和範疇為准，也就是以本地提供消息的人的描述和分析的恰當性為最終判斷。」[140] 主位的視角能夠避免以邏輯的事實代替事實的邏輯，文章以田野調查資料和大乘佛教「自度度他」精神和藏傳佛教的「漸修漸悟」修行理念為出發點，分析廣州菩提學會的組織類型構成的宗教邏輯。

【140】 黃淑娉，龔佩華，文化人類學理論方法研究，廣州：廣東高等教育出版社，1996：329-330。

正是基於這樣的主位分析，使得斯達克的區位概念內涵和地方文化脈絡融合，得以重構其內涵。「客位表示科學的判斷，可經由任何受過訓練的觀察者來加以證實，或者說把旁觀者在描述和分析中使用的範疇和概念作為最終的判斷。」[141]本書以宗教市場和長尾理論等角度分析廣州菩提學會組織、市場運作資源動員的機制，則是帶著理論導向的觀察。

（二）文化並置法

文化並置法（cross-cultural juxtaposition）是當代人類學家喬治．E. 馬爾庫斯（George E．Marcus）提出的文化批評方法。馬爾庫斯認為，人類學有兩大承諾，第一承諾是對異域文化的描寫和記述，第二個承諾是在此基礎上，反觀本土文化，形成對自己文化模式的再認識，進而達到文化自覺的目的。同時，在這樣一個世界政治經濟體系，全球化體系中，文化批評不僅僅是在本土文化與異域文化之間，而且是多元的文化主體相互之間的文化對話和批判。[142]文化並置法分為強式文化並置（Stronger Versions of Cross-Cultural Juxtaposition）和弱式文化並置（Weaker Versions of Cross-Cultural Juxtaposition）。強式文化並置法指的是從其開始便與其他地區民族志的某些實體之間形成一種實質性的本土民族志。[143]最強烈的泛文化並置法，需要的是雙重的民族志研究及對異文化和本土文化的

【141】 黃淑娉，龔佩華，文化人類學理論方法研究，廣州：廣東高等教育出版社，1996：329-330。

【142】 美．喬治．E. 馬爾庫斯，米開爾．M. J. 費徹爾，王銘銘，藍達居譯，作為文化批評的人類學，北京：生活．讀書．新知三聯書店，1998：191。

【143】 美．喬治．E. 馬爾庫斯，米開爾．M. J. 費徹爾，王銘銘，藍達居譯，作為文化批評的人類學，北京：生活．讀書．新知三聯書店，1998：222。

不同場域的同等分析和同等批評。[144]而弱式文化並置法的比較對象比較寬泛，只要能夠引起本土文化某些方面的積極反思即達到了並置的目的。筆者選擇弱式文化並置視角，是因為筆者在漢地寺院田野調查在先，發現漢地寺內居士林發展的弱組織困境之後，即宗教資本缺乏導致居士疏離，寺院組織資源動員能力和社會參與能力弱化。除了同為大乘佛教，奉行「自度度他」的修行理念之外，菩提學會強調「漸修漸悟」的修行模式。那麼這一修行理念的實踐組織形式是什麼？這一實踐形式為菩提學會的資源動員提供了怎樣的優勢，這一優勢又對宗教的社會參與功能產生了怎樣的影響。結合這些問題的回答，筆者將會反思漢傳寺院佛教的社會參與困境。當然，以後如果機緣成熟，筆者也嘗試做強式文化並置的後續研究。

三、本書結構

本書研究了當代中國語境中一個小眾宗教市場模式：結合菩提學會修行理念和實踐重構斯達克區位概念內涵和分析框架，分析作為小眾信仰現象的廣州市菩提學會宗教細分市場構成，運用長尾理論分析各類細分市場的資源動員機制。在此基礎上分析區域佛教和社會關係重構，推動宗教市場論回應宗教和現代社會關係這個宗教社會學元問題，拓展其理論邊界。基於文化並置視角提出對佛教不同教派、不同宗教市場模式及宗教社會關係重構的類型比較研究。本書第一章介紹研究問題和回答問題的理論方法。第二章、第三章論述了廣州菩提學會的下屬宗教公司、宗教產品和區位市場構成等方面的情況。第四章到第七章從細分市場生成和市場運作的資源長

【144】 美・喬治・E. 馬爾庫斯，米開爾・M. J. 費徹爾，王銘銘，藍達居譯，作為文化批評的人類學，北京：生活・讀書・新知三聯書店，1998：193。

尾機制兩方面依次對第三章所概述的各種市場類型的資源動員機制的論述。第八章是相關理論回應和研究展望。

本書的具體論述結構如下：

第一，廣州菩提學會的宗教現像是一種小眾信仰。

第一章介紹了文章的研究問題、理論視角、田野過程和論文結構。第二章田野調查發現，廣州市菩提學會的信徒大多屬於教育水準高、收入穩定、年輕的新型社會階層，表現出了義理佛教信仰偏好，屬於典型的小眾宗教信仰現象。

第二，廣州菩提學會各類區位市場構成有其獨特的社會文化脈絡。

論文第三章中，從文化脈絡上講，基於大乘佛教「自度度他」宗教精神和菩提學會「漸修漸悟」的修行理念，廣州菩提學會創建了佛法共修、佛化國學、慈善、放生和臨終助念等多種宗教子公司類型。社會脈絡上講，如此多樣的宗教公司為信徒提供了多種的宗教服務，迎合了新型社會階層的多重信仰偏好需求，廣州菩提學會形成了佛法共修、佛化國學、慈善、放生和臨終助念等多種分散的信仰小眾市場。

第三，資源長尾：廣州菩提學會各類細分市場（區位市場或小眾市場）運作的資源動員機制。

第四章到第七章在第三章基礎上進一步詳細描述了各類細分市場的生成過程、內在構成後，運用長尾理論分析了各類小眾信仰偏好市場的需求、人力、物力等資源如何在信徒網路的作用下跨區域彙集和共享的過程。由此生成了佛法共修、佛化國學、慈善、放生和臨終助念等市場運作所需的多條資源長尾。

第四，結語：理論回應和研究展望。

首先，廣州菩提學會的各類區位市場構成有其社會文化脈絡；新型社會階層信仰選擇有實踐理性精神；區位跨立是一種常態，中國宗教市場構成並不止三種顏色。其次，廣州菩提學會宗教市場的資源動員中形成了資源長尾機制。廣州菩提學會資源動員機制推動了區域佛教不同教派間、宗教和地方社會的關係重構。最後本書提出可以進一步開展佛教不同教派、不同宗教的市場構成和資源動員機制比較研究，以推動宗教市場論回應宗教和社會的關係問題，拓展其理論邊界。

第二章 廣州菩提學會概況

本章將介紹廣州菩提學會的概況。第一節描述了菩提學會在廣州傳播的緣起、修行場地；第二節將從統計資訊和個案角度介紹廣州菩提學會的信徒人口特徵，這和第三章有關宗教公司類型、市場類型密切相關，各種宗教公司正是提供了多樣的宗教產品以迎合這樣的信眾偏好而生成各類細分市場，市場正是「交易」這些產品的社會場域。另外，第四章第一節新型階層的義理佛教信仰偏好部分的論述也是以本章第二節有關信徒人口特徵為基礎的。

第一節　緣起與活動空間

本節將介紹菩提學會的宗教領袖的傳教使命和廣州菩提學會的活動場地。廣州菩提學會的創立首先要追溯到其宗教領袖人物的宗教使命。宗教活動場地則是菩提學會信徒信仰表達的社會空間。

一、緣起

菩提學會是索達吉堪布的個人弘法平臺，索達吉堪布仁波切，四川甘孜爐霍人，生於1962年藏曆六月初四。1985年，舍俗出家，前往色達喇榮五明佛學院，依止法王如意寶晉美彭措為根本上師。後通過講辯著的堪布資格考試，成為學院的大堪布。[1]據索達吉堪布所講，內地菩提學會的緣起於晉美彭措一次入定後的開示：

「漢地弘法的緣起是在1986年為六千餘名僧眾灌頂時表現出來。一日上午，進行《文殊幻化網》灌頂時，當誦到迎請天尊儀軌的時候，法王突然從法座上騰空而起，爾後又徐徐落在法座上，入定良久後，法王平靜地對大眾說：『剛才在我感覺中，漢地五臺山的文殊菩薩、布瑪莫扎親自來此迎請我們。我從現在開始與漢地眾生結緣，度化他們，以後我們學院可能會有許許多多的漢族弟子前來求法、修學，並將顯密佛法弘傳到世界各地……』。」[2]

根本傳承上師的遺願對於其弟子索達吉堪布影響很大，漢地弘法成為法王弟子們的一項神聖使命。2006年開始，就陸續對外開設聞思班（入行）、加行班和淨土班，這就是各地菩提學會的緣起。據廣州菩提學會負責人圓成居士回憶，廣州市菩提學會是上師在全國最早成立的學會之一，最開始只有加行班，後來才陸續開設有入行論班，2009年考慮到信眾中有不少老年人，所以開設了藏傳淨土班。但從這些年的發展來看，加行班最為穩定，而入行論和淨土班通常不穩定，掉隊的很多，好些人學著學著就不來了。開始6個班，後來變成4個班，再後來又合併為2個班。所以每次基礎班學期末，要分預科班的時候，

【1】 根據索達吉堪布簡介改寫。資料來自智悲佛網。http://www.zhibeifw.com/ssjs/sdjs.php

【2】 索達吉堪布，法王晉美彭措傳，北京：宗教文化出版社，2014：106。

為了保證更多的人能夠留下來，廣州菩提學會負責人圓成居士經常動員學員選加行班繼續學習。不過，近幾年來，入行論班也有所發展，淨土班學員也不再僅僅是老頭老太太，也出現了很多年輕人。剛開始的時候，一個班就幾個人，所以一般在居士家裡設立共修道場。廣州市菩提學會學員總數也就幾十人，通常開幾個班，後來陸續增加到幾百人，2017年報名人數突破了1000人，每年新開30多個共修班。

二、修行場地

隨著市場經濟的發展，宗教管制的放鬆，各類信仰表達空間得以構建。廣州菩提學會的場地來源的類型主要有以下六種：

（一）寺院

筆者參加基礎班的學習就是在廣州某個較為有名的寺院內[3]，共修場地位於該寺院某殿堂的二樓。該寺院的住持對密宗有緣，所以願意提供場地供居士修行。根據寺院場地排班，筆者所參與班級每週六下午4點-晚上7點開展共修活動。我們共修班集體每月給寺院交水電費，自己配置相應的音響、投影儀等播放設備。據共修道友講，這樣的共修場所非常的殊勝，因為位於「三寶」[4]所在地能夠獲得特殊的加持。所以能夠來這裡修行的道友，都懷一顆感恩心，都認為這是自己的福報。

（二）租用寫字樓

筆者初期在心家共修道場（如圖3-1）參加加行預科班學習，該共修場地就在某商務寫字樓內，共同修行的道友每個月需要交50

【3】 2016年年底該寺院收到廣州佛教協會文件，被要求停止在寺院內為菩提學會的共修活動提供場地。

【4】 佛教中，三寶是指佛、法、僧。

元的場地費。這個共修場地最開始是一位企業家居士（後來得知就是筆者所在的入行論班的輔導員，他是某集團公司的副總裁）捐助的，他交了一年的租房費用，之後由參加共修的居士集體維持日常開銷。據介紹，這個場地是廣州加行班的活動中心，是上師親自來加持[5]過的。所以，能夠來到這裡修行的道友，也會感覺很殊勝而精進的修行。2016年6月開始，筆者在陶金共修道場（如圖3-2）擔任助理輔導員，這個場地則由圓惜居士（女，1976年生，廣州某集團公司總裁）個人租下來，然後發心供養給道友共修專用。

圖3-1　心家共修道場[6]

【5】　加附佛力於軟弱之眾生，而任持其眾生也。又佛所加之三密力，於眾生之三業任持也。又祈禱者，為加附佛力於信者，使信者受授其佛力，故祈禱直曰加持。參考丁福保編譯：線上《佛學大辭典》。

【6】　筆者攝於2016年8月18日。

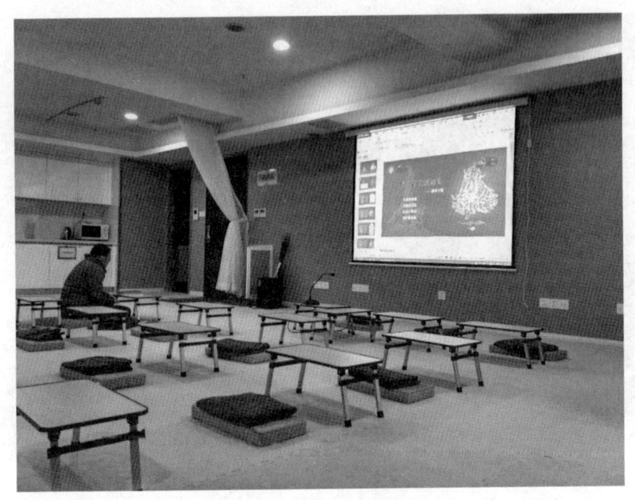

圖3-2　淘金共修道場[7]

（三）單位房屋

筆者目前參加的入行論預科班學習場地就是在輔導員所在的公司裡面，輔導員發心很大，把公司的好幾間大屋子（如圖4）都供養出來，給大家共修用。這地方也是廣州入行論科系的活動中心。輔導員是廣州入行論科系的總負責人。這個場地很大，還有多功能廳，經常供舉辦大活動用，比如菩提學會的年會、淨土班、入行論班開學典禮等等。據說，這個場地也是上師來加持過的，所以裡面佈置得很莊嚴。另外，還有一位居士開了一個賣香的連鎖店鋪，一樓是商鋪，二樓是他本人的辦公室，也是共修的場所。這裡是2015級共修班的活動場地，也是XR組織開展弟子規老師培訓的場所。

【7】　筆者攝於2016年9月27日。

圖4 2015級入行班共修道場[8]

（四）居民樓

這是學會剛剛成立初期，發心道友把自己家的客廳捐獻出來作為共修的場地。學會建立初期，參加集體共修的道友數量不多，所以這類場地基本能夠滿足需要。比如我們入行論班學員圓程居士就把自己家的客廳貢獻出來作為共修的道場。後來，參加共修的人數增多，學會對這類場地的需求也就小了。當然，也有發心[9]大的，把自己的整套房子都捐獻出來的，這樣的場所就比較理想。比如某高校附近就有一個這樣的活動場所，是整套的房子。很多法會共修都選擇在那裡舉辦。一次參加極樂法會，筆者通知去這裡參加共修。出了地鐵口，按照提供的地址，找了好久也沒找到。後來有居士來接引，發現這個道場在一棟31層大樓的頂層。進去後發現，還有些居士就住在這裡維護道場。共修完成後，和圓理居士一起出來，向

【8】 筆者攝於2016年3月18日。

【9】 是指發菩提心，指為眾生解脫提供幫助，此處是指為共修提供方便，為其他人的修行提供場所。

其討教佛教修行體驗。電梯到了20層的時候突然上來好些人。圓理居士給我使眼色後，就不說話了。從電梯出來後，圓理居士給我解釋說：「我們菩提學會的道場很寶貴，所以，我們一定要注意保護道場的安全，對外人不要隨便談。」[10]

（五）素食館

這是特殊時期的一種共修場地。因為前一陣子（2016年11月份）考慮到嚴打，形勢緊張，為了維護場地的安全，所以暫停全部實地共修，轉為網路共修。為了彌補網路共修的不足，也為了滿足共修道友聯絡感情的需要，所以嘗試在一些素食館聚餐共修（如圖5）。如筆者擔任助理輔導員的淘金高知班，在前一陣嚴打時期，就轉入了XXX素食館共修。為了安全起見，第一次上課通知地點只寫到了具體地鐵站的XXX口，然後由助理輔導員去接引。筆者第一次去的時候，由圓軍居士接的，從地鐵口出來後，轉入一個巷子，進去了很久，才到了共修地點。從外面看，這個共修點不起眼，一樓是一個超市，走進超市後，上一個樓梯到了二樓。然後才發現有一家素食館，素食館有大廳和很多包間。後來得知，這素食館原本屬於菩提學會，後來才承包給某位居士。顯然，XXX素食館主要供學會居士修行使用，基本不對外開放。嚴打時期，包間供不應求，每次共修前都需要提前預約，預約的時候還需要統計吃飯人數。據圓軍居士說，如果吃飯人報得太少，可能無法預約房間。記得有一次，共修班才3個人訂餐，為了預約到房間，幾位助理輔導員自己掏錢訂了10人的餐。這種捆綁式消費讓不少居士很有意見，為此菩提學會場地負責人和老闆有過幾次交涉，老闆說素食館平時效益不好，該素食館原來的廚師也走了。

【10】講述人：圓理居士，女，1974年生，本科文化，廣州某自來水公司管理人員，2012級某加行班學員。

圖5　某素食館共修現場[11]

（六）網路共修

依託YY、微信、QQ群、新浪SHOW、紅點以及各類網站平臺開展互動學習交流。廣州菩提學會在內地的傳播中比較擅長應用各類現代資訊技術手段。相對於以上幾種實地共修模式，這類網路共修更為「安全」，也大大降低了共修的時間和經濟成本。當然，網路共修依然無法代替面對面的實地共修模式，也存在諸多不足，比如有些居士可能只是掛著，自己忙其他雜事去了。有時候輪到回答問題，沒人回應。

下面根據筆者的訪談調查，表1列舉了部分共修場地的情況。由於比較隱蔽，還有不少共修場地筆者尚未接觸到。

表1　廣州市菩提學會共修場地分佈統計

序號	場地簡稱	區域	場地情況
1	車陂	天河區	是某公司所在地，公司經理提供的場地，場地規模較大，所以2015年之前多次選中為入行論的活動中心，開設了多個班級，週一–週末均有排班。這裡也成為預科班開班典禮的活動場所。2015年年底被舉辦，被停。

【11】筆者攝於2016年5月26日。

2	黃花崗A	越秀區	該場地預科加行的活動中心，是某事業單位對外出租的房屋，開始由某位居士發心租用了一年，後續費用由各個共修小組隨喜捐款而維持。大概每月維持費用（包括房屋租用費、水電費、供花、供水、供燈等）為5000元，共10多個共修小組，每個組每月500元作用，平均每位學員每月30元作用。此外，這裡也是菩提學會很多會議的場地，比如考勤統計培訓、輔導員會議等等。
3	黃花崗B	越秀區	該場地是車陂小組被停後，2016年5月由本小組學員陳居士提供的，位於陳居士公司所在地。目前安排了八個班級的共修，有加行、入行班。該里也是XR組織各項培訓工作（如孕媽、弟子規老師和普講老師）的重要場地。
4	楊箕	天河區	某2015級淨土班所在地。
5	江南西	海珠區	某2015級某淨土班所在地。
6	芳村	荔灣區	某2015級加行班所在地。
7	天源	天河區	2016級高管班所在地。
8	某寺院	海珠區	基礎班（筆者基礎班就在這裡參加共修）、淨土班所在地。後來廣東佛教協會發文後，被迫停止。
9	淘金A	越秀區	2016級高知班所在地。是高知班顏居士提供的場地。
10	中大	海珠區	位於中山大學附近某社區高層頂樓，2012、2013、2014級各科班級均有排課。
11	東風路	越秀區	某2015級加行班、淨土班；2016級加行班共修場地
13	華林	荔灣區	2015級入行論班共修場地。是輔導員提供的場地，位於商鋪的二樓，一樓商用。曾作為去年XR組織第一級弟子規老師培訓的培訓場地。
14	觀心園	天河區	是一素食館內，車陂被停後，曾作為2015級入行論、加行各班的臨時備用場地。
15	淘金B	越秀區	是2015級入行論班圓程居士提供的場地，就在居士家的客廳內。空間相對較小。

第二節　小眾：信眾人口特徵

據筆者瞭解，自2006年以來，索達吉堪布開始在廣州開辦學習班，成立廣州菩提學會。[12]十年來，廣州市區參加學會的學員總共有4000人左右，學員以中青年女性、文化水準較高和工作穩定的中等收入階層為主。[13]

一、信眾人口社會特徵

圖6統計了廣州菩提學會學員的性別構成情況，統計顯示：女性占76.3%，男性占23.7%。

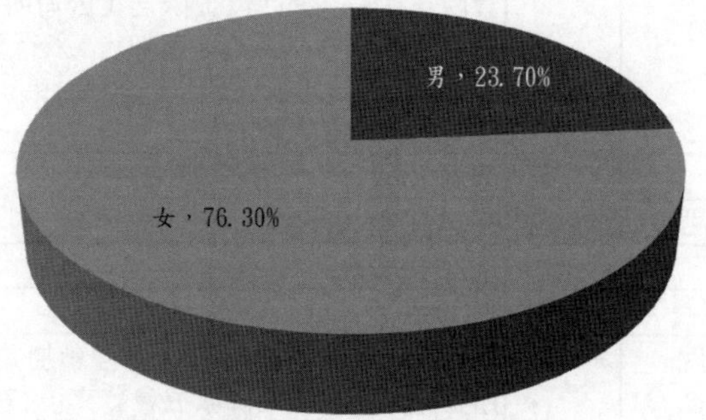

圖6　廣州菩提學會學員性別構成情況

統計顯示：學員年齡段均分佈於17-65歲之間，其中青年（17-40歲）占64.3%，41-65歲的占35.7%。如圖7所示：從學員出生年代看，以70後、80後為主，其中50後占3.1%、60後占9.6%、70後占31.5%、80後占45.6%、90後占10.2%。

【12】筆者所調研群體的根本上師屬於寧瑪派藏傳佛教，菩提小組隨後在各地組建菩提學會，比如廣州菩提學會、上海菩提學會，國外也有相應的地方菩提學會，學院通過各地菩提學會實現對學員的管理與培養，各地菩提學會嚴格遵守學院提出的不涉及政治問題和經濟問題原則，弘揚正法。

【13】本節數據根據廣州菩提學會學員花名冊資訊計算得到。

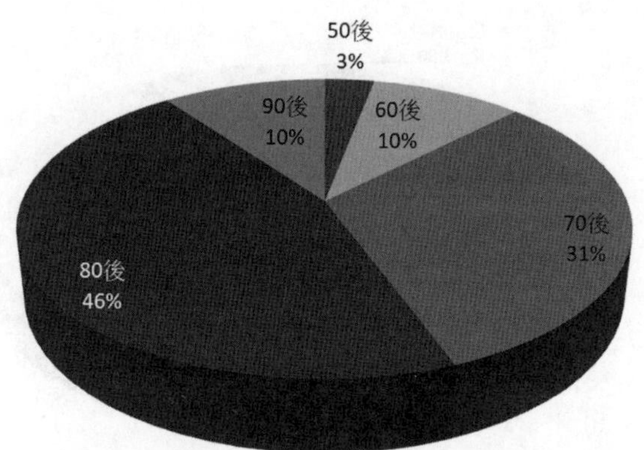

圖7　廣州菩提學會學員年齡構成情況

圖8統計了廣州菩提學會學員受教育程度情況。統計顯示：學員普遍受教育程度較高，其中碩士及以上占8.4%、本科47.4%、大專18.3%、高中10.7%、中專4.3%、初中10.9%，大專及以上學歷合計達到74.1%。

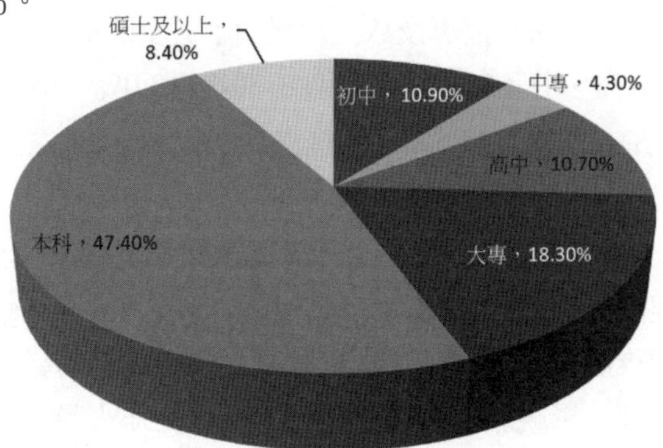

圖8　廣州菩提學會學員受教育水準構成情況

圖9統計了廣州菩提學會學員的職業構成情況。統計發現：從職業大類看，學員以專業技術人員為主，其中企業老闆經理占9.7%、專業技術人員占36.9%、辦事職員占29.3%、商業、服務業人員占20.5%、自由職業者占3.6%。

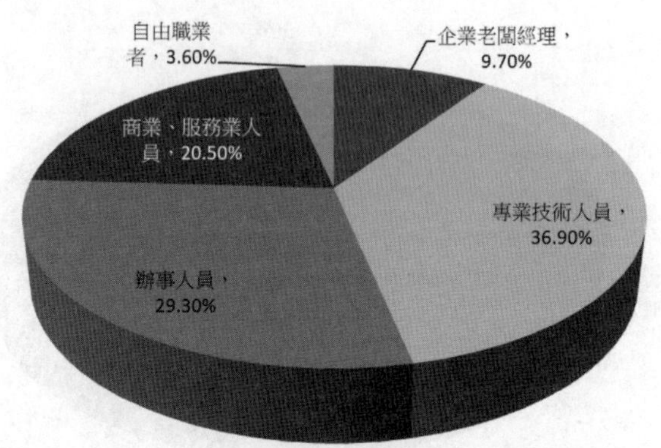

圖9　廣州菩提學會學員職業構成情況

上面統計了廣州市菩提學會全部學員的人口特徵，下面以2015級四個入行論班級為例作補充介紹。統計顯示(見附錄1），2015級入行論預科系共分四個班級，總數101人。女性占75.4%，男性占25.7%；碩士8.9%、本科48.5%、大專18.8%、高中11.9%、中專4.0%、初中7.9%。大專及以上學歷合計達到76.2%。青年（17-40歲）占61.4%，41-65歲的占38.6%。50後占3.0%、60後占9.9%、70後占31.7%、80後占43.6%、90後占11.9%。職業種類分佈：企業老闆經理占11.6%、專業技術人員占41.1%、辦事職員占33.7%、個體戶4.2%、自由職業者占9.5%。如果從細類看，職業分佈較為廣泛，包括工程師、個體、自由職業者、教師（各個級別，包括高校、中小學和幼稚園）、會計師、私企職員、學生、銷售員、美髮師、企業老闆經理、影視製作、珠寶銷售、民航工作人員、人力資源管理人員、留學顧問、核保、服裝設計師、建築師、瑜伽老師和國企管理人員等30多類職業。

二、若干案例

下面分別對2015級入行論班的輔導員、助理輔導員、統計班長和幾位小組長為典型個案作一些介紹。

2015級入行論班輔導員是圓泓居士，40歲左右，博士學歷。某集團副總裁，某研究院院長。2001年碩士研究生畢業，曾任教於廣州某大學。2003年博士深造過程中，多次在國際競賽中獲獎，完成包括北京奧運會羽毛球館等優秀作品，獲得包括詹天佑獎在內的諸多獎項。2007年作為集團廣州公司創始人創建廣州公司。在公司經營管理過程中，具有豐富的管理實操經驗和技術能力。鑽研佛學，工作之餘熱愛佛學的傳播及佈道，用一顆平靜的心看待世間萬物。2011年以來，圓泓居士致力於傳統文化的推廣。多次舉辦公益講座以及推廣社區傳統文化復興、臨終關懷等事業的發展。在華南理工大學、上海交通大學、廣東金融學院、長沙學院、湖南財經學校等高校以及企業等舉辦《孝》、《一念之差》、《愛的力量》、《領導與管理》和《就業與人生》等講座。

再看三位助理輔導員的情況。圓果居士，女，1975年生，本科學歷，廣州某石油公司會計，擔任2015級某入行論班助理輔導員。同時也是2013級入行論研討班學員，2013級加行預科班學員，擔任XR組織老年事業部負責人兼XR會計。圓靜居士，女，1974年生，本科學歷，個體老闆，經營玉器。同時也是2013級入行論研討班學員，2013級加行預科班學員，擔任XR組織孕育希望事業部負責人。圓玉居士，女，1986年生，大專學歷，會計。任2015級某入行論班助理輔導員。2014級級加行預科班學員，2014級加行班研討班學員。

統計班長是圓君居士，女，1986年生，本科學歷，理財規劃師。任2015級某入行論班統計班長，負責學員資訊匯總統計，如出勤，功課完成情況以及傳達學會的各類通知資訊。此外，圓君居士還是2015級入行論班學員，2015級研討班學員，XR組織少兒事業部弟子規班主任老師。

兩位小組組長分別是圓敘居士和圓玉居士。圓敘居士，女，

1976年生，本科學歷，私企老闆。任2015級某入行論班第三小組組長，負責該小組學員考勤、統計功課完成情況等。圓敘居士還是XR項目拓展中心負責人。圓玉居士，女，1987年生，本科學歷，某職業技術學院教師。2015級某入行論班普通學員。

這裡不再一一列舉，詳請可參閱附錄1全體學員資訊統計表。從上述介紹，可以看到一個共同點：菩提學會的學員以學歷普遍偏高、專業技術人員、收入穩定的新型社會階層為主。正如後文所述，菩提學會上師提出佛學知識化、年輕化、網路化等等發展方向，努力培養大批新時代的高級弘法人才。所以菩提學會通過開辦高職高管講座或共修班、到企業、大學開展各類佛學講座等各種方式，積極推動和社會主流群體的對話。在招生方面，嚴格要求學員的文化水準。正是這些吸納成員的資格要求，促成了菩提學會信眾的階層構成的小眾信仰特性。

本章小結

本章介紹了廣州菩提學會的概況。和一般的田野點介紹稍有不同，廣州菩提學會的活動空間相對分散，所以，本書從菩提學會的產生、場地分佈和信眾人口特徵等方面進行介紹。第一節主要包括菩提學會在廣州創立的緣起、活動場地分佈。我們可以看到菩提學會上師的傳教熱情，從活動場地可以看到廣州菩提學會的信仰實踐的社會空間。第二節則從統計數據和個案角度分佈介紹了廣州菩提學會漢族居士的人口社會特徵。可以看出，信眾以年輕的、受教育水準較高、收入較高的女性新型社會階層為主。他們構成了廣州菩提學會的宗教參與的主體，也就是宗教市場中的消費者，是典型的小眾信仰現象。本書第三章將會論述廣州菩提學會多樣化的宗教服務迎合這些新型階層的信仰偏好，從而生成了各類細分市場（小眾市場），為菩提學會的信仰實踐創造了重要的市場條件。

第三章
廣州菩提學會的市場構成

本章將從宗教供方和信眾需求偏好等方面介紹廣州菩提學會的市場構成情況。田野調查發現，基於「自度度他」的大乘佛教精神和菩提學會「漸修漸悟」的修行理念，廣州菩提學會創建的宗教組織（宗教子公司）包括佛法共修班、佛化國學（XR組織）、CH慈善公益基金、放生團和助念團，這些宗教子公司以其特色的宗教產品迎合了新型階層的多重信仰偏好（即斯達克意義上的宗教公司產品供給中的區位跨立），促成了義理佛教、佛化國學、慈善、放生和臨終助念等細分市場及其亞類型等宗教市場空間的生成，為菩提學會的信仰實踐創造了重要的市場條件。從第四章-第七章將結合本章所勾勒的市場類型，分別從各類細分市場生成和資源長尾兩個方面論述各類細分市場的資源動員機制。

第一節　修行理念與「宗教子公司」

從宗教市場論角度來說，宗教市場包括宗教公司、宗教產品和宗教消費者等要素。第二章第二節所述的就是廣州菩提學會的宗教消費者。本節將概述廣州菩提學會的宗教修行理念和踐行其修行理念的宗教組織構成和主要修行活動，即上述宗教子公司構成和宗教產品。調查發現，提供宗教產品的宗教子公司分別是佛法共修小組、XR國學社、CH公益基金、次第花開放生團和臨終助念團。

一、修行理念：自度度他　漸修漸悟

瞭解菩提學會的修行理念是深入理解其信仰實踐組織模式和市場構成的關鍵。

（一）自度度他：大乘佛教修行理念。

大乘佛教和小乘佛教是佛教類型劃分的一種重要維度。根據中國佛教的三大系，據說南傳佛教屬於上座部佛教，是小乘佛教；而藏傳佛教和漢傳佛教屬於大乘佛教，而大小乘佛教的最大差異之一就是「自度度他」，據說小乘佛教只注重自度，而大乘佛教還追求「度他」精神。

大乘佛教的產生時間大約是西元1世紀。釋迦牟尼去世百年後，教團中開始對佛陀的教規教言在理解上產生了諸多分歧，並形成了上座部、大眾部兩大部派。隨後，這兩大部派又不斷發生分化。大乘佛教就是從佛教部派的分化中產生的。有關大、小乘佛教的區別，存在諸多說法，在《中國佛教通史》第一卷中，楊維中教授對大乘佛教和小乘佛教的區分可能是最系統的。楊教授認為兩者的區分表現為八個方面：「自利、利他；大乘佛教是在家出家一貫的佛教，而小乘佛教是出家主義的佛教；大乘佛教系普濟賢愚與善

惡之教，依難行道、易行道言之；佛身論發達；大乘佛教以作菩薩、成佛為目的，而小乘佛教以證阿羅漢為究竟；大乘佛教的主要修行途徑是『菩薩行』，而『菩薩行』的基本內容是『六度』；小乘佛教的基本修行內容是『三學』，即『戒、定、慧』；在理論上，對法空的解釋，小乘佛教對佛說很拘泥，認為凡佛說的都實在；在佛法標準上，大乘佛教堅持『三法印』，而小乘佛教堅持『一實法印』。」[1]

如果從菩提心來說，大乘佛教「自度度他」精神也可以用願菩提心和行菩提心這對概念來進行解釋。菩提舊譯為道，求真道之心曰菩提心。新譯曰覺，求正覺之心曰菩提心。[2]菩提心，是大乘佛教的核心精神之一，就是要發「上求佛道、下化眾生」之心。[3]在佛教修行者來說，菩提心既是上師堪布來內地弘法利生的主要精神動力，也是激勵信眾學修，度化其他眾生的精神動力。藏傳佛教中，

【1】 賴永海，中國佛教通史（第一卷），南京：江蘇人民出版社，2010：46-49。

【2】 引自在線《佛學大辭典》，《佛學大辭典》是由近代無錫人丁福保先生轉譯日本真宗大穀派學僧織田得能著作《織田佛學大辭典》而成。http://foxue.supfree.net/

【3】 在佛法的修學中，大乘菩薩最初必須發起大菩提心，諸佛菩薩悲智的品行也是靠菩提心來成就的。佛法中一切法門的修學都是建立在發菩提心的基礎上，任何一個法門都不能離開菩提心，一切法門所講的正見都是為菩提心服務。只有發起大菩提心，佛法的正見才會有著落處。離開菩提心，佛法的修學就會變得空洞和抽象。不論哪一部經典都立足於菩提心，而每一位菩薩的修行都是以發菩提心為開始，不同的只在於願力的體現。如阿彌陀佛的四十八大願，藥師琉璃光如來的十二大願，觀世音菩薩和地藏王菩薩諸大願等等，諸佛菩薩的願力都是菩提心的體現。參考：智悲佛網：佛教常說的「菩提心」是什麼？http://www.zhibeifw.com/fjgc/fjyj_list.php?id=5663.

菩提心進一步區分為為願菩提心和行菩提心。

所謂願菩提心。藏文སྨོན་སེམས།，[4]「略攝菩提心，當知有二種，願求菩提心，趣行菩提心。」[5]「從現在開始，我要度化無量無邊的眾生」，也就是生起度化一切眾生的願望，這就是所謂的願菩提心。參加共修學習主要是屬於聞思行為，旨在培養菩提心，屬於自度發願層次。

所謂行菩提心。藏文འཇུག་སེམས།，[6]「願的基礎上去做這件事，在實際行動中不離六度萬行，這叫做行菩提心。」[7]參加各類度化活動，如輔導員、XR組織（生活佛教）、臨終助念、慈善、放生等等都屬於度他行為，即踐行菩提心層次。通過系統學習佛教理論培養的發菩提心的願力，後者則屬於實踐層次，為踐行菩提心創造平臺。這就是大乘佛教居士修行的理論和實踐的兩個環節。

（二）「頓漸之爭」：漢傳佛教和藏傳佛教的歷史分野。

雖然漢傳佛教和藏傳佛教同屬大乘佛教系列，但兩者也存在諸多差異，其中最典型的差異莫過於修行理念上的差異了。這就要追溯到歷史上有名的「吐蕃僧諍」中的「頓漸之爭」。「寂護死後，漢僧大禪師摩訶衍的影響迅速擴大。藏文資料甚至說，只有意希旺波、貝揚等少數幾個人還遵循寂護的教法外，絕大部分的藏僧都信奉或附和摩訶衍，自然還有印僧，為了恢復他們的勢力，建議赤松德贊延請蓮華戒。蓮花戒是寂護在印度的高足（寂護和蓮華戒師徒，是印度大乘中觀宗自立量派內所謂『隨瑜伽行中觀派』代表人

【4】 相關藏文術語由陝西師範大學王海燕老師提供。

【5】 參考：索達吉堪布編著的《入菩薩行論》第一冊，第10講，第25頁。

【6】 相關藏文術語由陝西師範大學王海燕老師提供。

【7】 參考：索達吉堪布編著的《入菩薩行論》第一冊，第10講，第25-27頁。

物），他到藏以後，由赤松德贊主持，和摩訶衍展開辯論。這場辯論延續了三年（約在792-794年）。《頓悟大乘正理決》說漢僧勝，內地禪宗和蓮華戒派此後並行於西藏；某些藏文史料記載，摩訶衍先勝後敗，被擯還唐，並且說赤松德贊下令，從此不許藏人隨學禪宗。……，可以說，當時大概是印僧占了上風。」[8]

「頓漸之爭」的焦點是成佛的途徑問題。「摩訶衍看來，成佛的唯一途徑即是：無論什麼時間什麼事情都不作任何思念，即內無一物、外無所求，這樣就能頓然開悟，成就佛果。漸門派代表蓮花戒反駁道：如果我們對任何事都無思無觀，就等於拋棄了妙觀察智。若拋棄了妙觀察智，就不能證悟性空、解脫成佛。若擯棄了妙觀察智，瑜伽行者又用什麼方法、途徑去認識和了達空性？所以不能完全拋棄人的思維活動。其實，當你在想或者對別人說我將不想一切時，這一想法本身就是你的思維活動。若僅憑無想、無觀、無為就能征得佛果的話，那麼，那些處於昏迷狀態的人和酒醉不醒的人也能征得佛果。所以說，沒有妙觀察智，就不能了悟一切法皆無自性。」[9]

最後辯論的結果以蓮花戒為首的漸修漸悟派取得勝利，禪宗退出吐蕃，從此以後，龍樹菩薩的中觀見在吐蕃得以推行。其漸修漸悟的修行模式集中體現在其修行注重嚴格的次第方面。教義方面，蓮花戒的《修習次第論》受到藏傳佛教各大宗派的推崇，並將這一修習次第的理論體系納入到了各自宗派的主要論典之中。從阿底峽尊者開始後又確定了先顯後密的修行次第，主張顯宗是密宗的基礎。

【8】 王森，西藏佛教發展史略，北京：中國藏學出版社，2010：14。

【9】 喬根鎖，魏冬，徐東明，藏漢佛教哲學思想比較研究，上海：上海古籍出版社，2012：372-385。

「如寧瑪派把佛教大小乘各宗派思想和教法進行歸類劃分，根據人們的根器和修行所要達到的境界，從顯教到密教評劃分為三根九乘，把人劃分為低根、中根、鋭根三種，把法劃分為聲聞、獨覺、菩薩、事部、行部、瑜伽部、生起瑜伽（父續瑪哈瑜伽）、圓滿次第（母續阿努瑜伽）和大圓滿（阿第瑜伽）等九乘。這是對佛教全部思想的劃分和概況總結，也是修行佛法的道次第。其中前三乘反映的是顯教思想，是化身釋迦牟尼對根器較低的徒眾所說，故稱『共三乘』。次三乘，亦叫『外三乘』，是報身佛金剛薩埵所說，屬於初級密法，適合中根器的人修習。最後三乘，亦稱『內三乘』，是法身普賢佛所說，適合鋭根人修習。寧瑪派把它們當作最高法門，修習此三乘密法的人必須是受過灌頂，具有一定佛學基礎知識的人，一般人難以修成，也不允許修煉。」[10]

二、宗教組織類型和修行活動內容

為踐行上述修行理念[11]，廣州菩提學會構建了相應的宗教組織模式。如通過菩提小組共修佛教教義，追求信眾的自度；而根據度化對象的不同，分別創立了佛化國學、慈善、放生和臨終助念等宗教組織。同時，廣州漢傳佛教寺院的修行活動看，依然以禪宗頓悟派和淨土宗為主導，注重參禪、念佛等實修型內容，對佛教教義學習不夠投入，而菩提小組特別強調對佛教教義的系統深入學習，這正是其漸修漸悟修行理念的集中體現。下面對廣州菩提學會各類宗教組織（宗教子公司）的構成情況作概括性介紹。

【10】王森，西藏佛教發展史略，北京：中國藏學出版社，2010：49。

【11】廣州菩提學會屬寧瑪派教法。

（一）菩提小組

1.學員共修班

第一，基礎班

所謂基礎班，是在開始正式的課程學習前，講一些佛法基本知識，培養學佛興趣和意樂。學制半年，基礎班學習包括課前頌、看視頻接受上師傳承、輔導員串講課程、討論課後思考題和集體回向等五個學習步驟。一般每週上一次課，有輔導員、助理輔導員、考勤班長和放生組織委員各1名。學院上師統一編寫的《離幸福很近》和《找回最初的你》兩本書作為基礎班學習教材。

第二，預科班

完成基礎班課程的學員根據自願選擇不同的班級進入下一階段學習。根據課程內容的不同，主要包括預科加行班、預科入行論班和預科淨土班，學制三年半。三套課程都編寫有專門的教材，《入行論》系列教材10本，《加行》教材7冊和《淨土》教材7冊。[12]和基礎班的學習程式類似，但預科班比較注重學員自身學習能力，對學員的學修管理更為細緻。每次課程的串講和課後思考題都是分工的，分到每個學員。每個班級有輔導員1名，助理輔導員有3-4名，每個班級再分為若干小組，選擇小組組長1名，小組組長在本小組內選擇其他發心人員，爭取做到讓每位「居士」都有發心任務可做，調度學員的積極性。預科班學習中，除了共修外，還有日常的實修內容，比如做大禮拜、念佛和觀修等內容。小組長每日組織學員在微信群裡接龍報學修量，每週固定時間報本周學習總量，再報送到

【12】全稱《入菩薩行論》、《大圓滿前行》，《淨土》則是充分吸納了漢地淨土的內容，包括淨土的五經一論，同時也加入了很多藏傳佛教的聞思課程。

班級管理群，由專門的統計組長匯總，做班級學修報告。輔導員和助理輔導員根據報告瞭解大家的學修情況，針對學修中出現的問題採取針對性的措施。在共修中，也有部分的學員缺勤，輔導員會督促助理輔導員和各小組組長跟進，電話、短信和微信等多種方式聯絡，儘量動員，瞭解缺勤原因（稱之為「違緣」），進行個別的安排。根據自願，將缺勤較多的學員安排到自學組，進行網路共修輔導。還有一批學員不願意繼續參加共修，但依然相信佛法，則安排到功德會。

第三，正科系

完成預科班學習後，就可以選擇進入正科系學習，正科系學修圓滿後，成為終身學員。和預科班科系相關，正科系也包括三種類型的班級。第一類是密法班。加行預科班修行圓滿的學員，可以進入密法班的學習，學制5年。淨土和入行論班級的學員則必須補修預科加行課程之後，才有資格進入密法班的學習。因此，很多學員在選擇預科班的時候，就考慮到這個因素，很多對上師很有信心的學員直接選擇了加行預科班。通過一些資深修行人的訪談，筆者瞭解到密法班的課程是對很少的人開放的。第二類是研究班。完成入行預科班學習要求的學員，可以選擇研究班學習，主要以學習五部大論[13]為主，學制5年，由學院派法師親自輔導，通過網路平臺進行共修學習。第三類是菩提念佛堂。完成淨土預科班的學員，可以選擇菩提念佛堂學習，學制5年，由學院法師親自帶修。因為淨土講究「信願行」，有預科班的理論基礎之後，修行人就能從聞思上建立

【13】所謂「五部大論」是指：《因明論》、《般若論》、《中觀論》、《俱舍論》和《律論》等五部內學顯宗經典理論。藏傳佛教五部大論是三乘佛教綜合知識和哲學理論高度概括性的教課書。

起更為強烈的信心。學習內容是淨土宗的教言，加入了大量的實修內容，包括念佛和各類佛教儀式活動。

第四，高知高管班

相對於其他群體，高級知識份子和高級管理人員的「福報」更大，他們的社會影響也更大，對於佛教的傳播與弘揚來說，無論是社會網路支持還是經濟支持能力也更大。因此，為滿足菩提學會培養弘法人才的需要，佛學院決定專門在各地菩提學會招募高級知識份子和高級管理人員組建各地的高知高管班。由各個地方菩提學會最資深的佛教居士擔任輔導員。廣州菩提學會高知高管班逐漸走向常規化運作，分為週六下午高知班和周日上午高管班，輔導員由廣州菩提學會的負責人的圓成居士擔任，輔導員助理5名，均是博士，授課對象全都是研究生及以上學歷。

2.研討班：輔導員培養體系

研討班的主要目的是培養輔導員，因此招收學員方面有一定的要求。必須本科以上學歷，年齡方面也以中青年為主。並且都是預科班學習中表現良好的學員。研討班的報名工作進行了嚴格的篩選，首先是學員自己報名，然後由學員所在班級輔導員審核，再上報廣州菩提學會審核，審核的方式是講考。初次考核一般是試講某課程的一部分頌詞，借助YY網路平臺，分成小組由不同的法師組織試講考核，並當場給予點評。初次考核通過的學員名單報送到廣東地區負責法師審核，最後匯總到學院備案。之後的訓練更為嚴格，定期佈置試講課程，法師電話隨時抽查試講。經過這樣嚴格的訓練，研討班學員對教理的掌握達到較為深入的水準。研討班學制通常是3年，一年後，根據平時考核成績，優秀者就可以擔任基礎班的輔導員，兩年後考核成績優秀者就可以擔任預科班的輔導員。廣州菩提學會把研討班的工作看作是全部工作的核心，要求全部研討班學員必須要優先保證研討班學習任務的前提下才去做其他發心工作。

（二）XR國學社

XR國學社的理念是融合佛法於生活之中，通過佛法與傳統文化（世間法）相互融合的方式弘揚佛法。目前的參與者中，大部分師資都是菩提學會的道友，也有不少傳統文化愛好者。目前XR組織的組織結構中，是「五縱三橫」的模式。五個縱向部門：孕育希望事業部（主要針對孕婦、嬰幼兒和未婚人士）、少兒教育事業部（主要針對兒童和青少年）、高校社團事業部（主要針對在校大學生）、社會團體事業部（主要針對企業、監獄等等社會組織的人）和老年事業部（主要針對社區尤其是老年人，比如老年公寓、老年大學等等）；三橫：是指三個橫向部門，分別是項目拓展中心、課程研發中心和後勤服務中心。因此，XR組織服務對象較為廣泛。憑藉這樣的組織架構及道友關係網絡，XR組織活動已經成功的進入到部分社區、各級學校、企業、監獄和戒毒所等社會機構開展講座活動。

（三）CH公益基金

CH組織[14]和其他組織相比，其社會性更強。服務內容包括西部助學、養老敬老等，其組織結構也主要是圍繞其社會服務內容而設置，分別有財務部、志願者部、老年服務部和西部助學部。並且，其總部已經獲得了官方的註冊資格，是法人機構。為降低其宗教色彩，「上師」已經不在擔任CH組織的名譽負責人。CH組織提供的

【14】CH組織已經在某市民政部門登記註冊，是全國性的慈善組織，目前在北京、上海、廣州、杭州、成都、哈爾濱、昆明等地均有分部。

社會服務內容特別回避宗教性的服務。例如，原本CH組織和XR組織關於西部助學項目有合作，但一次針對西部助學大學生的夏令營活動中，CH組織總部要求XR組織將其課程體系報上去審核，結果未獲得通過，CH組織總部自己選擇了一套更為現代氣息的成功學課程，即《高效能人士的七個習慣》。CH組織的資金來源主要是各種拍賣和募捐活動，其面向的群體要比其他組織廣泛。那麼CH組織社會性增強是否意味著其宗教性的降低呢，其實不然，CH組織同樣是「上師」的弘法事業的一部分，CH組織的名譽負責人曾經是「上師」，CH組織在全國都有分部，其組織人力資源依賴於各個菩提小組的學員，很多地方CH組織組織的負責人就由菩提小組的輔導員直接擔任。CH組織的理念是把佛教的利他精神放大了，是修行居士一種踐行利他精神的形式。其背後的宗教動機依然非常的強烈。

（四）次第花開放生團

放生，是一種超度眾生的活動，放生是對眾生的悲鳴之心，是慈悲心的重要體現，也是修行居士積累功德資糧重要方式之一。在各類度化市場中，放生是居士參與率最高的一個。正如有位居士所言，如果對人做好事情，做了十件，哪怕一件做得不好，都會被記恨，但是對於眾生[15]做好事，就不一樣，省去了很多的煩惱。所以大家都願意參加放生活動，通過放生來積累功德。各個共修小組都有專員負責定期籌集放生款，既有各個小組的放生活動，也有每月一

【15】六道眾生，指地獄，餓鬼，畜生，阿修羅，人間，天上是也。此六者，乃眾生輪迴之道途，故曰六道。眾生各乘因業而趣之，故謂之六趣。其他眾生是指除人類外的其他眾生。引自在線《佛學大辭典》，《佛學大辭典》是由近代無錫人丁福保先生轉譯日本真宗大穀派學僧織田得能著作《織田佛學大辭典》而成。https://foxue.supfree.net/lcd.asp?id=6328

次的大組放生活動。放生的地點多半選擇在珠江江岸，後來為了防止被捕撈，放生團租船到江中放生。大概在每年年底，還要舉行百日放生活動，這期間，每天都有放生活動，由不同的「居士」負責帶隊。放生的基本過程包括捐款、選擇放生點、購買物命、運送放生物到預定地點、念誦放生儀軌、放生和念誦回向文等七個步驟。

（五）臨終助念團

度亡是以救度亡靈往生西方極樂世界為宗旨。廣州菩提學會組織了專門的臨終助念團，為廣州菩提學會的居士及其親人家屬提供免費的臨終助念服務。助念的場地包括助念對象家裡、或者部分醫院、殯儀館和太平間等等，後來又有網路助念活動。助念程式包括徵集助念對象資訊、家庭親人動員、招募助念人員、助念指導老師開示、排班臨終助念、助念回向和發佈助念報告等。為了保證助念團隊的穩定性，助念團隊經歷了公開招募、分區助念，最後和共修班級掛靠，不同共修班級的助念對象由不同的助念班級負責。隨後又發展了核心助念團隊，給助念活動以穩定的助念力量。經過如上組織化過程，目前臨終助念團下設有技術指導組、編輯組、日常事務組、財務組、網路助念組、特殊場地關懷組、骨幹人員組、助念聯絡專員組等八個工作組，每個工作組設有組長和副組長若干名。對於菩提學會居士們來說，助念活動既是觀修生命無常和個人修行的方式，又是發揚利他精神和個人積累福報的方式。

第二節　信眾偏好的分化

本節將概述廣州菩提學會宗教消費者的信仰偏好的分化維度，這種分化促成了菩提學會居士的進一步小眾化和個性化，體現了這一群體的特徵，因此瞭解其信仰偏好的構成是理解信仰市場的細分維度的關鍵。如第二章有關信眾人口社會特徵統計顯示，廣州菩提學會的信眾以文化水準較高、收入穩定、年輕的新型社會階層為主。這一群體在學習佛法、慈善、放生、臨終助念等各個方面皆表現出明顯的偏好性。在此基礎上，第三節將概述廣州菩提學會在供需互動中細分市場的構成。

一、修行路上的初次分化：靈驗和理性認知型信仰

盧雲峰曾經將信仰類型分為靈驗型信仰和超驗型信仰。[16]前者指一種功利型信仰，把供佛看作是和佛菩薩的一場交易，求子、求發財、求官運宏通等等。如果願望達成，就會回來還願。而後者更加注重修行者自身的修養提升，認為學佛就是一種自身心性的修養提升過程。結合廣州菩提學會和本地寺院的調研經歷，本書可以將廣州佛教居士的信仰分為靈驗型信仰和理性認知型信仰。所謂理性認知型信仰，是指信眾注重佛教教義的深入系統學習，借助認知的提升進而提高自身覺悟和修養的一種學佛方式。廣州菩提學會居士在此信仰選擇上存在明顯的分化。很多菩提學會的居士都認為寺院的居士很多都是為了自己的現實功利目的去修行的，那不是真正的修行。比如在基礎班一次共修討論環節中，遇到這麼一個討論題：「念觀音心咒的功德是什麼，或者說這種功德怎麼發揮作用的？你是如何體會的？」

一位老居士說，「念觀音心咒的最大功德就是得到觀音菩薩的加持和救助，尤其是當你遇到困難的時候，就會來幫助你。」並且他給出了具體的例子：

【16】盧雲峰，從類型學到動態研究：兼論信仰的流動，社會，2013，33(02)。

「從前有人乘船，船到了河中間翻了，結果除了一個居士其他人都被淹死了，原來這位居士在最後關頭心中念誦了觀音菩薩，於是得到了觀音菩薩的幫助，是觀音菩薩在下邊把他托住的，沒有沉下去。還有一個故事，說一個小女孩遇到了三個好色的人，被逼到了牆角，最後小女孩口中念誦觀音菩薩，三個好色的壞人看到了可怕的景象，被嚇跑了。」[17]

另外一位年輕的居士則給出了另外的解釋：

「念誦觀音心咒的功德不是說有個外在的神來保護你，給你福報。觀音菩薩是佛菩薩大慈大悲這種品格的集中化身，我們念誦觀音菩薩的目的，是為了要成就我們自身這樣的心性。當我們的心性也如觀音菩薩那樣的慈悲的時候，我們的好運就會到來。這才是念觀音心咒的真正功德。同樣，念阿彌託福也是如此，最開始是你在念佛，到最後是佛在念佛。」[18]

這種理性認知型信仰具體體現就是對義理佛教信仰的偏好，本書第四章第一節還會詳述。

二、聞思與發心：願菩提到行菩提

田野調查發現，廣州菩提學會的修行者非常注重佛教教義的系統學習，以至於被當地寺院僧人稱謂「狂慧」居士。但實際上，這些居士並非不發心做事。而聞思佛法和發心做事恰恰成為菩提學會

【17】講述者：圓紅居士，1954年生，女，小學學歷，江門人，退休工人，2015級淨土班班學員；講述地點：廣州市某寺院共修道場內，時間：2015年10月12日。

【18】講述者：圓鵬居士，1982年生，女，碩士學歷，廣州人，廣州某機關單位工作人員，2015級淨土班學員，班級放生專員；講述地點：廣州市某寺院共修道場內，時間：2015年10月12日。

居士修行選擇偏好上的一個重要區分維度。2016年5月份左右，一次研討班共修課程上，筆者有幸參加了一次辯論賽，這次辯論的主題正是「聞思與發心」哪個更重要的問題。所謂聞思是指注重佛法的系統學習；而發心則是指發菩提心，通過各種方便的形式，和眾生結佛緣，助其往生。第三章第一節所述的各類宗教活動和宗教子公司就反映了不同的偏好，具體來說，學習佛法屬於聞思行為，即菩提小組的修行活動；而佛化國學、慈善、放生和臨終助念等活動均屬於發心行為。下面筆者摘錄的辯論雙方部分發言內容。

圓學居士借助大量教言來強調聞思的重要性，他這樣說：

「修行的次第，是以聞思為基礎。上師及法王如意寶以及諸位傳承上師們歷來如是強調。上師多次強調聞思的重要性，學會的宗旨『聞思修行　弘法利生』，也是顯現上把聞思放在第一位。堪布根霍讚嘆麥彭仁波切說：『現代做上師的人多浮華虛假，講空話的人比比皆是，而您卻大力提倡聞思修行和取捨因果，如您這樣的上師真是稀有難得！』如薩迦班智達：『即使明早要死亡，亦應學習諸知識，今生雖不成智者，來世如自取儲存。』[19]」

圓榮居士進一步深入闡述說：

「1.『由聞知諸法』：通過聽聞佛法，能知道取捨法與非法，通達世出世間的一切知識。在這個世間上，即便是一個普通的真理，也要學習很長時間。當今時代，各國如是重視教育，也足以說明聽聞相當重要，否則，一個人從小對知識一無所聞，將來很難成就一番事業。既然世間學問對聽聞尚且如此重視，那更為甚深的佛教教義，不

【19】講述者：圓學居士，1984年生，男，碩士學歷，福建莆田人，廣州教育管理部門工作人員，2015級入行論班學員，2016級高知高管班助理輔導員；講述地點：廣州市入行論研討班YY頻道，時間：2017年5月13日。

聽聞就更不能了知了。2.『由聞遮諸惡』：聽聞佛教的許多經論後，就會明白如何取捨，進而遮止自己的不善業。比如，以前你沒有聞思之前，不懂殺生的過患、行善的功德，但通過聽聞之後，就會清楚自己不能做壞事，至少不可以害眾生等等。3.『由聞斷無義』：通過聽聞佛法，可斷除諸多無義散亂。散亂有外、內兩種，外散亂指整天跟人說閒話，做些無聊瑣事；內散亂則是內心經常掉舉、昏沉，在無意義的狀態中耗盡時光。依靠聽聞，便可以遣除這些。4.『由聞得涅槃』：通過聞法，了知暫時、究竟的利害關係之後，可對治煩惱而現前無我智慧，獲得諸佛菩薩的聖果。」[20]

注重發心的居士則結合上師的教言、自己的修行經歷等方面作了闡述：

「發心才能利益眾生，發心也是修行：上師在第四屆世界青年佛學研討會上說『發心是最大的修行』，發心能檢驗自己的聞思成果，可以成為自己聞思修行的檢驗。發心行為令教法久住。」

「我就不講什麼大道理了，我就說說自己的經歷，讓大家來給建議，我該怎麼辦。我參加了入行論班的共修，還有研討班的共修，然後擔任XR組織一個部分的負責人，一個高知班的助理輔導員，然後今年還參加了CH公益基金。發現自己的業餘時間有限，根本顧不過來。XR組織我投入的精力最多，因為這個地方缺人，如果我不用心去做，這個上師的事業怎麼落實。我感覺這裡更需要我，其他地方（各種聞思共修）方面我只能另外找時間來學習。」[21]

【20】講述者：圓榮居士，1982年生，男，本科學歷，廣州人，廣州某園林設計公司職員，2015級加行班學員，2015級入行論研討班學員；講述地點：廣州市入行論研討班YY頻道，時間：2017年5月13日。

【21】講述者：圓平居士，1983年生，男，碩士學歷，廣州人，廣州某房地產公司高管；講述地點：廣州市入行論研討班YY頻道，時間：2017年5月13日。

「成佛有三種途徑：第一種國王式，國王先自己修行，能力具備了，再去旅行國王的職責，同樣，我們學佛人也可以先讓自己開悟，然後再去幫助其他人。第二種船長式。類似船長搖船把旅客送到對岸的同時，也把自己送到了對岸，也就是一同成佛；第三種，牧童式。牧童先把羊群都趕走了，自己跟在最後。比如地藏菩薩曾發願，不把地獄度空，他自己不成佛。」[22]

本書的目的不是要去辨別發心和聞思佛法那個更重要。而是從這場辯論的緣起和各方觀點看到了居士信仰表達偏好的初次分化。不僅如此，在選擇聞思佛法或發心為修行的首要修行任務的居士，內部還存在進一步的分化。

三、聞思佛法的分化：佛教學習的次第

這一群體的信仰偏好不同於大多數漢傳佛教寺院中注重實際行動而忽視佛法學習的特徵，菩提學會的居士更加注重佛教教義的系統學習，而不是盲目的修行。正如王居士所言：

「在寺院就是做做義工、法會、拜拜經懺或燒香等等，後來接觸了菩提學會才知道，這樣的修行說不定無意間已經造了惡業，還自己不知道，這就是盲修瞎練。」[23]

共修班是組織居士系統學習佛法教義的團體，這很大程度上迎合了新型社會階層的義理佛教信仰需求。並且，信眾自身的各方面情況不同促成義理佛教信仰偏好的進一步細分，根據不同的喜好，選擇參加基礎班、預科班的學習。比如從文化水準、學習層次、學

【22】講述者：圓利居士，1986年生，女，碩士學歷，廣州人，從事外貿等工作；講述地點：廣州市入行論研討班YY頻道，時間：2017年5月13日。

【23】講述者：王居士，1977年生，女，本科文化，廣州人，廣州某私營公司會計；講述地點：廣州市華陽某共修道場內。時間：2016年4月17日。

員構成、學習內容和家庭結構等多方面都出現了進一步的分化。因為這些偏好的分化，修行者分別選擇入行、加行或淨土預科班學習佛法。

參加基礎班輔導員圓雲居士說：

「正如上師說，每個人的根器是不一樣的，上根器的修行人很容易開悟，中等根器的修行人比較容易開悟，而下等根器的眾生則需要得到大德上師的引導才能夠開悟。末法時代，眾生根器愚鈍。所以我們首先要普及佛法基礎知識。然後學習預科班打下佛法的基礎知識後，我們才可以學習深奧的秘法。」[24]

比如參加淨土班共修的張居士講到：

「我本來想去學習入行論的，因為感覺入行論更加注重佛法教義的學習，邏輯性更強。但是我又是一個孝女，我想讓我媽媽學佛，她更適合淨土法門，所以，我就陪她來一起學習藏傳淨土。」[25]

參加入行論的黃居士則認為：

「我們學佛首先要明白佛教的道理，否則做其他的修行沒有動力，因為不知道做的意義。如果我們懂了這些意義，就會少患很多錯誤，少造惡業。」[26]

【24】講述者：圓雲居士，1981年生，女，本科文化，雲南人，廣州房地產公司管理人員；講述地點：廣州市海珠區某寺院共修道場內。時間：2016年6月23日。

【25】講述者：張居士，1981年生，女，本科文化，江西人，廣州某保險公司業務經理；講述地點：廣州市海珠區某寺院共修道場內。時間：2016年7月25日。

【26】講述者：黃居士，1985年生，女，本科文化，山東人，廣州職業中專教師；講述地點：廣州市華陽某共修道場內。時間：2016年4月17日。

修加行的傅居士則說：

「我不想走那麼多彎路，我感覺上師的法很殊勝，如果我選擇修淨土或入行，那最後還要重修加行，才能去學習上師的根本大法。所以我選擇直接學習加行。並且，很多人不選擇加行就是怕做大禮拜，我感覺挺好的，還能鍛煉身體。」[27]

廣州菩提學會為迎合這些不同類型的信仰偏好，構建了不同類型的宗教修行組織，發展了不同類型的佛學課程體系。

四、發心偏好的分化：度化對象的選擇

根據度化對象和方式的不同，還有對各種活動參與的宗教功德理解不同，居士在發心工作的選擇也有自己的偏好。比如有些居士本身就喜歡傳統文化，所以更加熱衷於參加佛化國學活動；還有些居士因為各種原因或經歷認為現實社會做好事更重要，所以更喜歡參加慈善活動；有的居士喜好放生，認為放生的功德很大，並且不像慈善公益那樣複雜；還有居士認為學佛的根本目的是往生而更加看重臨終助念的功德。並且，每項活動內部還會進一步的細分為各種偏好。下面進行概括性分析。

（一）以佛釋儒與宗教適應

作為新興社會階層，兼容並包是這一群體的重要文化特質。甚至可以說，很多居士把佛教作為中國傳統文化的一種類學習的。作為曾經迷茫的一代人，傳統文化成為新型社會階層的重構價值觀念和行為規範的重要文化資源。同時，作為宗教供方來說，面臨宗

【27】講述者：傅居士，1982年生，男，本科文化，廣州人，廣州某自來水公司管理人員；講述地點：廣州市黃花崗心家共修道場內。時間：2016年6月21日。

教管制的壓力，借助傳統文化弘法也是一個善巧方便的策略。所以說，菩提學會開展佛化國學活動，並成立了專門的XR組織。針對準備懷孕、孕媽、嬰幼兒、青少年、高校學生、社會企事業單位、社區老人等等群體，開發了各類小眾課程體系。這恰好迎合了新型階層的需求。

菩提學會的修行人或者非菩提學會的受眾根據自身不同的情況選擇參加佛化國學內部不同的活動。

如有身孕的范居士說：

「自從我懷孕後，聽說了各種意外，我和老公都很擔心，所以，我就參加了孕育希望的孕媽共修班，大家共修中，感覺到自己做了很多功課，能夠得到佛菩薩的護佑，心理能夠得到安慰，感覺就不那麼緊張了。」[28]

參加少兒弟子規家長班的廖居士則說：

「我兒子的教育讓我很憂心，雖然不期望他能有多大成就，但很擔心他以後不走正路，或許傳統文化的學習對於子女行為規範的培養更有幫助，所以，我來學習傳統文化。佛教本身就是中國傳統文化的重要組成部分啊。」[29]

某大學傳統文化社團的社長張同學說：

「我們學生搞社團，缺乏老師，XR組織剛好給我們提供了支持，他們都是社會的成功人士，有很多經驗分享給我們。所以我們很感謝

【28】講述者：范居士，1979年生，女，博士文化，廣州人，廣州某高校講師；講述地點：廣州市黃花崗某道場。時間：2017年4月6日。

【29】講述者：廖居士，1978年生，女，碩士文化，廣州人，廣州某保險公司業務經理；講述地點：廣州市天河北龍口西少兒弟子規學習科室內。時間：2016年8月21日。

這種支持。」[30]

圓菊居士是某女子戒毒所的大隊長，負責對這些女子的行為進行再教育工作。圓菊居士自己參加了廣州菩提學會學習，並且參加了弟子規講師培訓，後來拿了XR組織的《弟子規》專題課件，去自己單位試講。據圓菊居士反饋，效果非常好：

「以前我們所的再教育好難做，很多人都把我們這裡當做了娘家，管教期滿後，送走了，常常會回來，以至於我們有時候都開玩笑說，東西不用收拾，反正過一陣也會再回來的。因為我們的管教是剛性的，缺乏效果。但這次我用弟子規的《孝》專題去講，講得學員們都流淚了，好多人給我寫感想。都說自己一定要好好做人，報答父母的養育之恩。」[31]

老年社區服務中心的一位社工則說：

「老年人養生保健一直也是我們想開發的項目，但缺乏社會支持力量，恰好XR組織有這方面的社會資源，所以我們有了好幾次合作。希望以後能夠進一步拓展合作範圍。」[32]

尤其值得注意的是，這些課程體系的開發和活動的開展過程中，信眾並非被動的接受狀態，而是創造性參與的，正是信眾在創

【30】講述者：張同學，1990年生，男，本科文化，潮汕人，廣州某高校學生社團社長；講述地點：廣州市XR組織傳統文化師資培訓現場。時間：2016年10月11日。

【31】講述者：圓菊居士，1975年生，女，本科文化，廣州某女子戒毒所大隊長，2014級入行論班共修學員；講述地點：廣州黃花崗某共修道場內，時間：2017年3月27日。

【32】講述者：社工，1988年生，女，本科文化，廣州某老年日托中心社工。講述地點：廣州市某老年日托中心活動室。時間：2016年9月24日。

造著佛法和世間法相互融合的模式。如圓雪居士，其自身就是傳統文化愛好者，所以，菩提學會開展佛化國學活動恰恰給她提供了一個大展身手的機會。並且這樣的參與被賦予了重要的宗教功德。

圓雪居士說：

「能夠參與到上師的弘法大事業中，就好比把自己的一袋子米倒入了上師的大米缸，永遠都會有糧食吃。假如不倒入，自己的口糧早晚吃光。」[33]

顯然，佛化國學對於其他社會階層來說，尤其是文化水準較低的下層信眾，吸引力就會不一樣，參與方式也會不同。

（二）慈善的階層屬性

慈善也有階層屬性，似乎這個說法聽起來陌生。但在田野調查中，筆者就真切的感受到了這一特徵。首先，作為典型的新型社會階層居士，在深入系統的佛法學習中，更加明白慈善的宗教意義，從而為慈善資源的募捐提供了重要的精神動力。

如圓君居士所言：

「慈善是財物佈施，我們是無相佈施，這樣功德才最大，就是要忘了自己佈施的對象，佈施的物品，佈施的功德。如果我們總是記得自己對他人做了多少好事，這樣的功德就是有限的。」[34]

其次，從慈善項目看，如西部助學、養老敬老、春華秋實、大

【33】講述者：圓雪居士，1976年生，女，碩士文化，廣州人，廣州某辦公用品公司總裁；講述地點：廣州市XR組織傳統文化師資培訓現場。時間：2016年10月11日。

【34】講述者：圓君居士，1985年生，女，本科文化，江門人，廣州某辦公用品公司經理助理；講述地點：廣州市林和西路希爾頓大酒店義賣現場。時間：2017年4月28日。

學生夏令營（陪伴成長）這些項目無不體現出了新型社會階層自身的某種偏好，正是自身的求學經歷讓信眾更為關注大學生的成長困境。

如圓華居士說：

「以前上大學的時候，家裡很窮，還好遇到了一個好心人，資助我上完了大學。那時候我就下決心，將來要好好報答這位恩人，但後來找到這位恩人的時候，他卻鼓勵他繼續去幫助那些同樣需要幫助的人。」[35]

另外，從募捐方式上看，比如西部助學義賣、拍賣，徒步公益募捐等等項目，均體現了這一階層的某些特徵，義賣、拍賣作為一種回收利用二手物資資源的方式，徒步公益則是新型階層追求「樂活生活」[36]的體現。

（三）放生日常化、數量化

積累功德是中國佛教信徒放生的重要動機。對於廣州菩提學會的漢族居士來說，放生活動更是成為熱衷的積累功德的方式。和寺院間歇性放生不同，廣州菩提學會通過組建微信群、在各共修小組設置放生專員等方式，募捐到可觀的放生款。支付寶、微信等在放生捐款中的使用，也在很大程度上提供了參與的便利。同時，放生動機上，一方面把藏傳佛教節日和漢傳佛教節日作為放生的良辰吉日，另外還特別加入了很多世俗節日。如父親節、母親節、春節、端午節、重陽節、兒童節等等。通過增加節日放生，放生活動走向了日常化。

【35】講述者：圓華居士，1972年生，男，本科文化，湖北武漢人，廣州某聯通公司高管；講述地點：廣州市林和西路希爾頓大酒店義賣現場。時間：2017年4月28日。

【36】指一種健康可持續的生活方式或理念。

如2014級加行預科班學員高居士說：

「母親節的時候，我很喜歡放生，然後把放生的功德回向給媽媽，這樣就能保佑她老人家身體安康。」[37]

還有一位居士則在高考前一天放生，說：

「我要把放生功德回向給自己的兒子，希望他高考順利，考上他理想中的大學。」[38]

最後還推出了百日放生活動。同時，借助網路把放生捐款金額、放生物種數量等等均採用非常精確的數字公示出來。居士借助數字評估放生功德的大小。放生中的這些方面特徵均迎合了新型社會階層居士的信仰偏好。

（四）助念網路化

助念是佛教中的重要修行活動之一。據江居士講述，其宗旨是要協助臨終者或亡靈升起往生西方極樂世界的願望，助其往生。並且，如果參與者成功助念亡靈往生西方極樂世界，將來還能得到往生者的接引。很多居士把往生西方極樂世界看作是學佛的根本目的。所以這項活動受到居士的重視。不過，廣州菩提學會的居士大多比較注重學習佛法，並且以新型社會階層為主，工作壓力較大，實地助念活動的開展困難重重。而廣州寺院修習淨土的居士則更積極參與各種助念活動，最後導致了臨終助念團的改組。為了重建菩提學會的助念團，廣州菩提學會走向了網路助念模式。和實地助念

【37】講述者：高居士，1978年生，女，本科文化，廣州人，廣州私營公司經理；講述地點：廣州市珠江某放生點。時間：2017年5月14日。

【38】講述者：圓敘居士，1975年生，女，本科文化，廣州人，廣州私營公司總經理；講述地點：廣州市珠江某放生點。時間：2017年6月6日。

出行時間成本高相比，網路助念投入時間相對低，迎合了新型階層的助念偏好。

2015級入行論預科班第三小組組長圓敘居士說：

> 「以前，第二天七點要上班，凌晨有助念，就得趕過去，搞到凌晨四五點回來，躺一會，就得去上班，把人弄得很累。但現在參加助念積累功德很容易了，我只需要在電腦前參加助念就可以了，省去了路上來回的時間。參加助念對我生活的負擔就大大降低了。」[39]

借助跨區域的網路助念，菩提學會突破了時間、人力、物力等方面的限制，實現了跨區域的互助助念。

第三節　迎合信仰偏好中多重小眾市場的生成

本節將概述廣州菩提學會信仰實踐的市場空間，第四章到第七章將從細分市場空間和市場運作的資源長尾的兩個方面詳述本節所勾勒的五類市場類型的運作過程。廣州菩提學會的上述組織提供了多樣化的宗教服務，迎合了新型階層的多重信仰偏好，各類信仰偏好市場的張力不同，劃分維度不同，菩提學會的宗教產品供應中出現了多維區位跨立現象。廣州菩提學會生成了佛法國學、佛化共修、慈善、放生和臨終助念等多重細分市場。每一類細分市場內部又可分為若干亞類型，這為菩提學會的信仰實踐創造了廣闊的市場空間。

【39】講述者：圓敘居士，1975年生，女，本科文化，廣州人，廣州私營公司總經理；講述地點：廣州市黃花崗某共修道場內。時間：2017年7月23日。

一、佛法共修市場

相對於廣州本地漢傳佛教寺院的修行模式，菩提學會創建了一個系統學習佛法的平臺。如上節所述，這一學習佛法的模式迎合了新型社會階層對佛法教義的學習需求，因而成為一個小眾宗教信仰市場。並且，這一義理佛教市場本身還進一步細分為各種市場亞類型。如根據學習的層次，分為基礎班、預科班和正科系；根據學習的內容，分為入行論、加行和藏傳淨土；根據學員構成，分為普通學員班和輔導員共修班；根據學員的文化水準，分為普通共修班和高知高管班。

某入行論班輔導員王居士所述：

「我們在菩提學會的學習，就好比學生上課一樣，首先是幼稚園、然後是小學、初中，之後上高中，再上大學；到了大學後，我們還分不同的專業繼續學習。」[40]

這一學習體系和本地寺院的佛法學習形成了鮮明的對比。本地寺院通常有佛學講座等形式組織居士學習佛法，但學員具有較大的隨機性，學員也不穩定，使用的教材也不系統。所以學員普遍感覺從寺院只能學些零星的佛教知識。

基礎班的張居士說：

「寺院是三寶所在地，我不是要詆毀寺院的出家人，如果詆毀，那是造惡業。我只是覺得，我們這些人似乎不適合去寺院學習佛法，因為根器不同，所以學習的方式不同。在寺院，我們很難得到自己所想要的關於佛教的系統知識。在末法時代，眾生愚鈍，很需要有大德

【40】講述者：王居士，1977年生，女，本科文化，廣州人，廣州聯通公司財務管理人員；講述地點：廣州市黃花崗某道場。時間：2017年3月27日。

來引領我們的修行。」[41]

從王居士和張居士講述中，我們可以看到，菩提學會通過迎合新型階層的義理佛教信仰偏好，而獲得了佛教傳播的市場空間。

二、佛化國學市場

相對於佛法共修市場，佛化國學市場則有所不同。這種不同，首先表現在，佛法共修市場中，受眾學習佛法的目的是讓自己覺悟，而佛化國學市場則是嘗試借助對傳統文化的佛學解釋，進而讓更多的受眾與佛結緣，屬於度他層次。另外，從斯達克宗教和社會的張力角度來說，佛化國學活動中的張力要低於純粹學習佛法的活動。因此，佛化國學又成為一個分化的細分市場。為此，廣州菩提學會創立了XR組織，根據不同的年齡段，其課程受眾包括準備懷孕、懷孕母親和嬰幼兒、青少年、高校學生、社會企事業單位職員和社區老人等五類群體。這就構成了廣州XR組織的各類細分市場空間。當然，和其他市場類型類似，這樣的宗教活動同樣迎合了新型階層的信仰偏好，XR組織的課程教師均有較高的受教育水準。

2013級入行論班學員范居士說：

「上師的這一弘法策略，好比開闢了第二菩提道場，因為，我們很多人對純粹佛教的共修學習很擔心，害怕對自己生活和工作造成一些不好的影響。而弘揚傳統文化就不一樣了，我們可以公開的開展各種國學教育活動，這些活動不用擔心受到有些部門的監控。」[42]

【41】講述者：張居士，1979年生，女，本科文化，廣州人，廣州某保險公司經理；講述地點：廣州市黃花崗某道場。時間：2017年3月27日。

【42】講述者：范居士，1979年生，女，博士文化，廣州人，廣州某高校講師；講述地點：廣州市黃花崗某道場。時間：2017年4月6日。

這一活動形式，甚至還吸引了很多非菩提學會人士的興趣。如黃先生說：

「我們這代人缺乏傳統文化素養，當我同事介紹我來這裡學習傳統文化，我感覺很榮幸。我現在還做了培訓班的主持人。」[43]

三、慈善和放生市場

在佛教中，慈善和放生均屬於佈施，前者屬於財物佈施，後者屬於無畏佈施，讓眾生從痛苦中解脫。因此從廣義來說，均屬於慈善行為。這也成為居士修行，積累功德的重要途徑。和下文臨終助念活動參與相對應，臨終助念的度化對象主要是亡靈，而慈善和放生均是面向此世界的生命，也是佛教功德市場上的一個細分市場。

2015級入行論預科班張居士說：

「助念功德很大，可是慈善和放生功德也不小，這個要看緣分，我個人感覺和慈善、放生更有緣分。我不太習慣去太平間、殯儀館參加現場助念。比起幫助亡靈，我覺得做些看得見、摸得著的功德更有意義。」[44]

張居士這些話已經暗示了她個人的信仰表達的偏好，也代表了相當一部分活動參加者的共同看法。並且，如本章第二節所述，慈善和放生包括多種參與方式，這些形式迎合了新型階層居士的喜好，由此生成了慈善和放生市場的很多亞類型。比如慈善中的西部助學義賣、徒步公益、99公益日配捐、大學生夏令營等等活動；放

【43】講述者：黃先生，1982年生，男，碩士文化，廣州人，廣州房地產公司經理；講述地點：廣州市XR組織活動現場。時間：2017年4月19日。

【44】講述者：張居士，1982年生，女，本科文化，廣州人，廣州某廣告公司設計師；講述地點：廣州市黃花崗某道場。時間：2017年4月6日。

生活動中的母親節、父親節、高考日等等世俗節日放生，放生物、金額的數量量化、日常化，放生參與方式等等均體現了一定的社會階層信仰表達的特殊性。正是在迎合新型階層居士信仰表達特性中促成了慈善和放生市場的分化，由此拓展了菩提學會的市場空間。

四、臨終助念市場

據廣州菩提學會淨土科系負責人圓華居士講述：

「學習佛法的目的是為了培養菩提心，讓修行者自己覺悟。和學習佛法相比，佛化國學、慈善、放生和臨終助念等活動均屬於度化其他眾生以積累功德的修行方式。」[45]

因此，和佛化國學、慈善、放生等宗教活動一樣，臨終助念活動也是一種宗教產品，在迎合新型階層的信仰偏好中成為一個重要的細分市場。只不過，度化對象上存在差異，佛化國學、慈善的度化對象是現實世界的人，而放生的度化對象則是其他眾生，臨終助念的度化對象則是亡靈。信眾對不同的宗教功德活動信心不同，因此臨終助念也因此成為一種信仰偏好的表達形式。同時，本章第二節所述（後文第七章將詳述）廣州菩提學會臨終助念活動經歷了一個實地活動向網路活動形式轉變的過程，助念的網路化過程集中體現了新型階層的時間觀念、追求效率、網路化宗教生活等等特性。這是助念市場的再一次分化。另外，助念參與方式還有其他細分的維度，比如角色扮演、會員級別、念佛持咒、參與時段、助念項目等等均促成了助念市場的多重分化。由此廣州菩提學會臨終助念市場擴張為一個多重細分市場。

【45】講述者：圓華居士，1972年生，男，本科文化，廣州人，廣州某聯通公司高管；講述地點：廣州市某寺院共修道場。時間：2017年5月16日。

本章小結

繼第二章介紹宗教消費者後，本章介紹了廣州菩提學會下屬宗教組織（宗教子公司）的類型、信仰偏好和細分市場的構成情況，為本書第四到第七章對各類細分市場資源動員機制的論述作鋪墊。

第一節介紹了廣州菩提學會的修行理念和宗教組織（宗教子公司）類型。研究發現，廣州菩提學會包括佛法共修小組、XR組織、CH公益基金、放生團和臨終助念團等組織類型。

第二節概述了廣州菩提學會信徒的信仰偏好的構成情況。這些區分信仰偏好的維度有靈驗和理性認知型、聞思佛法和發心做事、義理佛教的不同層次和發心的不同類型和放生等四個方面，每個維度下面還包括若干亞類型。正是這些信仰偏好維度是理解廣州菩提學會各類細分市場的關鍵之一。

第三節在第一二節基礎上概述廣州菩提學會的佛法共修、佛化國學、慈善、放生和助念等宗教細分市場生成。正是通過迎合新型階層的多重信仰偏好，促成了各類細分市場的生成。這為廣州菩提學會的信仰實踐創造了重要的市場空間。各類信仰偏好市場的區位劃分維度不同[46]，廣州菩提學會宗教產品供應中產生了多重區位跨立現象。第四章到第七章將分別從各類細分市場生成和市場運作的資源長尾兩個方面展開論述。

【46】社會張力只是其中的一個維度。

第四章
佛法共修市場的資源動員機制

第四章著重論述佛法共修市場（也稱義理佛教市場）中的細分市場和市場運作的資源長尾機制。本章第一節論述了寧瑪派修行注重次第的特徵迎合了新型階層的義理佛教信仰偏好；隨後第二節通過描述學員修行細分市場和輔導員修行細分市場狀況進一步呈現菩提學會修行中的層次特徵；第三節論述修行中注重上師傳承、強調共修和居士弘法三大制度要素對於菩提學會中穩定而廣泛的信仰網路資源積聚的重要意義，正是信徒網路促成市場運作的資源長尾效應。

第一節　新型階層的義理佛教信仰偏好

贏得一定信眾的皈依是菩提學會信仰實踐的首要條件，那麼菩提學會是以什麼特徵贏得了什麼樣的信眾的支持和皈依呢？本書第三章有概述，本節將詳細探討。研究發現，菩提學會注重修行次第，注重系統學習佛法的修行模式迎合了新型階層的義理佛教信仰偏好，這成為廣州市漢族居士改信的主要原因。

一、從居士口述改信經歷中看新型階層的信仰偏好

都市漢族佛教居士參與菩提學會是供需互動的產物。具體來說，如第二章第二節田野概述所統計，廣州菩提學會漢族信眾的人口特徵上學員以中青年女性、文化水準較高和工作穩定的中等收入的新型社會階層為主。新型階層的信仰偏好上以追求理性認知型信仰，即義理佛教為主。本地寺院提供的注重實修的修行無法滿足這一信仰偏好，菩提學會注重佛教教義系統學習的特徵恰恰迎合了這一階層的信仰偏好。

從下面幾位居士的訪談中，可以看到菩提學會漢族居士對其修行模式的感知與態度。2015級入行論班道友段居士說起了自己離開廣州本地漢傳佛教寺院的經歷：

「皈依三寶已經十多年，但以前一直知識很零散的接觸佛教，時不時的帶家人去寺院跟從師父學習禪修，念佛號，大佛七，吃素餐，供養法師，聽法師偶爾給予一些開示。有時候，段居士還會在寺院做上一段時間的義工。段居士也是寺院的重要供養居士之一，和寺院的法師很熟悉。但感覺自己的煩惱沒有獲得任何的調伏。

去年因一朋友說起，去了趙學院，被哪裡的氣氛所感染，隨後回來報名參加菩提學會進行共修學習。先後參加了半年的基礎班學習，之後升級到入行預科班學習《入行論》，雖然是公司老闆，但出勤率很高，輔導員推薦其發心擔任該班的班長，兼任菩提四組組長。段居士還積極參加臨終助念活動，報名成為班級的臨終助念專員，時常凌晨或深夜前去太平間、或其他助念場地參加助念活動。之後，段居士還依託自己的公司平臺，為菩提學會的其他弘法活動提供了很多方便。主動邀請學會的居士去其企業為員工上課。

後來，段居士去寺院就少了，偶爾去，會和寺院的法師進行討論佛法，法師感覺段居士不在像以前那樣只是一味的聽他講，開始有自己的一些思考和見解了。段居士向寺院法師說明了情況，說自己要進行系統的聞思修行，法師認為段居士是『狂慧』。批評了段居士，認為其過分重視聞思，不注重對三寶的護持。段居士自己認為，都不懂得佛法教義，去寺院經常會和其他居士發生一些小小的摩擦，這樣自己造了惡業或許都不知道。所以一定要有自己的聞思，對佛法生起了定解之後，才可以去寺院護持。那樣才能真正的自度度人。」[1]

道友朱居士則分享了自己是如何和上師結緣的：

「剛來廣州的時候，以前也信佛，但基本啥都不懂。去光孝寺坐了一年的義工，光孝寺的義工團很強大，什麼素食，好多活動都是義工在負責組織。但在哪裡一般都是拜拜佛而已，我也去參加過一個傳統文化學習班，但好像要收費。後來我去旅遊，原本是要去四姑娘山的，但我到成都的時候，看到了紅房子，就很好奇，然後就改變了目的地，去了色達喇榮五明佛學院。去了就被感化了，回來後我就報了基礎班。」[2]

道友圓慧居士也說起了自己選擇參加菩提學會共修的緣由：

「聽表姐的介紹，參加上師的學習。後來也皈依上師。您問我為什麼不去本地寺院學佛、修行？那我問您可以找到一個系統學習佛法的寺院麼？我們也護持寺院，但寺院的主要活動一般都是法會，各種

【1】 講述者：圓敘居士，1975年生，女，本科文化，北京人，廣州某私營公司總經理，也是某該行業協會的會長；講述地點：廣州市黃花崗某共修道場內。時間：2017年3月26日。

【2】 講述者：朱居士，女，1987年生，2014年來廣州，大學本科，目前在某公司做財務。講述地點：廣州市天河北某共修道場。時間：2017年4月26日。

經懺等儀式。我不想盲目的參加這些儀式，那樣自己造了什麼惡業也許都還不知道。」[3]

梁居士講述了自己從簡單的跪拜學佛到深入佛教教義的過程：

「我以前只是模模糊糊的，對佛法。但後來我的同事趙居士介紹我說，這裡有免費的系統學習佛法的地方。因為趙居士在我們單位也是領導，我開始也不是很願意來。好幾次都是他帶我來的，來聽了幾次課，才發現，自己這才明白佛教是什麼。原來佛教不只是跪跪拜拜，不只是磕頭燒香，還有佛法，佛是覺悟的意思，佛教是為了讓我們覺悟的教育，佛陀是導師。上師則是我們最為親近的引導。這樣，我很感恩趙居士，因為他讓我學習到了這麼好的佛法。」[4]

在2015年預科班開班會議上，廣州菩提學會負責人圓成居士在介紹藏傳淨土法門的時候說：

「我們的漢地淨土很好，但要分一下類，要具體分析一下。怎麼具體分析呢。那就是讚歎漢傳淨土的人要分類，高僧大德說念佛好，還有那些搞迷信的人，沒什麼文化的老頭老太太，愚夫愚婦說好。我們是中間人，有一定的文化水準，但有沒有像那些高僧大德那樣的根器，我們要怎麼才能夠體會到藏傳淨土的好呢？那就靠聞思，靠從教義教理上接受淨土法門的殊勝之處。這個在我們漢地佛教中基本沒怎麼努力，我們只求持名念佛，但不懂得信願行的道理，怎麼可能有收益呢？我以前遇到一個老太太，特別執著念佛，因為念佛和家人關係搞得很僵。家裡不做飯，也不帶孫子了，最後臨終的時候，一直不願

【3】 講述者：圓慧居士，女，1985年生，本科，廣東梅州人，2012年來廣州，公司銷售經理，講述地點：廣州市天河北某共修道場，時間：2017年4月26日。

【4】 講述者：梁居士，男，1971年生，本科，廣州人，2015級入行論學員，講述地點：廣州市黃花崗共修道場，時間：2017年3月2日。

意斷氣，說是要親眼看到阿彌陀佛來接引才肯放心的走。這樣就把學佛變成了迷信。」[5]

廣州本地人黃居士也談起了自己的皈依經歷：

「我是廣州本地人，在參加上師系統學習佛法前，以前經常陪奶奶去寺院拜神。雖然那時候談不上信仰，但我還是基本尊重的。常去光孝寺，聽說有些師父很有名，但我也不認識，沒打過交道。甚至也去過藏地旅遊，也遇到過藏傳佛教的寺院和活佛，但感覺和我們漢人很不同，所以也只是看看，沒有深入接觸。但後來有朋友介紹，說上師這邊系統學習佛法，從基礎班開始，預科班和正科。我就抱著試試的態度參加了，結果感覺很不錯，發現自己以前太無知了。」[6]

從上述親歷者的主要經歷可以看出，雖然廣州漢族居士改信有不同的因緣，但他們都有一個最為重要的共同原因，那就是本地佛教寺院缺少系統學習佛教教義的機會，而菩提學會則提供了系統有次第的學習佛教教義的平臺。這是新型階層改信的主要原因。

另外本書統計了筆者所參與的入行論共修班級學員參加共修學習的目的。資料搜集是開放式訪談，當被問及「您參加菩提學會的目的？」這一問題時，這些學員自己的表述有：「系統學習佛法」、「解脫」、「去己習染，變化氣質」、「學習理論基礎」、「聞思修行，發慈悲心利益眾生」、「深入瞭解佛學本源，探尋自身及給他人帶來平和心態的方法」、「有能力弘揚佛法」、「想要系統的學習大圓滿法」、「提高佛學知識和水準」、「對佛法有

【5】　根據圓成居士在廣州市2015級淨土班開班會議發言錄音整理。

【6】　講述者：者黃居士，1980年生，女，碩士，廣州人，某高校英語老師，2015級加行班學員，2015-7班研討班學員，講述地點：廣州市天河北某共修道場，時間：2017年4月26日。

濃厚興趣，地藏經、彌陀經」、「明理，克服惰性」、「學習善知識」、「修心」、「想深入學習佛學」、「堅固信心，道業精進」、「系統學習」、「思辨」。從上述17位學員的自我表述看，絕大部分學員都是抱著要系統學習佛法，強化佛教理論基礎的目的。

二、次第修行：廣州菩提學會佛法學習特徵

筆者在田野調查中發現，廣州菩提學會學員的學修主要包括三個階段的學習，分別是基礎班、預科班和正科班。基礎班是為了鋪墊佛教基礎知識，預科班的任務是為了借助顯宗典籍的學習打下佛法的理論基礎，為將來正科系的學習做準備。所學習的核心內容《入菩薩行論》、《大圓滿前行引導文》均是藏傳佛教中顯宗法義的重要典籍。

如基礎班教材選用的是索達吉堪布親自編著的《離幸福很近》，該教材主要內容是面向大眾化的專題，目的是普及佛教基礎知識。題材來自堪布在國內外著名大學的演講，如《怎麼樣面對痛苦》、《金錢到底有多值錢》、《問佛陀情為何物》、《幸福的根本是心》、《科技發達時代的佛法教育》、《佛法的生命科學觀》、《來世生命及往生淨土》、《信心是最好的財富》、《初學者不應視師如佛》、《有十種事情不能做》、《略說懺罪》、《怎麼樣學佛》、《三殊勝》等。

入行論預科班教材選用的是《入菩薩行論》。「《入行論》分十品。第一品主要講菩提心的利益，即發菩提心有什麼功德？有什麼利益？在發菩提心之前，首先講它的功德利益，這很善巧，就好像世間的商人在推銷產品之前，首先會介紹商品功能的殊勝性，讓大家先動心，然後才會願意買。所以第一品講菩提心的利益，學完之後就想

發菩提心，一定要發菩提心，因為它的功德、利益太大了。第二品是懺悔品，主要講發起菩提心需要遣除障礙。第三品講受持菩提心，就是怎樣通過儀軌受菩薩戒，第三品中有專門的儀軌讓修行人受戒。第四、五、六品講菩提心生起之後，怎樣讓它不退失。第四品不放逸，講在修行過程中不能放逸，要小心翼翼地修持。第五品正念，講取捨因果，保持正念，經常觀察自己的三門。第六品安忍，講不退失菩提心。退失的因緣是嗔恨心，所以讓修行人修安忍，保持平和的心態。第七、八、九、十品講在不退的基礎上，怎樣讓菩提心再增上。第七品精進，是把佛經中講精進的內容歸攝在一起。第八品靜慮，講自他平等、自他交換的修法。第九品智慧，講一切萬法的究竟實相。第十品回向，把學習的利益、功德，或者整個菩薩的修法，通過善巧的方式，回向給一切眾生，讓一切眾生都能夠獲得利益。以上簡略地介紹了整個十品的大概內容。」[7]

加行預科班教材選用的是《大圓滿前行引導文》，是寧瑪派一部重要的道次第著作，也屬於顯宗層次的佛學論著。「全書共分為4個部分：共同外前行、不共內前行、近道往生次第、導文概要。第一部分共分暇滿人生難得、輪迴之過、業果、解脫之功德、依止善知識等6章。第二部分也有6章，分別為歸依、發菩提心、金剛薩埵修誦、曼紮、捨身積福和上師瑜伽。第三部分介紹了法身往生、受用身往生、化身往生、超臨終助念者的往生、具備三想之往生。」[8]

對教義次第的注重強調必然強調從認知理性上真正接納佛法的

【7】 參考五明佛學院生西法師的入行論的輔導講義概述。http://blog.sina.com.cn/s/blog_66839fe40102xfmf.html

【8】 克珠群佩，西藏佛教史，北京：宗教文化出版社，2009，緒論1-13。克珠群佩，藏傳佛教道次第概述，中國藏學，2005，02。

智慧，從而達到提升覺悟的目的，這正是漸修漸悟的修行理念，和禪宗強調頓悟，不立文字形成鮮明對比。這種修行模式在平時的學習中非常注重把握所學內容的綱要。無論是《入菩薩行論》還是《大圓滿前行引導文》都有一個非常明晰的科判。[9]借助科判把握全部學習內容的提綱和內在邏輯關係的框架。這樣的學習模式恰恰迎合了新型階層的義理佛教信仰偏好。如第二章廣州菩提學會學員人口社會特徵所述，這批居士大多數是文化水準較高、有正當職業、收入穩定的中等收入階層。這樣的階層其信仰動機將大不同於傳統民間佛教居士，信仰中的理性成分較重，更為注重精神層次的享受，後者往往迷信成分較多。用佛教的術語來說，以前的信眾追求人天福報的多，現在的信眾追求解脫，出離輪迴的多。系統了知佛法、培養出離心和追求解脫道是菩提學會漢族居士的根本追求，也是其學習佛法的根本目的。這也是廣州菩提學會漢族居士最為主要的改信緣由。

第二節　佛法共修細分市場的構成

本節將依次對基礎班、預科班、高知高管班和研討班的共修生活模式展開更為詳細的描述，以此揭示廣州菩提學會迎合新型階層學員的信仰偏好而形成的義理佛教細分市場的構成。至於密法班，只有學修圓滿預科班的學員，經過某些嚴格的考試程式後，才能進入，且其活動方式更為隱蔽，難以深入接觸，所以本書暫不涉及。

【9】　「科判」，是古代祖師大德們對經論或解釋經論法義的著疏，進行的內容上的梳理，易於學人對於整部著作的內容框架，有一個清晰的脈絡把握。就像世間書籍的分章分節，每一節裡又有分段，每一段裡又有劃分。只不過，科判比世間書籍的章節段落的劃分，更為詳細與清晰，能令人一看科判，即知整部經論或著疏的全體內容講了什麼。

一、初來乍到者的學修生活

從2015年9月份開始，筆者參加廣州菩提學會的共修學習。按照全國菩提學會的課程安排，6月份新班已經開課。所以筆者作為插班生參加了基礎班的學習。根據筆者所填報的資訊，很快就有居士和筆者聯繫，告知共修時間和地點。筆者所參加的基礎班位於廣州市海珠區一個寺院內，共修時間是每週末下午四點半。據瞭解，廣州菩提學會之所以能夠開闢這一道場，是因為寺院的住持法師和密宗有緣。寺院提供場地，水電費由共修班學員分攤，大概每人每月20元左右。

這個共修班的輔導員是圓雲，女，36歲左右，雲南人，廣州某985高校管理學碩士，現在廣州某房地產公司任高管。另外還有一位助理，法名圓金，來自廣東中醫藥大學的本科生。

所謂基礎班，也就是初入佛門的人，需要有一個大約半年時間的佛教基礎知識培訓，為後續的深入系統學習打下基礎。其實，這個基礎不僅僅是知識方面，還有學習方式的認可，以及在基礎班一同學習的道友關係的建立。這些都是後續更深入學習的重要條件。

如本章第一節所述，基礎課程包括《離幸福很近》和《找回最初的你》兩本免費提供的教材。前者主要內容是：《怎麼樣面對痛苦》、《金錢到底有多值錢》、《問佛陀情為何物》、《幸福的根本是心》、《科技發達時代的佛法教育》、《佛法的生命科學觀》、《來世生命及往生淨土》、《信心是最好的財富》、《初學者不應視師如佛》、《有十種事情不能做》、《略說懺罪》、《怎麼樣學佛》和《三殊勝》等。第二部教材內容包括：《二規教言論》、《佛子行》、《快樂之歌》、《繞塔功德》和《供燈功德》等。

基礎班的共修模式主要包括：課前誦（如圖10）、串習上一節課內容、聽上師傳承、輔導員串講法本、集體討論課後思考題和課後集體念誦回向文等六個環節。

課前誦的內容主要包括《加倍咒》三遍、《皈依偈》、《八吉祥頌》一遍、《供養儀軌》一遍、《雲供咒》一遍或三遍、《普賢行願品——七支供》一遍、《發心儀軌》一遍、《大自在祈禱文——大加持雲》三遍和《文殊禮贊》一遍。這些頌文既有藏文，也有漢語，共修人員可自己選擇念誦那種語言的咒語。上面課前誦中包含了《皈依偈》，這是藏地法師特意開許的一種皈依方式，只要念誦《皈依偈》就算是皈依了。據說，念誦咒語是為了獲得上師加持力，遣除違緣，把一切不利於共修的障礙都排除掉，保證學習能夠獲得十足的功德。實際上，這相當於一種入場儀式，從日常生活情境到神聖場域的一種過渡儀式。課前誦一般要半小時左右，據筆者觀察，這也是一種安撫已到學員，同時又等待其他晚到學員的方式，這半小時的課前誦能夠起到協調大家學習節奏的作用。畢竟社會人士不同於學校學習，會有各種原因耽誤大家的學習參與時間。

圖10　某共修班誦讀課前誦[10]

【10】筆者攝於2016年9月23日。

串習上一節課內容一般由輔導員或助理輔導員完成，主要是為了幫助大家鞏固學修內容。也是一個前後兩課的順承關係的梳理。在後期，為了鼓勵大家的參與，會分配串習任務到各位學員。同時，串講也是未來繼續學習的一種基本方式，也是將來培養輔導員等弘法人才要掌握的基本技能。只不過，以後的串講要求會更高。

聽上師的傳承，也就是集體收聽上師的視頻講座，上師關於每一課都有錄製視頻講座。根據藏傳佛教的傳統，學習佛法都要有自己的根本上師，接受上師的佛法傳授，這是基本的佛法延續方式。只有通過這種方式獲得的佛法才是有根基的佛法。為適應時代特徵，藏地上師開許大家可以通過光碟、線上收聽視頻等方式接受上師的法傳承。

接下來由輔導員串講本課內容，這實際上是把本課課文再次學習了一遍。如果加上預習、聽上師傳承和課前串講，每位學員相當於重複學習了四遍課程。這正是菩提學會重要的學習方法：重複。輔導員串講中，往往會參入不少自己的學修體會，這樣的內容對於初級學員來說很受用，因為輔導員作為過來人所講的體驗，正是他們當下的各種困惑。

課後思考題討論。一般在上一個環節後中間休息十分鐘，然後大家圍成圈子，輪流回答課後思考題。有時候還會有爭論使得共修時間持續過長，要延遲好幾個小時才能結束。最後是課後回向，共修完，根據時間情況選擇長回向文或短回向文。

此外，還有網路共修輔導。這是由學院的法師統一組織的。相對來說，輔導員管理者們更加注重實地共修，YY等網路的參與形式只是作為一種補充。

和後邊更高層次的學修管理相比，基礎班的學修管理比較簡單。主要管理包括學修量報數、出勤的考核、學修記錄的登記等等。學修量報數是為了讓大家養成系統學習法本的習慣，另外每次課程都有任務分配，一般輔導員會將本組學員分成若干小組，各個小組分別承擔下次課程的串講、回答課後思考題的任務，這些任務分到各個小組之後，再由小組長分攤到具體的學員個人，助理輔導員在各個小組敦促學修。出勤是衡量學員有無機會參加下一階段學習的基本指標之一，如果缺勤太多，就會被留級。由於很多道友都有工作，或者對藏傳佛教的修行方式有些不習慣，漸漸的就會缺勤，開始是請假，後來就不願意再來。學修記錄則是跟進學員學修進度的指標，如果學修進度趕不上共修的進度，輔導員、助理輔導員就會督促學員自己補課，之後再統計報數。

除了定期的集體學習，同班級的道友們之間還會通過其他的方式進行聚會，比如不定期的各種素食餐廳聚餐（AA制），大家在聚會中增進交流，也增進了感情，同時還培養了吃素食的習慣。還有一起參加放生、臨終助念、慈善或國學與佛學培訓等活動。[11]這些都是促進道友之間交往關係產生的情境。筆者多次參加素食聚餐活動，在這些活動中，筆者和餐桌上的道友們相互瞭解，留下各自的聯繫方式，隨後關係就熟悉多了。比如傅居士、何居士、還有很多道友，都是筆者在幾次參加慈善活動中認識的。

二、跟隨圓泓學習入行論預科

基礎班課程結束後，休息兩周，然後是預科班課程。各位基礎班輔導員組織本班學員選報不同的預科班課程。同時分享了一段錄音，錄音內容是學會負責人關於廣州菩提學會各類預科班情況的介紹。根

【11】如上文所述，這些都是菩提學會的各類宗教市場。

據介紹，廣州菩提學會的加行班比較穩定，入行論和淨土班相對不那麼穩定。所以負責人推薦大家選擇加行預科班學習。預科班課程包括如下三類科系的課程：加行預科班，學制三年半，學修內容包括《大圓滿前行廣釋》、《蓮師金剛七句略講》、《二十一度母贊釋等》；淨土預科班，學制三年半，學修內容包括：《佛說阿彌陀經釋》、《普賢行願品釋》、《親友書講記》、《藏傳淨土法》、《修心利刃輪釋》、《願海精髓講記等》；入行論預科班，學制三年半，學修內容包括：《入行論廣解》、《修心八頌》、《上師瑜伽速賜加持講記》、《釋尊儀軌講記》、《賚閑歌釋》、《吸煙飲酒吃肉的過患》等。

筆者所參與的2015級基礎班輔導員繼續擔任加行班輔導員。在其鼓勵下，筆者和很多共修班道友一起選擇了加行科目繼續學習。和基礎班稍有不同的是，預科班內進行了再次分組，根據學員表現選擇各小組組長。筆者所在小組組長是溫居士，她也是筆者基礎班的道友。預科班另外增加了三位助理輔導員，每一位助理輔導員負責管理不同的學習小組。並且還有其他基礎班道友加入。也有少數同班的道友選擇了別的科目或班級學習。

加行預科班修行中，有很多實修的內容，比如做大禮拜，這讓筆者頗不適應。後來聽說入行論不用做太多實修，更加注重佛教教義的學習，筆者申請了轉班，以入行論作為主修，加行和淨土作為旁聽。[12]新轉入的班級由圓泓居士擔任輔導員。圓泓居士40歲左右，廣州某985高校畢業的博士，曾經是廣州某大學的講師，現在圓泓居士則是某公司總裁，管理能力較強，兼任廣州XR組織的負責人（有關XR組織部分還會介紹）。

2015年12月初，筆者參加了在某國際多功能廳舉行的（如圖

【12】期間輔導員圓雲居士找了筆者談話，努力挽留。

11）2015級預科班開學典禮。開學典禮的主要議程包括：廣州菩提學會領導講話、廣州菩提學會理事會代表講話、廣州菩提會監事會代表講話、各個科系的負責人講話、各個科系的輔導員代表講話和上一級的學員代表講話。

圖11　廣州菩提學會2015級預科班開班典禮現場[13]

到了預科班階段，共修學習佛法已經成為居士們的日常生活的重要組成部分。平時每天早上，專門有一位居士在各個班級群發《晨起回向文》，之後各位共修道友陸續跟帖。平時上課流程和基礎班大致相似，不過要求更高。

和基礎班不同之處，還在於預科班居士需要輪流進行串講，這是為選拔研討班學員打基礎，通過平時串講，輔導員會留意有潛力的居士。首先是根據下次上課內容分配各個小組串講的任務。然後各個小組組長再安排本小組學員輪流承擔串講。筆者曾經擔任第六小組的組長，每次都要在小組微信群發布輪流串講的通知，包括@組員，確定其下周能否來上課，然後通知其串講。

每次上課各個小組長組織本小組組員簽到，上完課程，都要由

【13】筆者攝於2015年12月26日。

各個小組長寫本小組的出勤情況彙報，由統計組長匯總上報本班級的出勤情況。每日要報學修數量，下面是某淨土預科班班級微信群某一天的念佛號數量彙報接龍：

「居士們吉祥，為了我們今生往生七寶，琉璃壯嚴的極樂國土累積資糧，我們要堅持念佛，身心自在，又能得到現前的自在快樂，每句佛號都能利益一切眾生，真實不虛呦，一組居士佛號報數接龍。」

6日	30日~6日
1.圓鏡5000	累計3.5萬
2.圓芳5000	累計3.5萬
3.圓清4000	累計2.3萬
4.圓環 5000	累計3.5萬
5.圓玲 5000	累計3.5萬
6.圓茜 10000	累計1.8萬
7.圓榮	3.5萬

上表是某2015級藏傳淨土預科班某一周全班三個小組念佛號功課達標情況的統計。

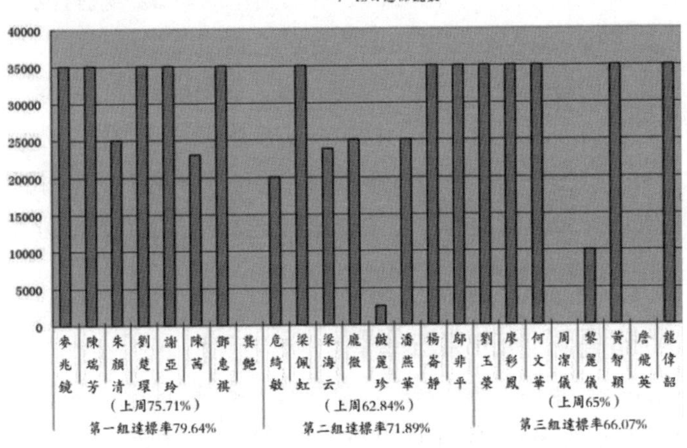

圖12　每週達標率統計彙報[14]

【14】資料來自某2015級藏傳淨土班微信群。

在每次課程尾聲，一般回向文念誦完畢之後，還有居士專門負責收集道友中需要回向的對象，包括病人和亡者兩類，每週都會更新，每位回向對象持續7周。

和基礎班一樣，各類預科班也有同步的網路共修引導課程。入行論班的實修功課內容包括每週三次觀修和每天念誦1000遍以上的觀音心咒（嗡嘛呢巴美吽）。從前半年的學習情況看，大家對觀修不太習慣，所以功課完成情況比較差。為了提高大家的觀修意樂，輔導員聽取了一位共修居士的意見，進行了問卷調查。發現大部分居士不瞭解觀修的具體操作方法，認為太複雜，而且不懂得其真正的意樂。所以輔導員決定調整每週的共修模式，每次專門留出半小時帶大家一座觀修，課後讓居士在班級微信群分享觀修體驗。同時，輔導員在紅點錄製觀修指導課程，發佈到微信群，供大家觀修。目前，又開始在每天晚上十一點利用微信和紅點平台進行時時的觀修共修。觀音心咒相對容易操作，和念誦佛號類似，很多居士每天能夠念誦上3千遍。居士們走路或坐車的時候，就打開計數器開始念誦。後來有居士分享自己的念誦心得：不僅僅是出口念，還可以意念，一口氣能夠念誦很多遍。為了帶動小組學修氣氛，不少學修小組在組內組織每日心咒報數。最後學習完成課程，學會組織考試，給考試合格的學員發畢業證書。考試形式包括閉卷和開卷，閉卷要求低，30分就及格，開卷要求則更高，通常要求60分才算合格。各個共修班級會組織大家復習考題。

三、高知高管們的佛法學習

高知高管作為一個特殊的社會群體，考慮到其社會影響力，學會為了留住已經來到學會並吸納更多的這批有「福報」[15]的人，並讓

【15】根據佛教因果報應思想，成功人士都是因為上輩子積累了很多善業的人，所以在這一世得了事業的成功和生活的幸福。

其參加到上師的弘法事業中間來。於是各地菩提學會經過上師的開示，決定採取相應的措施來單獨管理這批人的學修。廣州菩提學會採取的策略，先是不定期的舉辦高知高管講座活動，後來決定常規化，於是從各個普通班抽調高知高管學員組建了高知高管共修班。這又是一個細分的宗教市場。

去年年底，接到圓華居士[16]通知，邀請筆者去參加一個高知高管學員的招生會議。根據大家的介紹，得知今天來參加會議的居士中，很多都是高管，企業老闆，還有一批高校老師、碩士或博士。接下來的議程是，菩提學會的周居士說了下高知高管班招生的緣起。說上師主要是為了推進佛教和社會主流人群對話，讓更多的主流人群進入佛教，這樣非常利於佛教弘法人才的培養，同時，也非常利於團結高知高管人士，因為他們的社會影響確實要大些。這次會議上，圓成居士[17]也發表講話，說高知高管們的社會地位高，其福報好，的確利於弘法，不過這批人也有其缺點，那就是不容易調伏自心。之所以要和高知高管結緣，不是說「我」個人去攀緣，而是這批人對於弘法來說的確很有意義。

接下來讓各位居士陸續表達自己的意見，高管以及企業老闆們更加積極，比如圓敘居士，是某公司的老總，還是廣州市某行業協會的會長，是筆者所在入行論班的學員和XR組織項目拓展中心的負責人。她很贊同專門開設高管們的佛法培訓班，以各種講座等形式，讓佛法進入企業。另外一位居士，也是某行業協會的副會長，也非常的贊成與支持這樣的舉措。高知們，這邊就不一樣，大家不

【16】圓華居士，男，50歲左右，某重點大學本科畢業，廣州某聯通公司高管，現擔任廣州菩提學會淨土科系負責人，同時擔任某淨土預科班輔導員。

【17】圓成居士，男，50歲左右，大學本科畢業，以前在廣州某高校工作，後來轉入機關工作，現在擔任廣州菩提學會的負責人。

是非常的積極，都有為難情緒，因為高知們本身文化水準高，擔心廣州菩提學會的「大德」居士未必能夠罩得住高知學員們。

動員會議之後，起初設定的招生方式是不定期的給各位高知高管們開一些講座。由於高管比較多，所以在圓靜居士的組織下，邀請圓成居士、圓華居士和圓泓居士舉辦了第一期講座。從講座出席情況看，來得很少。所以，第一次講座不是很成功。2016年5月份，考慮講座沙龍方式效果不理想，學會決定舉辦常規化的高知高管班。以30歲分段，組建了兩個高知高管班，輔導員均由廣州菩提學會負責人圓成居士擔任。

由於是實驗班性質，所以管理方式上也在不停的探索。比如幾次共修課後，圓成居士把幾個輔導員助理留下來開了一個小時的會。大家討論下一步的共修方式的問題。明顯感覺到共修學員沒有認真的閱讀法本。最後決定要分小組來落實學修任務。分三組，其中兩組分別負責串講《離幸福很近》和《找回最初的你》，另外一組負責提問。每個小組內選組長，多設置各種崗位，讓大家都有發心工作可做。小組的作用是促進學員課前有效的準備和討論課程內容，以提高共修交流的效率；小組長負責組織學員預習法本，並做好串講和討論課後題的相關準備；每個小組安排二位助理居士負責指導和幫助小組做學習準備，各組分別建立小組微信群。

後來考慮到請假人太多，出勤人數越來越少，圓成居士讓大家談談自己的看法，關於學修管理方面的意見。最後居士們表示，他們更多的是願意聽圓成居士分享，而不是他們來串講，還可在每次共修結束時增加互動環節。為了滿足大家的意願，圓成居士決定暫停小組管理模式，由助理居士來負責串講。以後有問題也可以在大群交流，放開管制。

助理圓韌居士對這種教學模式不太贊同，堅持認為對於高知們的教學模式需要進行創新，不能老套路。他努力過，發現沒有產生作用，所以不打算繼續來了。另外，圓洲居士，自己做生意的，說自己又新開了店，現在也忙不過來，也不來了。這樣助理輔導員中就剩下圓雲居士、筆者、圓軍和圓忠四人了。以前圓韌居士以及圓洲居士的統計考勤等發心工作讓筆者接手了。

圓成居士說，另外一個高知高管班，有個圓鋒居士起到了很好的組織帶頭作用。他們就形成了自發的小組學修模式，每次課堂中，都自發組織小組討論，而且還主動到微信群進行串講。現在就是缺少像圓鋒居士這樣的一位居士，幾個助理都沒有起到這個作用，所以他把圓剛居士專門叫過來負責這個事情。希望能夠借助他的熱情，把大家調度起來。圓剛居士是一個非常有熱情的居士，所以圓成居士希望通過他來帶動下大家的學修意樂。圓剛居士不僅是另外一個基礎班的輔導員，還在CH公益組織、慈航臨終助念團都承擔重要的發心工作，還是廣州菩提學會共修場地維護的負責人。在圓剛居士的提議下，增加了一個小組討論環節。根據實際來參加共修的情況，分成兩個小組，一個由圓剛居士、圓軍居士帶，另一個由圓雲居士和筆者負責。在小組討論環節中，大家結合課後思考題進行了較為積極的討論，輪流發言和自主發言模式。之後篩選出若干問題，讓圓成居士進行解答。大家踴躍發言，的確起到了調動大家積極性的作用。課後很多居士表示很贊這種小組討論的方式。上課共修期間，圓剛居士非常熱情的為大家端茶倒水，中途休息期間則招呼大家過去吃點心。共修之後，圓剛居士再次提議大家一起聚餐吃素食，以增進同班道友的交流。據說這些都是為了給大家的學修提供助緣。

上周共修，圓成居士再次提議開展網路共修的方式來增進大家的意樂。我和圓學居士均提議可以把微信群網路共修制度化。圓成居士等表示不同意，說還是私下聊的好，如果制度化了，就太死板了。通過私下做工作，讓那些有興趣、有熱情，且對佛法緣分深的居士先去講，起到帶頭作用。等講的越來越多，剩下的幾位，就可以去單獨做工作，「你看其他人都講了，你也很不錯，能否講一講」。如果制度化了，就會很被動，大家也會有壓力。

第一周，就先由圓學居士做示範，進行串講，之後大家自發討論。作為實驗班，高知班的管理模式一直處於調整和嘗試中。基礎班學習將要結束的時候，需要報預科班，圓成居士和圓雲居士等都引導大家選擇加行預科班。因為從這幾年的情況看，加行比較穩定，入行和淨土都不是很穩定[18]。

四、培養居士弘法精英

到了預科班的第二學期，輔導員建議筆者報菩提學會的研討班。當時和筆者一同報名的還有圓君和圓程居士。[19]這兩位居士在平時共修中表現相對較好。研討班以培養輔導員為主，更加注重對佛法教義的次第、系統學習，研討班的學習方式本身也是一種信仰偏好的表達方式。這是進一步細分的小眾市場。菩提學會居士普遍教育水準較高，和那些急功近利的佛教信徒相比，這批人的信仰更加具有理性化特徵。如果共修班的學習初步滿足了大多數居士的需求，那麼研討班則更加進一步的滿足了那些追求深度理解佛教教義的居士信仰需求。這是一種分流，一種因材施教的學習方式。用上師的話講，眾生根器不同，所以需要採取不同的攝持方式。另外，研討班輔導員由五明佛學院法師擔任，所以均以網路平臺（YY語音）進行活動。本小節將對研討班網路培訓的方式進行描述。

【18】如2012級入行論預科班班，最開始三個班，每個班6到7個小組，最後變成三個小組，最後變成一個班。

【19】圓君居士，女，1986年生，本科畢業，某公司財務管理人員，在我們入行論班擔任資訊統計員；圓程居士，男，1978年生，純淨水公司研究員，在入行論班擔任第三小組組長。

如果基礎班、預科班學習中表現很好，文化水準也夠，對弘法事業非常有興趣，學員可以向輔導員申請報名參加研討班。研討班對法義的掌握明顯高於平時的共修班。研討班的培訓分為複審、基礎、提升和講師評選幾個階段。

複審是為了再次確認研討班學員的基本表達能力是否達到要求。今年開始，還增加了網路面試環節。在第一二次網路課堂中，讓義工組織大家試講錄音，法師隨後聽錄音審核。審核通過之後，正式公佈錄取名單。我對比了一下，這次公佈的錄取名單和初期報名的名單差別不大，也就是說很少有人被淘汰。法師給出的解釋是：佛法和世間八法不同。一般只要有一定的文化程度，大家有意樂，法師是不會拒絕大家的。

在基礎階段，由於大家不是很熟悉講考的模式，所以法師會讓前幾級的優秀學員給大家進行示範。這一階段主要是訓練講考的基本步驟和技能。研討班每兩周共修一次，每次共修包括兩個環節：首先是集體抽考環節，大概一個小時，被抽中的學員每位試講10分鐘。然後是小組試講環節，進入小組房間，大概半個小時，由小組長安排本小組居士輪流上麥試講，並錄音，供法師打分。基礎階段講考方式相對比較簡單，三個基本步驟（如下資料所示）：科判、基本含義和自己感悟。

講考步驟：10分鐘[20]

1、科判要前後拉通（1分半左右）；

2、頌詞分層，詳細分解（3-6分鐘）；

3、最後結合教證理證或自己感悟，在不離頌詞主要意義總結（2分鐘）。

【20】資料來自2015級入行論研討班網路共修課堂PPT。

科判[21]分析，這是把握學習內容的綱要，菩提學會課程內容邏輯性、系統性較強，只有把握這個綱目，才能夠真正深入經藏。預備輔導員的邏輯思辨能力必須要非常紮實。上師的教材是對這個綱目的擴展講解，主要的擴展方式包括例舉各種豐富的教證、教言和公案，使得法義更加貼近現代人的思維方式。學員把握了這個綱目，無論上師擴展多少內容，都在這個框架下，駕馭起來也比較容易，學習的大方向也不會出錯。

所謂頌詞，是指經典教材原著的原文，比如入行論是寂天菩薩的《入菩薩行論》的原文，而加行則是華智仁波切的《大圓滿前行引導文》的原文。在分析科判的基礎上，具體到了頌詞，然後就要對頌詞本身分層掌握。分了層之後，再對頌詞的涵義進行詳細解釋。最後結合頌詞的涵義和層次，運用到自己的生活中，相當於頌詞與自己生活的一個對話，這樣才能夠實現融法於心，讓佛法走進生活。比如朱居士分享的頌詞：

戊一（不放逸）分三：一、略說；二、廣說；三、攝義。

己二（廣說）分三：一、謹慎修學所修；二、謹慎所依暇滿；三、謹慎所斷煩惱。

庚三（謹慎所斷煩惱）分三：一、觀察所斷煩惱；二、生起斷除欲樂；三、能斷除煩惱而生歡喜。

辛二（生起斷除欲樂）分三：一、披上斷惑盔甲；二、莫因痛苦而生厭倦；三、堅持不懈對治煩惱。

壬二（莫因痛苦而厭倦）分三：一、觀察所斷之罪過而不厭倦：

【21】「科判」，是古代祖師大德們對經論或解釋經論法義的著疏，進行的內容上的梳理，易於學人對於整部著作的內容框架，有一個清晰的脈絡把握。就像世間書籍的分章分節，每一節裡又有分段，每一段裡又有劃分。只不過，科判比世間書籍的章節段落的劃分，更為詳細與清晰，能令人一看科判，即知整部經論或著疏的全體內容講了什麼。

二、觀察對治之功德而不厭倦；三、觀察自己承諾而不厭倦。

癸二、觀察對治之功德而不厭倦：

漁夫與屠戶，農牧等凡俗，
唯念己自身，求活維生計，
猶忍寒與熱，疲困諸艱辛。
我今為眾樂，雲何不稍忍？

（一）本義

漁夫、屠夫、農民等等僅僅是考慮到維持自己的生活，也能忍受嚴寒酷暑等千辛萬苦，而發了無上菩提心的我們，為了利益一切眾生，為什麼不需要苦行呢？

（二）詳解

1.世間人為了生存，非常的辛苦。漁民、屠夫、農民、農民工、列車服務員。

2.佛法如此難聞，人生很難得，發了菩提心，要為了眾生的解脫，了脫生死的根本利益，我們就應該克服一切困難去精進修行。

3.正反舉例：

反：但還是有很多學員因為各種藉口而推脫，身體稍有不適，就不去參加共修了。

正：有居士就非常的精進。高僧大德的修行相比，我們做得太少了。

（三）修學體會

反思：周日早上自己為什麼早上起不來，就遲到呢？信心不夠的原因。[22]

上述基礎階段的頌詞講考大約進行了一個學期（2016年6月至2016年12月），接下來進入提升階段的學習，提升階段的學習更加紮實。講考細分為六個步驟，分別是科判分析、頌詞分層、逐字逐句消文、中心要點、難點辨析和消歸自心。下面表2是講考步驟與要求的具體說明：

【22】資料來自一次2015級入行論研討班網路共修課上朱居士的課堂發言。

表2 講考步驟與要求[23]

六步驟	基本要求
科判分析	分析前後科判的關係、科判與頌詞的關係
頌詞分層逐字逐句消文	1、頌詞分詞； 2、逐字逐句消文（含名詞解釋）； 3、頌詞整體釋義；
中心要點	法義完整、條理清晰、分析有層次 引用相關教證、公案（可自行查閱，準確引用）
難點辨析	能夠分析難點，挖掘更深層次的法義
消歸自心	與主題密切相關，起到積極影響
其他綜合表現	如果法師有提問，回答問題時儘量完整、準確 對上師三寶有信心，恭敬心 對待法師態度恭敬、聽從要求，接受批評 對待講考態度認真 講考規範、有頂禮句 口齒清晰（儘量用普通話講考），措辭得當，語言流暢不囉嗦，不要有過多的口頭語，重複句，各項自然銜接，時間合理分配。

研討班非常注重學習內容的邏輯體系。科判的串講中包括科判與科判關係、科判與頌詞關係，頌詞內部的層次關係。另外，還重點和難點突出，這是第二個要點，這些都是修行人的常見問題，所以單獨要找出來進行加強學習。再一個特點，就是學得非常的紮實，用輔導法師的話說，猶如烏龜爬行，逐字逐句的消文解義。

除了每兩週一次的網路共修，組長們以小組或幾個小組聯合，通過微信群的方式增加大家的練習機會。另外，還有本地研討群，一般都會提前一天組織本地研討班學員熱身試講。

錢居士，廣州華林2015級入行論班學員，和筆者同一級入行論預科班學習，只不過她在另外一個場地共修。她目前是筆者所參與的2015級入行論研討班第7小組的發心居士，協助道心居士管理本

【23】資料來自一次2015級入行論研討班網路共修課上法師發言PPT。

小組研討活動。她的主要工作包括通知本小組居士參加下次講考、每日發佈上師教言、負責本小組組員的出勤記錄和安排小組學員講考。全國研討小組共修環節，她負責主持，稱為「女主播」。每天上午，她都會在小組微信群發起晨起發願文，然後讓大家利用微信語音功能朗讀下次共修的頌詞。朗誦完畢後，就在自己的名字後邊留下一個表情，以帶動其他居士參與。後來為了鼓動大家積極參與，還特意進行輪流值日。值日的居士需要自己帶頭朗誦，積極帶動其他居士朗誦，並且給予及時的回應，回應一般都是隨喜讚歎的佛教表情符號。朗誦的目的是為了讓大家熟悉下周共修頌詞。每天晚上，錢居士又會在群裡發起回向，把今日大家朗誦佛經的功德回向給眾生、亡者以及祈禱病者早日身體安康。

第二種熱身方式，則是由江西的一位居士發起的，通過微信，讓大家自己錄音後分享講考。講考的基本模式和研討共修的時候差不多。首先是頂禮句，然後是科判分析，之後是頌詞分層和逐字逐句消文、中心要點、疑難點和消歸自心。

提升階段，參加研討班的壓力稍微大一點，因為一級講考不再是自己選擇準備好的頌詞，而是法師隨機抽考上線學員，並且由法師任意指定頌詞來講考。提升階段還有另外一個環節，就是討論研討題目。最後是課後回向。和所有的功德修行一樣，大乘佛子，都是發了菩提心的，所以都要進行課後回向。不放過任何一次救度眾生離苦得樂的機會。

為了提升大家的學習意樂，也為了加深對某些關鍵問題的理解，時不時的會舉行辯論賽。如第三章第二節所述，筆者就參加過一次辯論賽。這次辯論賽主要是針對當下學員在學修中的實際問題而來的。很多居士注重自己聞思[24]佛法，不願意出來擔任各種義工。

【24】聞思佛法，聞就是聽聞，思是指對佛法的義理進行思考，掌握其邏輯內

有些義工則忙於發心，放棄了聞思。所以這次法師提議的辯論選題是：聞思與發心發生衝突的時候，怎麼選擇？收到辯題後，研討班各個小組組長分別通知小組學員提前上線，開始進行自己小組的熱身。錢居士組織了第七小組的熱身，讓大家結合自己的心得體會來談這個問題。同時，也按照標準的辯論模式，分為正反兩方，主持人和嘉賓中立。那天熱身中，正方略勝一籌。下面是辯論現場的部分記錄：

正方：如果沒有發心，那麼聽上師法會的時候，那些在會場外接待的人怎麼辦，沒有他們的付出，那怎麼才能夠保證現場的秩序，如何保證大家按時到達聽課現場。

正方：如果要先聞思，再發心，那所有人的聞思水準都還沒夠，何時是個頭？這樣推理，就沒人有資格發心了！這樣可以麼？

正方：成佛有三種模式，一種是先讓自己成佛，再成就其他人；另一種是和眾生一起成佛；第三種如地藏王菩薩一樣，地獄不度空，誓不成佛！所謂要做牧童。這些發心人員不可以看作牧童麼，要把羊都趕走了，自己才跟著去！

反方：沒有聞思，就無法穩定的發心，從願菩提心到行菩提心，願菩提心攝持著行菩提心。

反方：沒有聞思，發心也會出問題，有可能做的事情不合法。

反方：聞思水準不夠的發心，就好比大人和小孩一樣，大人做什麼事情，小孩儘管想幫忙，但如果能力不夠，不但不能幫忙，反而還會幫倒忙。[25]

……

結果主持人肯定了正方的情況下，開始站在反方說話，因為大家實際上更加注重聞思，這也是藏傳佛教來內地傳播的一大特色。

涵。此外，還有修，是在聞思基礎上通過言行來體會佛法。

【25】資料來自2015級入行論研討班一次網路共修中辯論比賽。

為了推動大家有更好的參與，小組長親自整理了正反兩方的各類典型觀點材料，供大家參考。從這個參考資料可以看出如下期望：期望學員能夠充分聯繫自己平時的學修內容來闡述自己的觀點，比如多多引用課程中的教證、上師教言。最後，主持人根據全國研討班共修活動的發言，做了一個要點回顧。看得出來，這和世俗的辯論賽形式相同，但目的不同，這個辯論實質上是在為平時的學修服務。換句話說，這是要通過辯論加強平時的學修，辯論是對平時學修課程的熟練運用。

研討班的學習要求較高，所以有時候筆者有點小怕，尤其是自己沒有準備的時候。有一陣子感覺壓力大，想從研討班退出，因為那時候自己又做了加行班的助理，也需要備課。研討班每次上四課的內容，和平時共修進度還不同。這樣每週要學的內容有點多，頗為吃力。另外，在XR組織筆者還是後勤服務中心負責人。錢居士是筆者所參與的第7小組的一位發心居士，她一直給予筆者以鼓勵，希望不要放棄。每學期每個學員至少要有兩次串講成績，所以建議我堅持講一次。看到居士實在懇切，也充分理解作為發心人員的不易，最後還是答應了。

要成為一名合格的輔導員，各方面的要求較高，首先是自己平時的共修出勤及各種表現，比如入行論的觀修數量，念咒數量，接受傳承和看法本情況。平時上課的考勤不能太低，還有是否擔任了本小組的發心工作。再就是基礎班的學修情況，這些都是有所要求的。研討班的學習方面，則要求出勤率很高，研討發言情況，試講的分數。這種試講不是一次的成績，往往是參加研討班學習一年以上的累計成績。試講的過程，法師可以判斷學員的法義掌握程度、口才表達能力和心態等等。還有一個重要的方面，就是擔任助理輔導員的表現，包括出勤，助理發心工作的執行力，助理串講法義的水準，輔導小組學習的能力，這些都要在擔任助理輔導員過程中得到鍛煉和考察，由輔導員撰寫考察報告或推薦，供學會管理者參考。

第三節　佛法共修市場運作的資源長尾機制

田野調查發現，菩提學會佛法共修除了注重修行道次第外，還有注重上師傳承、共修、白衣弘法等突出特徵。而這三個特徵或制度是學會信仰網路資本積累的重要機制。基於信徒網路生成了招募輔導員、新學員和發心人員等方面資源的長尾效應，從而推動了佛法共修（也稱作義理佛教市場）市場的增長。

一、信徒網路資本積累的三重機制

（一）視師如佛與僧俗關係模式

據菩提學會上師講，要成佛果，除了修習佛陀的教法外（顯宗），如果沒有人傳授秘法的修行，很難有所成就。所以特別注重上師等善知識在佛法傳承中的作用。[26]和漢地出家人與居士關係不同的是，注重佛法傳承的菩提學會突出了上師地位，漢傳佛教皈依儀式是三寶皈依（佛法僧），而菩提學會中則較多實行四寶皈依（佛法僧之外，還有上師），由此形成上師、輔導員（居士頭）和一般學員的角色關係模式（如圖13所示）。這對於菩提學會的信仰實踐具有重要意義。

【26】周拉，班班多傑，簡論藏傳佛教中上師善知識與弟子的關係，法音，2009，02。

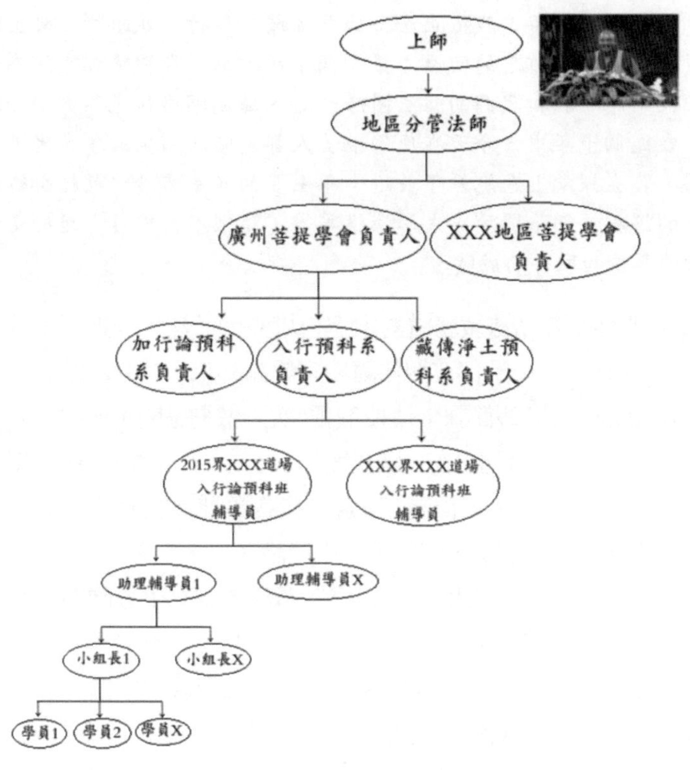

圖13　共修角色模式圖

1.上師。廣州菩提學會的上師是五明佛學院的一位著名堪布，叫索達吉堪布。各地菩提學會是索達吉堪布個人的弘法平臺，是皈依上師與弟子所組建的教團，各類修學課程所使用的教材都是這位著名的堪布編寫的。各類活動的發起均得到上師的「加持」，也是在這位上師的號召下獲得修行者的認可和參與。近年來，索達吉堪布先後到國內外著名大學開展佛學講座。下面是索達吉堪布在漢地弘法十年之際的一段講話節錄：

「剛才主持人也講到了我的弘法歷程。總結起來，可以分為三個十年。第一個十年，我依止法王如意寶聞思修行，並跟隨上師全球弘法，留下了美好難忘的回憶；第二個十年，以翻譯和講經說法為主；第三個十年，我和我們的弘法團隊一起，通過網路和光碟面向全球弘法，在這個十年中，今天在座的很多人都是弘法利生的參與者。前段時間，我在課堂上也總結了最近十年主要的弘法業績，包括翻譯的經論、的課程、網路開示、大學演講等等，這裡不再重複。這些是過去所做的事情和取得的成績。」[27]

五明佛學院弘法教務處對索達吉堪布的弘法工作進行了統計：2006年-2016年，上師仁波切傳講顯宗經論36部，共1128節課；傳講密宗經論8部，共129節課；傳授灌頂6次；做網路開示99次（其中漢語開示85次，全球開示9次，藏語開示5次）；共前往104所大學（國內64所，國外40所），演講130場；在各類社會團體（包括慈善機構、世青會、各種論壇、監獄等）中演講76場。[28]

2.法師。在五明佛學院，圍繞堪布活佛成立了專門的漢地佛教教育教務處，教務處的僧人大多數均是上師的出家弟子，漢族人居多。其中一些弟子經過系統的學習，對佛法教義的掌握方面具有相對高的水準，於是獲得法師[29]稱號。這些法師成為了上師漢地弘法的中堅力量之一。比如全國研討班，培訓各地輔導員的工作均由這些法師擔任。

3.輔導員。為了配合日益增長的信仰需求，上師提議從居士中培養弘法人才，於是各類研討班開始舉辦，培養了大批輔導員。這些輔導員是各類共修小組的負責人，成為了連接上師和信徒的仲

【27】摘自上師仁波切在2016 年 5 月 17 日晚發心人員交流會上的開示：主題「十年的約定」。

【28】同上。

【29】稱能精通佛法為人之師者，又謂行法之師也。參考：丁福保編譯：線上《佛學大辭典》。

介人。同時，這些輔導員依靠這樣的共修體系，也搭建起了個人的信仰網路，為其他道場活動的開展和運作提供了較為穩固的人力支持。

4.發心人員。在佛教中，所謂發心，是指發菩提心，生起為成就眾生的佛道，利樂一切有情眾生的動機。菩提心包括願菩提心和行菩提心，發心人員是指同時擁有願菩提心和行菩提心的居士。這些發心人員承擔不同的發心工作。廣義的發心人員包括所有大乘信眾，包括前面提到的上師、法師、輔導員等，狹義的發心人員是指共修活動中的助理輔導員、班級共修小組長、學修統計員，以及臨終關懷助念人員、XR組織和CH組織等各類道場的義工。

5.普通居士學員。是指菩提學會的所有信徒，既包括未擔任任何發心工作的初級學員，也包括上述已經參加各類發心工作的學員。

上師—法師—輔導員—普通發心人員—廣大學員這一類似金字塔的組織模式，比較便於擴展信徒網路資本，從而增加菩提學會組織資本含量，這對於菩提學會在內地的擴展起到了重要作用。在學習中重視傳承、視師如佛則賦予了道友們一個共同的身份，即同是某某上師的弟子，這一制度為更大範圍信徒網路的生成創造了結構條件。下面分別就共修制度和輔導員制度對於其組織網路資本的積累的結構意義進行論述。

（二）集體共修中的道友關係網絡

不同於漢傳佛教的修行模式，很多居士喜歡一起學習，感覺自己過去一個人學習很孤獨。共修具有相互啟發、相互督促和相互肯定等多重優點。除了來自學員間的促進作用，對上師在共修中的攝受感也是不少漢族居士喜歡共修的重要原因。朱居士在一次共修課堂中分享自己的體會：

我還是很忙的，畢竟作為管理人員，開始跟著居士們一起去學習，有時候要請假。但我還是堅持下來了，因為各位輔導員及助理輔導員會時不時的提醒我，鼓勵我去上課。還有看到班級微信群裡面，大家都在報學修記錄，我不學也不好意思報。就這樣，我就堅持下來了。感恩各位上師和居士的加持，共修真的很好，可以相互督促。這就是團隊的力量，共同到達西方極樂世界。[30]

王居士談起了自己共修中看到的一個關於團隊力量的小視頻：

「前幾天，輔導員給我們播放了一個小視頻：風的力量與團隊精神。視頻內容主要是關於大雁遷徙中，結群起飛的原理。如果一隻大雁單飛，就會很費力，但一群大雁通行，產生共振，影響風流，這樣彼此就能夠借風力風勢而行。這樣就節約了大量的能量消耗。大雁結群而行也能調動個體的耐力，便於長途遷徙。另外，大雁結群而行也利於集體對抗一些天敵，保證大雁的安全。看了這個小視頻，我很感動，感覺我們的共修就是如同大雁結群遷徙一樣。」[31]

圓瑞居士說起了自己被班級同修帶動的體會：

「今天一早起來全身肌肉酸痛，從手臂到肩膀到腹部大腿都酸了，有那麼一剎那想放棄，但想到居士們的精進有上師三寶的加持我堅持下來了，慢慢磕著磕著好像就沒有那麼痛了。集體的力量真強大，感恩隨喜居士們！」[32]

【30】講述者：朱居士，1985年生，女，碩士，某IT公司經理，2015級入行論學員，2015-4班研討班學員，講述地點：廣州市天河北某共修道場，時間：2017年4月26日。

【31】講述者：王居士，29歲，女，博士，廣東中醫藥學院教師，2015級加行預科班學員，講述地點：廣州市黃花崗某共修道場內，時間：2017年3月26日。

【32】講述者：圓瑞居士，1984年生，女，碩士，某16級加行預科班學員，講述地點：廣州市黃花崗某共修道場內，時間：2017年3月26日。

曹居士分享了自己做大禮拜過程中從同修得到的鼓勵：

「隨喜居士！從少到多慢慢加上去，讓身體逐漸過度適應。今早做大禮拜，剛開始趴下去腹部肌肉酸痛，不斷的『哎呦』，想想雖然短期身體酸痛，是經絡通暢的前兆，還能帶給自己生生世世的利益，人身那麼難得，一切都是剎那瞬息變化的，不知道下一刻會怎麼樣，珍惜眼前能修行的機會，清淨自己身體和內心的疾病，也就堅持下來了，越拜越身體和內心輕鬆，越拜越開心。感恩上師三寶，感恩我們這個大家庭的相互陪伴和鼓勵！」[33]

半年的基礎班、三年半的預科班和五年的正科系學修，類似「九年義務教育」的集體共修，道友關係成為各位共修居士個人社會網路中的重要部分。使用統一教材則為這一共同體形成提供了重要的共同思想前提，來自各行各業的居士有了共同的話語資源，這便是人際互動的文化紐帶。標準化和結構化的學習使得小組學員行為方式走向結構化、模式化，穩固了道友之間的互動關係。強調頌詞科判，重視學習內容的邏輯性，迎合了文化水準較高的居士信仰偏好，使得修行成為了一種高級的智力創造活動，區別於廣州漢傳佛教寺院的跪拜佛教、儀式佛教，增強了群體認同意識。標準化考勤和日常化學修制度讓這一修行生活嵌入居士日常生活方式，成為其生活的必要構成，並在生活中踐行佛法，這是深層次的信仰實踐。不時的道友聚餐則為中等收入階層提供另一種休閒生活的方式，也在這些非正式交往中加強了群體紐帶。

（三）白衣弘法[34]與組織社會資本

如本章第二節所述，菩提學會上師非常注重輔導員的培養，並

【33】講述者：曹居士，1982年生，女，博士，廣州某大學教師，16級加行班學員，講述地點：廣州市天河北某共修道場，時間：2017年4月26日。

【34】以寧瑪派為例。

成立了專門的研討班，每年定期從各個普通共修班選拔一些有潛力的居士，組織學院法師分班分批進行培訓。對居士弘法人才的重視和系統培養，是菩提學會在內地快速發展的重要策略。上師明確提出要知識化、專業化、年輕化等號召，培養網路時代的優秀弘法人才。上師—輔導員——般居士三者的有效互動，這樣的才保證了共修的組織性，持續性和穩定性。這和漢地佛教強調「僧人弘法、居士護法」的角色分工模式具有顯著差異。

和共修班不同的是，研討班輔導員是學院的法師，可謂「科班」出生的僧人，這些師父對法義的掌握相當深厚，對法義的理解更為通達。同時也依靠這批法師，分擔了上師的工作，使得上師的影響力能夠具體落實到每一位學員身上。經過培訓，選拔出來的輔導員，同樣也起到了這樣的仲介作用。依靠這些老居士，參加菩提學習的初級學員由專人去負責引導、組織。有這些輔導員的引導和督促，才可以使長期的系統聞思成為可能。

這些輔導員是上師法義傳承的具體落實者。網路資訊時代、知識時代，這些具有較高素質的輔導員團隊，使得上師的弘法能夠採用各類先進的電子網路工具，上師的網路開示、念傳承等演講，都有專門擅長外語的居士將其同聲傳譯為各種語言。這恰恰是居士社會性的優勢。試想，如果沒有這樣一批年輕的、教育水準較高的輔導員團隊，恐怕上師弘法就無法採用如此多樣化的網路手段。上師的攝持力、影響力也將受到極大的限制。

上師的感召力不會因為輔導員的存在而降低，弘法精英和上師魅力不是相互抵消的關係。相反，恰恰是這樣一批輔導員的存在，輔導員對上師法義的系統學習，更為深入的掌握了藏傳佛教法義的奧妙，使得上師擁有一批可靠的弘法人才，輔導員對上師的認可得到提升。輔導員的輔導實踐中所展示的智慧，人格魅力，使得學員也因此更加對上師充滿信心。

在這批輔導員的引領下，組織學員的常規化共修，建立起了初級的道友關係，使得單個的學員得以組織起來。這提高了學會的整體社會資本，為拓展信徒市場（如XR組織、助念、放生、慈善等等）提供了有力的社會支持。這種初級道友關係成為各種活動開展所需要人力資源的基本依託。XR組織、臨終助念、放生、CH宗教公益團體公益等等活動，幾乎都是依靠輔導員來獲得人力支持。經過研討班的系統訓練，這批居士的思辨水準達到了相當的高度。正如堪布開玩笑說「起碼超過世間律師的辯才」。在日常化的共修輔導中，這批成長起來的居士。也成為XR組織、臨終助念、放生和CH宗教公益團體公益等活動的重要參與者。比如XR組織的講師團中，包括負責人在內很多講師均是菩提學會各共修小組的輔導員。

二、佛法共修市場增長的長尾機制

上述信徒網路資本對於佛法共修市場（也稱作義理佛教市場）自身的增長具有重要的意義，廣州菩提學會信仰實踐中生成了信徒網路資本再生產、招募輔導員、新學員和道場建設等各類資源長尾效應機制。

雖然每一個共修小組人數不多，只有幾十人。但不同科系、不同界別、不同區域的多個共修小組聚沙成塔，積累了大量的社會資本、經濟資本和精神資本。比如廣州菩提學會，下面共有30多個共修道場，連續10年的共修辦班學佛，依託年度招生辦班，這共修小組生成的信徒網路資本不斷再生產而擴張的過程。這些資本是廣州菩提學會開展各類活動的關鍵資源。此外，如後文所要論述的，共修小組集聚的宗教驅動力、人力和物力資本的同時，也為佛化國學、助念、放生和慈善各類信仰偏好市場的開展提供了重要的市場空間。正是這些細分的市場空間為菩提學會的增長提供了基礎。

雖然每個共修小組只有極少數學員報名參加研討班學習，但同一年級同一科系的幾個班，同一年級不同科系，不同年級不同科系，同一地區的不同年級不同科系，不同地區的研討班學員彙集起來，數量就變得很可觀。比如筆者所在的15-4班，即2015級入行論4班，就有170多人，[35]來自全國各地的學員。最後能夠成為輔導員的或許只有少部分，但多個班級彙集的結果，同樣不可小覷。

佛法共修班積累起來的信徒網路資本首先對於佛法共修市場自身的增長和發展具有重要的意義。統計顯示，自2006年以來，廣州菩提學會每年招收的新學員中，絕大部分來自老學員的引薦。廣州菩提學會學員規模最初的200餘人，每個小組不到10人的規模，學習場地通常在單元房中；近年來已經突破1000人大關。支撐這一增長的機制除了前文所述的新型階層信仰偏好轉變，菩提學會注重佛法教義系統學習迎合了這一信仰偏好這個信仰市場供求平衡機制外，還在於信徒網路資本的積極作用。尤其是互聯網時代，新型階層擅用各種新媒體工具，這對於菩提學會擴大招生具有重要的幫助。比如使用朋友圈轉發招生簡章，在各種微信群、QQ群、YY語音平臺廣泛發佈招生宣傳H5等等。借助這一信仰網路，大大增強了學院招募新學員的資訊傳播能力，彙集了各地的小信眾市場，形成了菩提學會共修道場快速增長的內在機制。此外，共修活動的開展也常常要依賴信徒網路的支持，比如敦促考勤、日常修行的監督這些都是依靠信徒網路來維持的。

在信徒網路的支持下，廣州菩提學會學員數量快速增長，很多道場共修課程已經排滿，以前的居民住所已經無法容納共修大班。所以需要開設很多新的共修點。每年招生工作啟動前，廣州菩提學會的圓華居士就專門負責增建新道場。這也主要依託信徒網路的支

【35】根據考勤表編號，有200餘人，但陸續淘汰了30多人，所以目前只剩下170多人。

持，借助廣泛的信徒網路進行動員。例如前文所述，心家、華林、黃花崗、淘金等多處共修的場地均來自道友的奉獻。

本章小結

本章從細分市場生成和市場運作的資源長尾兩個方面論述了廣州菩提學會的佛法共修市場的運作機制。

第一節借助訪談資料概述了廣州菩提學會信眾的義理佛教信仰偏好特徵，菩提學會注重修行次第的課程特性迎合了這種信仰偏好。

第二節結合實地調查資料，詳述了廣州菩提學會各類佛法共修細分市場的信仰實踐過程。比如基礎班、預科班、高知高管班的佛法學習模式，進一步論述了菩提學會義理佛教課程教學如何注意了新型階層的信仰偏好特性。

第三節從上師、輔導員和共修三個制度特質要素分析了共修小組修行中信仰網路的生成。進而分析了在這樣的信仰網路作用下對於招募新學員、輔導員隊伍建設、各類信仰市場運作所需要的場地等物質資源方面產生的資源長尾效應。實際上，這一信仰網路也是佛化國學、慈善、放生、臨終助念等宗教細分市場運作資源長尾效應生成的關鍵要素。第五章到第七章分別就此展開論述。

第五章 「佛化國學」[1]市場的資源動員機制

上一章主要論述了佛法共修市場的供需互動中小眾市場空間的生成、信仰網路資本的積累及其對於各類義理佛教市場運作中資源長尾效應生成的作用過程。從本章至第七章，將依次論述佛化國學、慈善、放生和臨終助念各類細分市場的生成過程和各類市場運作和資源動員中的長尾機制。本章將首先對XR組織（佛化國學市場）的產生背景、課程設置、組織結構和身份困境等方面進行介紹，以此揭示宗教供應方面對管制壓力的適應策略。在此基礎上，第二節從信仰需求、信仰偏好市場概念出發，結合XR組織的五大服務部門的經營情況對佛化國學細分市場進行描述以展現其市場空間構成。第三節借助長尾理論分析促成佛化國學市場運作的資源長尾機制。

【1】 結合國學弘揚佛化的度化道場之一，並非嚴格意義上的國學，只是借助一些傳統文化經典的佛教化解讀來弘揚佛法。據瞭解，菩提學會上師稱其為「生活佛教」，但這一用法容易讓讀者想到太虛法師的「人間佛教」，所以筆者在本書中暫用了「佛化國學」這個表述方式。

第一節　宗教供方的適應性調整與「佛化國學」市場

本節將通過對XR組織的產生背景、課程設置、組織結構和身份困境等方面來介紹佛化國學信仰偏好市場的產生，以此揭示在政府管制背景下宗教供方的一種適應策略。

一、緣起

宗教市場論認為，人們改宗或改教都遵循最大化社會資本、文化資本等資本的理性選擇。[2]同樣，在對美國華人福音派的研究中，楊鳳崗發現，「教會都會強調儒教和基督教的和諧性」[3]，這樣有助於歸信者保存他們的文化資本。文永輝通過對貴州省一個鄉村社區的天主教的田野調查，展示了天主教在日常生活和葬禮、敬祖等問題上的處境化過程。站在宗教市場論的視角看，「這恰好說明潛在的信徒在儘量多地保留原有宗教資本的情況下，更易接受天主教這一新的宗教產品，這為天主教佔領市場提供了極大的動力。」[4]

和基督教相比較，在中國語境中的宗教往往不具有強烈的排他性特徵。不僅如此，佛教傳入中國的初期，恰恰是借助玄學，儒學而獲得傳播空間的。後來，正是在儒釋道的相互對話中，產生了中國化的佛教，如禪宗。可以說，佛教和儒教的相容關係構成了傳統

【2】 羅德尼・斯達克，羅傑爾・芬克著，楊鳳崗譯，信仰的法則：解釋宗教之人的方面，北京：中國人民大學出版社，2004：148-150。

【3】 Yang F. Chinese conversion to evangelical Christianity: The importance of social and cultural contexts. *Sociology of Religion*, 1998, 59(3).

【4】 文永輝，從宗教市場論視角看天主教的「處境化」——以貴州甕安縣草塘鎮為中心的人類學調查，西南民族大學學報（人文社科版），2007，05。

中國佛教合法性論證的重要策略。由此也產生了不同的信仰偏好，有追求純正佛教的信徒、也有注重儒釋道合一的信徒、還有借用佛教思想發展儒教的居士。這也成為佛教信眾中各類市場細分的一個重要維度。菩提學會在當代內地的傳播中，面臨各種制度性約束。為了拓展社會傳播空間，菩提學會的借用了國學熱，發展了佛化國學。菩提學會的居士文化程度偏高，也更傾向於接納結合傳統文化學習佛法的這種弘法方式。

根據相關宗教管理條例，非官方認定的宗教活動場所之外的共修活動缺乏合法性，時不時的受到各種打壓。圓靜居士是四川人，來廣州已經十多年，開有一家首飾店，其中不乏佛教用品。她一方面負責XR組織孕育希望事業部的活動，另一方面又在自己營業的地方開了兩個共修班。這給她帶來了麻煩，有公安局的人找她談話。隨後她不敢再參加共修活動了，XR組織孕育希望事業部的活動也因此中斷。另外，據圓靜居士講，以前芳村有個場地本來是個很大的活動中心，但後來因為居士得罪了人，受到舉報後被國安查封，全廣州共修小組停課兩周。筆者參加共修的點，是圓泓居士公司的辦公場所。去年年底，也被舉報，據說原因是共修課誦影響了隔壁的公司。害怕引起大家的擔心，當時也停課兩周，對外的解釋是場地要裝修。後來，先搬遷到一個素食館，但素食館也沒共修幾次。後來又去了圓敘居士公司的場地，那地方樓層高，才算穩定下來。

去年十一月的時候，形勢變得緊張起來。圓成居士作為行政單位人員，被迫宣佈退出各個菩提小組。次日早上，看到圓向居士建了一個新的微信群，取名為「茶道興趣小組」，這是筆者所參與的入行論班最後剩下的共修居士，通過邀請的方式入群。對外保密，每位居士都要經過群主確認才可以入群，不能隨便邀請陌生人入群。另外又組建了一個班級管理群，取名為「茶道義工」。各種交流用詞也都採取了更為隱秘的方式。比如以後共修道友都相互稱「同學」，上師稱為「上市」，輔導員叫「茶館館長」，發心人員叫「茶道義工」。

除慈善組織已經登記註冊，活動一切照常，也沒見改名，各個共修班的大群，也都在修改群名。比如「2015廣州入行」，改名為「2015－我愛學習」；「2015廣州加行」，改名為「2015學習與交流GZJX」；「江南淨土九品蓮」，改名為「2015江南」；原來的「菩提一組」，改名為「愛學習一組」。到了2016年12月份，廣州菩提學會全面暫停了實地共修，轉入素食館或者網路YY房間開展共修。直到2017年3月份才開始陸續恢復實地共修。

正是在這樣的經歷中，各位輔導員開始認識到上師宣導的生活佛教的智慧和意義。這樣的形勢背景推動了廣州XR組織的快速發展。菩提學會的一些資深輔導員對此尤其有較為深刻的認識，比如菩提學會負責人圓成居士就在退出各菩提共修小組後，選擇佛化國學和臨終助念兩種方式繼續參與上師的弘法事業。

今年年初XR組織的一次會議上，圓成居士談了當前形勢：

「推動國學和臨終關懷的契理契機問題。1.當前形勢分析及可做的兩件事情：去年11月的學習文件，黨員不能信教，所以，我暫時退出了學會的各個管理系統。那種純佛教的弘法方式受眾有限。所以我也在揣摩，怎麼辦，其中習主席提文化自信，文化自信的核心，除了馬列主義，就是中國傳統文化，也就是儒釋道。儒家在中國社會的每一個階段都有貫穿，佛教相對晚來，但其影響最為深刻，道教不是主體，但其處世智慧了不得。我們以前推佛教，只是簡單的推佛教，不學儒，也沒時間去學儒，現在看來，我們要結合儒來推佛。大家有了佛法基礎，再去看看儒家的東西，我們會不一樣，更加深刻。我要找事情做，就找到了國學和臨終助念，所以就找到了圓泓居士。XR組織這種形式，相對於純粹的佛教修習，其受眾面更加廣泛，我們要度化更多的眾生，所以這項事業我很支持。

2.定基調：也不敢說自己多麼的通達傳統文化，我也是學著做。但自己學佛這麼多年的經歷，也較為系統的閱讀了不少傳統文化經典。大體上的脈絡還是有的，這就是我們上課的基調，這個要先定下來。（1）最終肯定是以佛法為核心，不會直接講。最終目的是要把大家引往西方極樂世界（2）佛法是最為深刻的，比如王陽明的心學，他格物致知始終不知道怎麼去格物致知，後來從佛教中找到了答案，這就是儒學的心學專項。（3）我也不會向大學教授那樣一個個字的去摳，而是整體講一些更加通透性的傳統文化。另外，還必須非常實用，不是文字對文字的講法，而是真正能夠打動聽眾心裡的講法。」[5]

二、課程體系和組織結構

XR組織的主要課程包括：

1.傳統文化基礎系列。包括《弟子規》7個專題課程（孝/悌/謹/信/泛愛眾/親仁/學文）、《了凡四訓》和《中國傳統文化概述》（儒家文化概述、論語、孟子、道家、佛學等系列專題課程）等課程。

2.5個力量（正能量系列）。包括《一念之差》、《五個力量系列》（《愛的力量》、《精進的力量》、《感恩的力量》、《謙虛的力量》和《夢想的力量》）等課程。

3.人生系列。包括：《人生成長的各個階段》、《成功五要素》、《如何改變命運》、《就業與人生》、《快樂與痛苦》、《我的理想你的夢》和《愛情與婚姻》等課程。

4.職場系列。領導與管理、職業禮儀。

【5】 摘自圓成居士2017年1月28日的XR組織會議發言記錄。

5.養生系列。中華傳統養生觀、健康與飲食。

6.其他應用課程。包括《至善莫若教子》、《為什麼學習傳統文化》等課程。

如果僅僅從課程名稱上，幾乎看不出是佛教課程，但其授課中會有很多直接體現佛教精神的內容。比如《弟子規》授課用的是索達吉堪布著的《弟子規另解》，「孝」分為不同層次，養父母之身、養父母之心、養父母之志、養父母之智慧。而這個智就是指讓父母覺悟人生，過有信仰的生活，放到最高的孝道層次。再比如《中國傳統文化概述》的授課雖然講了儒釋道三家學說，但實際上授課的目的依然是通過對比襯托出佛教的優越性，勸人信佛。

如圖14所示，XR組織總部組織結構中，包括五明佛學院主管法師、理事會、秘書處、拓展部（下設孵化器項目）、管理部（各項目部及各地分社）、後勤部（下設後勤組和財物組）和宣傳部。

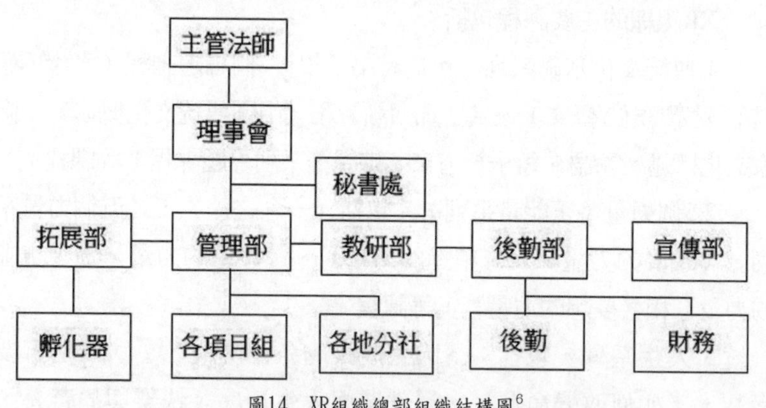

圖14　XR組織總部組織結構圖[6]

目前廣州XR組織的組織結構是「五縱三橫」的模式。五個縱向部門：孕育希望事業部（主要針對孕婦、嬰幼兒和未婚人士）、少

【6】　資料來自一次XR組織總部的志工網路培訓中，負責人發言的PPT。

兒教育事業部（主要針對兒童和青少年）、高校社團事業部（主要針對在校大學生）、社會團體事業部（主要針對企業、監獄等等社會組織的人）和老年事業部（主要針對社區尤其是老年人，比如老年公寓、老年大學等等）；三橫：是指三個橫向部門，分別是項目拓展中心、課程研發中心和後勤服務中心。因此，XR組織服務對象較為廣泛。憑藉這樣的組織架構及道友關係網絡，XR組織已經成功的進入到一些社區、學校、企業、監獄和戒毒所等等社會機構開展講座活動。

三、身份合法化的努力

2016年的廣州XR組織的年終總結會議和去年不同，是整個廣東地區的年終會議，甚至還邀請了貴陽XR組織的居士。後來瞭解到，這可能是因為學院主管XR組織的圓系法師從學院過來的緣故。來參會的有廣州、肇慶、惠州、佛山、中山、深圳和珠海等各地XR組織的代表。圓泓居士、圓敘居士和圓果居士負責接待事宜，場地就選在2015級入行論班平時共修的地點。

肇慶、深圳、惠州、廣州等地的弟子規老師試講以及辦學經驗分享讓彼此頗受啟發。惠州的居士分享了在社區招生的經驗，不知道怎麼做的情況下，他們打著橫幅去了社區開展弟子規讀書會活動，第一天就招收到30多人。沒有場地，就在一個露天小院講課。後來參與的人越來越多，在露天的場地，也起到了廣告的作用。大孩子來上課了，小弟弟也要來，這樣就滾雪球模式，越滾越大。後來在居民的幫助下和物業溝通，借用他們的活動室開展教學活動。廣州XR組織在社區招生一直沒有抓起來，所以這給廣州XR組織負責人圓泓居士很大的啟發。

中午午休的時候，惠州那位丫丫居士把他們惠州XR組織的結構圖展示給圓泓居士看。發現功能和筆者所參與的廣州XR組織差不多，就是名稱不同。不過筆者很詫異，就問了一個問題：「圓丫居士，您們去社區活動，不擔心被監控麼？另外，你們是把慈善和XR組織放在一起做了麼，除了講課，你們還做了很多慈善活動？」丫丫居士解釋說，她們已經登記註冊了，並建議廣州XR組織也註冊，這樣，進學校、機關單位活動都非常便利，並且還可以接受到企業單位的捐款。有了慈善開的發票，企業單位可以免稅。

隨後，廣州XR組織就開始著手正式註冊的事情。圓泓居士讓筆者去看怎麼操作，要有個什麼流程。後來圓雪居士[7]還建議取一個合適的名字。反正是不能叫XR組織了。圓泓佈置了任務，讓核心人員群每位居士想三個名字。大家想的名字很多，但後來圓泓居士還是採用了法師給的名字。

圓泓委託筆者來負責註冊的事宜，讓其他居士配合我。圓程居士給了我廣東省社會組織資訊網的網址以及一些相關文檔。這樣有了一個大致的瞭解。但發現一個問題，註冊機構屬於什麼類型，社會團體組織，還是慈善組織或者民辦非企。我問了惠州的丫丫居士，她說是民辦非企。還有法人的問題，圓泓居士推薦筆者擔任法人，我推掉了，最後找了圓程居士，他有公司在天河區，圓程居士很樂意擔任法人。

還有一個重要的問題就是註冊級別，是省級的、市級的還是區級的。不同的級別組織活動範圍不一樣。筆者電話諮詢了廣東省、

【7】 圓雪居士，女，1975年生，碩士學歷，廣州人，某辦公用品公司經理。目前在學會是2012級加行預科班學員，2012級研討班學員，2014級某入行論班輔導員，XR組織課程研發部負責人。

廣州市和天河區相應的民政部門，不同級別的註冊資金要求不一樣，省級的要求200萬元以上，市級和區級的要求30萬，最後圓泓居士選擇了市級。不過聽說現在權力下放，市級的也只需要去區民政部門註冊。

大概是先要網上核名，然後再提交相關材料。材料很多，成立登記申請書、民辦非企業單位（法人）登記申請表、會議紀要、民辦非企業單位法定代表人登記表、民辦非企業單位法定代表人身份證明檔、民辦非企業單位內設機構備案表、民辦非企業單位理（董）事備案表、民辦非企業單位監事備案表、民辦非企業單位章程核准表（民辦學校不需要此表）、章程草案、開辦資金驗資報告、場地使用權證明、業務主管單位頒發的執業許可證和批准檔、設施設備清單、社會組織工作人員登記表。筆者嘗試填寫了一些，但很多都不太知道怎麼填。

在廣州市天河區社會組織資訊網註冊了一個帳號，提交核名的時候發現需要主管部門的批復。打電話去天河區民政部門諮詢，工作人員聽到XR組織的主要業務範圍是弘揚傳統文化後回話說：

> 根據某文件，行業協會、科技協會、慈善和社會工作類的團體可以直接登記註冊，不需要前置部門。根據我們的情況，需要先去市級文化局拿批復。[8]

電話諮詢文化局，對方回答說她們沒有這樣的業務職責。再去諮詢天河區民政部門，對方說，他們可以發函過去，但那樣容易被否。建議通過私人關係去辦理批復。通過公共渠道，對方當然會多一事不如少一事。

【8】 摘取自筆者2017年3月20日電話諮詢天河區民政部門工作人員的電話錄音整理材料。

筆者向圓泓等居士反饋，圓雪居士問能否善巧方便的去處理這個事情，業務範圍方面，就寫慈善公益的內容，先把證件拿到再說。但圓泓居士堅持業務範圍內務必要有傳統文化傳播這個內容，免得以後受到太多限制。這樣接下來最為關鍵的任務就是要想辦法拿到市文化局的批復。

圓泓居士先找圓成居士介紹相關部門的熟人，圓成居士介紹了一位在白雲區民政部門工作的居士，但後來也不了了之。圓泓又通過學會的渠道找到一位姓孫的居士，孫居士問了一下他文化局的朋友，他朋友說直接提交材料去窗口提交即可。大家感覺這一方式不太靠譜，也不太清楚要交些什麼申請材料。

圓泓又提議找代理公司辦理，百度搜索了好幾家註冊代理機構。諮詢了一下，都是註冊營利性質的公司，他們幾乎都沒有代理過這類民辦非企業組織的註冊業務。有幾個直接回絕了，還有一家叫黑林的註冊公司，專門跑了趟文化局，文化局把這事情推給文聯。他又跑去文聯，也不知道什麼情況。後來也回電話說辦理不了。另外，圓靜居士也找了朋友，這位朋友就是在代理註冊公司上班，還去見了一面，具體談了下情況。過了幾天，他們也回話說無法辦理。

就這樣摸索中，註冊的事情一直沒有取得什麼進展。後來由於筆者要忙於寫畢業論文了，所以把這個事情交給了圓雪居士。圓雪居士找了一位專門負責廣州市社會組織評估的專家諮詢。根據專家的建議，她很想修訂業務範圍，那樣比較容易註冊，圓泓居士沒有表態。

圓泓說和公司董事商量了一下，他們公司要上市了，所以他不便於擔任秘書長。最後推薦圓明居士擔任秘書長。圓程居士擔任會長，圓敘居士擔任副會長。

圓雪居士在沒有拿到批文的情況下，直接去民政局申請核名，結果核名沒通過。這之後，圓泓、圓明居士、圓和居士、圓敘居士和圓程居士（幾位都有自己的公司）等主要負責人召開了一個會議，商討接下來如何註冊的問題。有人提出採取公司註冊的方式來進行接下來的註冊。但接下來又面臨了新的問題，那就是非營利組織要變成營利組織，工商管理這方面也許不好通過。據圓雪居士講，稅務局對公司盈虧都有數據監控的，如果總是沒有進賬，只是出賬，同樣是個麻煩。考慮到組建公司的一些實際困難，仍然採取了向民政部門申請，經過一些修改再次上傳核名申請，仍然未能獲批。最後還是回到了原點，需要主管部門拿批復才能去民政部門登記註冊。就這樣，廣州XR組織註冊的事情一直沒有取得進展。

第二節　「佛化國學」細分市場的構成

針對不同年齡階段的群體，XR組織有專門的課程，並成立了相應的服務部門。通過集結相應的師資力量開展各類講座培訓活動，迎合不同群體的信仰需求，由此生成了佛化國學的各類細分市場。本節將詳述各類佛化國學信仰偏好市場的情況。

一、嬰幼兒及孕婦佛教共修

這一部門主要針對未婚、準備懷孕或已經懷孕的居士群體。負責人是圓靜居士，女，1974年出生，本科文化，四川人，一首飾店老闆。她是筆者所參與的入行論預科班助理輔導員，2012級加行班學員，2012級加行研討班學員。在圓靜居士的組織下，目前孕育希望事業部開展的項目有孕媽讀經班、愛情與婚姻紅點節目、書香讀書會、度母心咒、觀音心咒迴向和對外講座活動。

孕媽讀經共修班分為「佛化班」和「普眾班」。前者以佛教圈內人員為主，或對佛教有所瞭解願意接觸的人群；以誦讀佛經為主，主要有《金剛經》、《心經》、《地藏經》、《藥師經》、《了凡四訓》等。「普眾班」以圈外人員為主，對佛教不瞭解、無接觸，但有緣分的人群。每期招募200個孕媽或準備懷孕的準媽媽學員。以讀誦傳統文化為主，主要有《三字經》、《弟子規》、《道德經》、《化性談》等。此外兩個班學員共修課程包括：《身心靈健康調理課程》；能量音樂療法一頌（作用：解憂鬱、安睡眠、開智慧）；《生活美學課程》（包含：《香道》、《花道》、《茶道》、《女性養顏》、《剪紙》、《書法》、《國畫》等）；《專家駕到》（主講孕前準備、孕期營養、嬰幼兒日常護理按摩、乳期保健、幼稚教育等）；《孕媽愛健身》（包含：孕婦健身操、孕婦瑜珈、太極拳等）。圖15-1—15-3[9]完整的記錄了從懷孕到嬰兒出生後這段時間的共修場景。

愛情與婚姻紅點節目由入行論班圓君居士[10]主播，大家都說她的聲音好聽，專門通過紅點播放一些有關佛教的愛情婚姻觀的節目。一般每週五一期，每期15分鐘左右。每一個月還會組織一次互動訪談活動。筆者就曾參加過一次有關「我眼中父母的愛情婚姻」的活動，主要是通過闡述自己父母的愛情婚姻情況，分析原生家庭對子女婚姻愛情觀的影響。

書香讀書會是由范居士主持，她是廣州某大學老師，博士學

【9】 本組圖片由XR組織孕育希望事業部負責人圓靜居士提供，在此表示感謝。

【10】 圓君居士，女，1986年生，本科文化，湖南人，廣州某公司財務管理人員。2015級入行論班學員，2015級入行論研討班學員，目前在XR組織孕育希望事業部擔任愛情和婚姻節目主持人、少兒弟子規班主任老師。

歷，2013級入行論班學員，2013級入行論研討班學員。這是一個讀書節目，選擇若干具有啟發意義的佛教經典讀物，比如《斷舍離》。活動流程是：首先選定讀物，然後分工給各位嘉賓，選擇一個大家方便的時間，居士分享各自的讀書體會，然後是互動對話，並且錄音後上傳到紅點，分享給更多的居士收聽。在高知高管班動員會議上，筆者認識了范居士，隨後范居士邀請筆者參加她們的一次活動。目前已經舉辦三次活動。前一陣由於范居士生孩子，活動暫停。有一次范居士問我是否是來做田野調查的？她鼓勵筆者就此做田野調查。筆者回話說圓泓居士曾提議我就此做學位論文，這樣更好的做義工，可謂一舉兩得。但藏傳佛教太敏感了，所以還要和導師溝通，再慎重考慮一下。

圖15-1　懷孕8個月時孕媽共修

圖15-2　懷孕10個月孕媽共修

圖15-3　產後共修

度母心咒、觀音心咒迴向活動是一項網路念咒項目，每天由專門的義工在傍晚統計昨天的念咒數量。同時注意收集孕育希望孕媽等會員的助念需求資訊。最後匯總念咒報數後進行迴向，為這些病者或者臨產者祈福。

孕育希望事業部義工老師先後去F社區、某女子會所和某社區醫院開展講座活動。對外講座的主題包括《科學育兒》、《愛情與婚姻》、《產後抑鬱症》等等專題。主講老師均是學會的居士，有職業醫生、養身館負責人，還有心理學教授等等。

對於那些難產或者亡嬰，圓靜居士組織大家一起為其網路助念或實地助念。2017年7月18日中午，在廣州XR組織群裡，圓泓發佈了一條有關孩子墮胎的資訊，討論如何介入關懷而徵求大家的意見。從居士們的反應來看，絕大多數居士均從佛法角度看問題，認為人身難得，所以不要輕易墮胎。「投胎本來是為了來報恩的，但如果墮胎，就會把這份恩情變成怨情。」[11]圓果居士建議讓周居士參加一程及孕媽群迴向、第一期孕媽分享經驗或參加孕媽網路共修。圓果居士說，「孕育希望的第一期孕媽們不是都查到有相關問題，但通過參加上述活動現在娃們都挺好的」。鄭居士說，「問下我同事，她是婦產科醫生，我把情況跟她說一聲。看要不要把檢查的結果給她看一下？」圓雪居士發言說，「沒經驗，僅個人建議：第一，找多一間醫院確診（有朋友同類，找另一家醫院說沒事）；第二，周居士參加孕育希望念經班」。朱居士建議「請具德上師打卦」。

還有類似的例子，記得有一次廣東湛江某高校一大三女生，意外懷孕了，男朋友家主張生下來，但女孩不太接受，不想關係進

【11】引自XR組織核心群交流中一位居士留言。

展這麼快，擔心以後不穩定。男朋友放話說，如果打掉了孩子，就滅了女孩全家。可可居士把這事情發佈到孕育希望事業部管理群求助，請求大家支持。當然，從佛友角度，都是主張讓小孩生下來。現在的問題是如何去勸說？又是異地，讓誰去勸說？給男孩打電話，基本上不接。最後還是圓柳居士通過電話和微信的方式，和女孩有了較為充分的交流。圓柳居士從醫學和佛法的道理方面勸說，終於做通女孩工作，女孩很感恩圓柳居士，答應一定保住孩子。

二、青少年的修行

少兒事業部，主要服務的對象是5-15歲的兒童和青少年，2016年開始正式運作。授課內容以《弟子規》為主。因為學員幾乎都是菩提學會居士的子弟，所以稱為佛二代教育。當時負責人是方方居士，[12]女，大概37歲左右，2004年廣州美術學院畢業，從事服裝設計工作。她從2006年就開始參加菩提學會的學習，是廣州菩提學會最早的一批學員。她受過較為系統的弟子規課程培訓，擔任XR組織弟子規老師。

一天，圓泓居士通知筆者和方方老師，還有項目拓展中心的黃居士（男）和可可居士等去廣州職業技術中專學校的洽談合作辦學事宜。這是少兒事業部試圖發展的第一個項目。這個項目是筆者所參與的入行論的道友黃居士（女）牽線的，她本人是這個中專學校的語文老師。據該校王副校長介紹說，考慮到學生都是些未成年人，而且很多在初中的時候學習成績不是很好，加上家庭方面的原因，較為容易出現行為問題，所以該校的人才培養目標是：讓學生有一技之長的同時有個較為端正的行為。但是他們自己的弟子規教學似乎做得不是很有效果，搞得老師和同學都很疲倦。中專老師工

【12】現在負責人是溫居士。

資本來就不高，一個月才2000多，甚至2000不到，很多都是兼職的，所以要給老師添加專業教學任務之外的其他任務比較困難。出於愛心，黃居士非常希望能夠借助XR組織的師資力量，來改善該校的弟子規教學。副校長在瞭解了XR組織的公益性質之後，同時也大致知道其宗教背景，強調不能有太重的宗教味道。副校長表示可以先找個時間，先把他們學校的弟子規老師召集在一起，XR組織老師去交流下。如果老師接受了就可以向全校推廣。最後XR組織跟進了好幾次，但始終沒有落實下來。

隨後，又開始和圓滿書院談合作項目。圓滿書院是一位叫圓怡的居士自己開辦的家庭式幼稚園，主要以佛學為主要課程。她得知XR組織有少兒弟子規，希望XR組織能夠協助其辦學。之後委託XR組織招募了兩名大學生義工過去教小朋友書法（如圖16所示）。

圖16　義工老師在圓滿書院教少兒書法[13]

少兒事業部的另外一項重要工作就是師資培訓。第一期師資培訓是2016年3月份啟動的，培訓選擇在某共修場地進行，總共12個

【13】筆者攝於2016年4月27日。

周的課時。主要面向學會內部招募預備師資，招募到20多位義工老師，但平時上課的居士一般也就10位左右（如圖17所示）。上課方式，第一期採用實地模式，集體收聽總部相關課件，然後分享各自學習體會。曾經嘗試了網路模式，但效果不是很好。

圖17　廣州XR組織少兒事業部弟子規老師培訓現場[14]

弟子規老師講考是通過YY和現場結合的方式進行的。方方老師讓筆者建了一個YY頻道（廣州XR組織少兒事業部），考場還是平時上課的地點。通知平時常常出勤的幾位老師做好講考準備，同時邀請了XR組織總部的兩位弟子規老師以及廣州XR組織的負責人圓泓居士參與點評。有些老師去了外地，就發送了錄音檔，在YY上播放。比如圓君老師去上海出差，為了預防萬一，先錄製了一段錄音。圓榮居士要聽上師的課程也發了錄音。只有圓柳、圓薇、圓君以及圓清居士到了現場。譚居士以及王居士沒有準備好。首先播放了圓榮居士的錄音，之後圓薇老師現場講考。圓薇老師以小孩子為授課對象進行模擬講考，效果非常不錯。她還專門製作了PPT。最後通過考核的居士有

【14】筆者攝於2016年5月18日晚。

圓薇、圓柳、圓君。圓泓和大家一起商討了接下來的弟子規班招生工作以及第二期弟子規老師培訓。最後決定第二期弟子規老師培訓和總部同步進行，但依然是實地共修的方式，一起聽總部的錄音，之後就課程內容進行交流討論。最後，大家合影留念，第一期弟子規老師培訓圓滿結束。

接下來面向廣州市開展社會招生工作，但進展緩慢。圓泓借助學會平臺招生後，招生人數上獲得較大突破。去年共招收到學員132位。方方老師提議開始分班，圓泓居士起初的建議是廣州東南西北各設置一個班，地點分別選擇在濱江、天河北、長壽路和G社區。

通過圓成居士的介紹，找到一位居士的妹妹，她有一個培訓學校，提供了其兩間課室作為上課的教室。後來根據實際參與人數和年齡分為小班、中班和大班，考慮到中班和大班學員較少，所以合併為小班、中大班兩個班級。小班班主任由朱居士擔任（如圖18-1，朱居士正在給孩子們上課），中大班班主任由圓薇居士擔任。同時從第二期師資培訓中選擇兩名義工老師擔任助教，負責維持課堂秩序和簽到等工作。上課主要內容包括日常的弟子規七個專題、還有各種小遊戲、啟發性的故事等等。每次兩小時，分兩節課。同時開設家長班，家長班開始是另外一個時間段，後來為了方便家長，改為和小孩班在不同課室同步上課。圖18-2是XR組織少兒事業部《弟子規》家長班上課場景。

從這個學期上課出勤情況來看，學員流失率較高，為此召開了不少會議討論總結原因。經過討論，總結的主要原因有：師資力量薄弱、家長班老師不穩定、開班地點太偏遠、課程內容方面佛教味道太重和助教老師工作缺乏吸引力。鑒於此採取了如下措施：今年師資培訓中偏向弟子規老師師資隊伍建設、增加家長班輔導老師、增加開班地點、課程內容中去掉宗教意味較重的內容。另外助教老師角色上，從主講老師角色中分出遊戲和講故事兩個角色，分別由兩位助教老師擔任。同時，圓泓也看到家長班的潛力，準備將家長班作為以後講師培訓的實驗場，同時從家長班中吸納弟子規預備師資。

圖18-1　少兒事業部《弟子規》小孩班[15]

圖18-2　少兒事業部《弟子規》家長班[16]

三、面向高校學生成長的項目

高校學生項目是XR組織最為重視的項目之一。一方面，可以通

【15】筆者攝於2017年4月25日。

【16】筆者攝於2017年4月25日。

過高校發展高素質老師隊伍，另一方面，青年學生也是上師弘法較為重視的群體。所以就需要採取合適的形式來開展這方面的工作。各地均在進行探索，據負責人圓泓講，廣州也有了自己較為成功的模式。這引起了筆者的興趣。

在2015年年會上，筆者留意到高校事業部負責人圓明居士。圓明居士，男，1973年生，碩士學歷，某重點大學畢業，廣州某石油公司高管。在菩提學會，先是跟圓泓居士學習加行預科班，參加了研討班學習，現在擔任某加行預科班輔導員，在XR組織則擔任高校事業部的負責人。圓明居士介紹了一下目前的廣州XR組織高校事業部大體發展情況。據圓明居士講，高校事業部目前有兩個項目：一個是和CH宗教公益團體合作的項目，另外一個項目是廣州市某高校發展了一個學生社團。CH宗教公益團體在全國資助了1000多名大學生，其中廣州大概有100多名。在資助貧困大學生的過程中發現，被資助學生不僅存在經濟方面的問題，在其學習生活中，尤其是現實的刺痛與前途迷茫等心理問題也很突出。去年XR組織高校社團事業部圓明居士在和CH宗教公益團體廣州分部負責人的接洽中，提出了大學生成長計畫的構想。CH總部對此計畫很重視，將原來的單純經濟上助學項目改為助學和成長幫助兩方面。由圓明居士負責運作廣州地區的大學生成長計畫項目。圓明居士說需要大量的高素質師資以及各類發心人員，歡迎大家參與支持高校事業部的工作。圓明居士發言後，隨後安排一位高校社團的學生代表發言。他介紹了自己學校社團的發展情況，尤其重點介紹了和XR組織的合作關係，如邀請圓泓、黃居士等為大學生開展講座等情況。表達感謝的同時，進而也邀請有緣的義工老師參與支持他們社團發展，關心大學生的心靈成長。

過了一陣子，接到圓泓居士電話，他希望筆者能夠參與到高校事業部的工作中去。並邀請筆者參加了這個高校社團的一次碰頭會。在會議上，我進一步聽取了高校運作模式的討論。據瞭解，這個社團的指導老師的專業是財會類，但平時喜歡上很多國學文化的全校通識選修課程，例如《弟子規》、《管窺黃帝內經》、《淺說漢書之論語》課程，深受學生歡迎和愛戴。一次聚會上，項目拓展部的黃居士和這位老師很談得來，最後就開始策劃在他們學校創立XXX學生社團，以弘揚國學為主。這一社團通過學校團委的審核後，開展了好幾次大型講座，其中就有邀請XR組織的一些老師。接下來要商討的問題是，如何豐富社團活動，進一步探索更為有效的發展模式。

圓明居士一方面分享自己的思路，另一方面對筆者很重視，所以很希望能夠聽取筆者的一些看法。我提了一個小建議，那就是發展多元化的小興趣團體，讓社團內部的會員自由組合，報國學方面的興趣點，然後自己去發展組織小團隊。這樣一方面利於發揮學生的主動性，另一方面也能夠以項目組建團隊，增強社團內部凝聚力。另外，還有一個小提議，那就是發展網路節目，比如紅點。目前該社團開展的活動有以下四種：

第一，晨沐國風（晨讀）。每週一三五6:40-7:10，會組織社員晨讀。晨讀內容會根據講座專題做相應調整，有東方經典，如四書五經，以走讀方式進行，也有西方美文，詩歌朗讀。目前是內部試點，旨在督促大家養成早睡早起習慣，提高記憶力。同時也希望大家帶著上進心，沐浴陽光，感受知識薰陶，從身與心全面改善精神面貌。

第二，致遠講堂。致遠講堂主要是邀請校內外德才兼備的名師開展專題講座，形式以講座和座談會為主，初定每月一次。講座現在有四大板塊：靈魂之光（中西方經典文化）、完善人格（大學生心理）、愛與生活（大學生生活指南）和就業指導（時間管理、人際溝通等就業指導沙龍）。

第三，讀書沙龍。組織學生開展跟致遠講堂專題相結合的讀書交流會，推薦書籍。每月一次，活動內容和形式嘗試創新、自由風格。如採訪華南理工大學博士、XX公司副總裁錄製紅點節目《你我心中的大學讀書夢》；採訪XXX教授，XXX書院院長，錄製紅點節目《大學生讀書「入門要正」》；採訪財傳系XXX教授，錄製紅點節目《談談讀書之「氣」》等等。

第四，組織學生參加公益活動。每月組織學生到敬老院與老人談心，送溫暖，培養大學生承擔社會責任的信念。營造敬老愛老的良好風尚，讓大家在踐行公益過程中體驗到快樂，同時也呼籲更多愛心人士加入到關愛老年人行列中來，使老者安之。組織學生暑假到貴州支教，通過主講《弟子規》為山區小朋友們帶來國風的風采。發揚志願者精神，盡心呵護小孩，給小孩子灑下以《弟子規》為行為指導，長大後為他人服務的種子。

四、社會企事業單位的講座

社會團體方面，主要以講座培訓為主。XR組織接受各個企業、事業單位的邀請，選派老師進行講座培訓。據筆者統計，XR組織2016年3月至2017年6月對外接受各類企業事業單位邀請，舉行的講座活動84場（見附錄2）。

一個比較成功的典型是圓菊居士的單位——一個女子戒毒所。圓菊居士是該單位的大隊長，負責對這些女子的行為進行再教育工作。圓菊居士自己參加了廣州菩提學會學習，並且參加了弟子規講師培訓，後來拿了XR組織的《弟子規》專題課件，去自己單位試講。據圓菊居士回饋，效果非常好：

「以前我們所的再教育好難做，很多人都把我們這裡當做了娘家，管教期滿後，送走了，常常會回來，以至於我們有時候都開玩笑說，東西不用收拾，反正過一陣也會再回來的。因為我們的管教是剛性的，缺乏效果。但這次我用弟子規的《孝》專題去講，講得學員們都流淚了，好多人給我寫感想。都說自己一定要好好做人，報答父母的養育之恩。」[17]

後來圓泓多次讓其分享教學效果。圓菊居士的嘗試也得到單位領導的表揚，其個人也被評為再教育工程標兵，還有同事也向其學習，來XR組織參加培訓活動。圓泓推薦圓菊居士申報了孵化器項目，結果獲批組建女子改教所孵化器，圓菊居士為項目負責人，努力向全國推廣。

另外一個案例是圓敘居士自己的單位以及其所在的行業協會，在圓敘居士的牽線搭橋下，發展成為廣州XR組織社會團體項目典型之一。除了在圓敘居士自己單位開展了多場講座外，還有圓敘居士的行業協會年會，以及該協會相關的一些企業均邀請XR組織國學老師去開講座（如圖19所示）。

圖19　義工老師在某銷售會議上講《國學與養生》[18]

【17】講述者：圓菊居士，1975年生，女，本科文化，廣州某女子戒毒所大隊長，2014級入行論班共修學員；講述地點：廣州黄花崗某共修道場內，時間：2017年3月27日。

【18】筆者攝於2016年6月18日。

長沙、貴陽、中山、珠海等地XR組織也先後邀請廣州XR組織過去開展了各類系列講座活動。如貴陽XR組織2016年7月14日邀請廣州XR組織老師主講《愛情與婚姻及孕育希望的理念》和《一念之差》課程；2016年8月12日面向貴陽某戒毒所主講《弟子規-孝》、面向明徹助學教育培訓機構主講《傳統文化與兒童教育》、面向六盤水雨花齋主講《當下的領導與管理》等課程。2016年11月3日-6日連續四天（如圖20所示），廣州XR組織接受長沙XR組織的邀請，分別在某建築設計長沙分公司、（株洲市）湖南某專科學校、長沙某大學、長沙市某醫院、湖南水院、[19]中加集團、長沙某教育集團、長沙財經學校等單位開展各類講座，累積受眾上千人。

圖20　XR組織老師在長沙某大學舉辦《就業與人生》講座[20]

【19】全稱湖南水利水電技術學院。

【20】照片由圓芳居士提供，在此表示感謝。

五、社區老人

這方面的主要工作是典型社區的創建方面。本書以去年XR組織和F社區和B社區的合作為例進行介紹。

F社區家庭綜合服務中心的長者服務部部長是黃女士，她是2014級加行班的學員，和圓果居士是同班道友。XR組織剛剛成立，各個事業部都要去拓展自己的項目，所以圓果居士就和黃女士進行了溝通。既然是學會的居士，自然很好說話，隨後就安排筆者去和他們的社區負責人林主任見面接洽。通過第一次接洽，雙方達成一些合作意向，比如XR組織可以招募書法老師、葫蘆絲老師開課等等。不過，F社區的林主任很在意XR的組織性質，有沒有在相關部門進行註冊，希望有個註冊身份，這樣的合作就會更加的方便，她也需要向她的上級彙報工作。圓泓居士認為書法、葫蘆絲等課程都不是我們XR組織的主要課程，XR組織是要上升到道的層次的課程。但工作剛剛啟動，這只能算是善巧方便。

通過道友關係，分別找到了王居士和葉居士，兩人擅長不同的書體。王居士的愛人就是孕育希望事業部的居士，孕育希望事業部當時還專門為他一家人組織了王居士女兒悠悠100天的慶生活動。據說悠悠出生，得益與孕育希望事業部的孕媽共修活動的功德。所以悠悠一家人對學會很感激。自然，找他出來做書法義工老師比較順利。葉居士也是圓果居士所在加行班的學員。另外，筆者以XR組織的名義發佈了書法義工老師招募公告，委託XR組織微信群裡的居士轉發出去，又找到了3位書法老師，包括兩位大學生。F社區的黃主任認為年輕學生恐怕駕馭不了長者，所以就安排王居士和葉居士去上課。

圖21　XR組織義工在教某社區阿姨吹葫蘆絲[21]

隨後，F社區那邊又提出招募葫蘆絲義工老師，XR組織通過合作的高校社團發佈了招募公告，很快就找到兩名葫蘆絲義工老師。兩名義工老師都是大三學生。這次的授課對象主要是一些精神上有輕度問題的大媽，葫蘆絲課程主要是有助於他們恢復健康的課程，他們有專門的社工助理老師。四月底，葫蘆絲課程正式開課（如圖21所示），時間設在每週四的下午。考慮到兩位義工都是學生，所以筆者和兼管XR組織財務的圓果居士溝通，決定給兩位學生老師報銷往返路費和餐費。

有了前面這樣的工作鋪墊，大家預想後期的工作自然變得容易開展。七月中旬，F社區書法課和葫蘆絲課程告一段落，接下來得到了F社區主任的支持，XR組織準備在八月為F社區開設一個弟子規課程，對社區的青少年進行傳統文化教育。

另外一個典型的合作社區是B社區某社工機構。該機構負責B社區的公益服務。在共修班的一位居士的牽線搭橋下和該社工機構進行了洽談。洽談比較成功，雙方均希望能夠進行更廣範圍的合作。隨後圓泓居士讓筆者擔任B社區項目聯絡的負責人。

【21】圖片由葫蘆絲義工黃老師提供，在此表示感謝。

截止目前，開展的合作包括以下五項工作：

2016年4月13日，在B社區日托中心社工的帶領下，XR組織代表參與了社區長者的走訪工作，通過走訪，初步瞭解了土華社區基本情況，之後和該中心負責人ANN姐進行討論，計畫從梁氏祠堂入手開展以後的工作。最後達成兩點工作路線：一是借助梁氏祠堂這個公共平臺，策劃些可能吸引社區居民參與的活動，之後對這些人進行需求調查（問卷需要XR組織協助做，需求調查中可以涉及弟子規課程的需求調查），再引入XR組織的課程；二是ANN姐希望我們能夠提供些人力支持，她想把老人吸引到日托中心來，可以配車，XR組織可否找些志願者，然後和老人進行聊天，通過口述的方式，聊出這些老人的故事，據此製作老人的個人簡傳。另外XR組織將協助招募志願者支持其老人時光計畫。經過討論，和各方協調，老人時光計畫交給了中大青協愛老敬老部負責。

2016年5月23日，B社區服務機構在大元帥府開展社區公益宣傳活動，同時和XR組織合作宣傳弟子規班招生工作。但最後招生效果不是很理想，無法開班。前段時間，作為補充措施，該機構主動和J小學溝通，嘗試借助學校平臺引入我們XR組織的弟子規課程。XR組織這邊由思思老師做代表過去和學校主管的副校長商討上課的安排。XR組織希望上課時間最好是在週末（因為XR組織的義工老師都是有工作的，只能用週末來做公益活動），但學校方則認為週末很難另外加課。學校的孩子都在週末報了各種輔導班的，他們自己搞活動都很難。最後決定可以借助家長會的時候，XR組織老師過去開展一些講座。

2016年7月22日，在華洲街社區衛生服務中心，XR組織圓暉居士以《0-6歲兒童的健康與保健知識》為題為來服務中心打疫苗的母親和孩子們開了一場講座。圓暉居士還邀請了一位醫生，在現場找小朋友進行了模擬。講解內容很實用，所以媽媽們的參與熱情較高。

2016年9月20日，在華洲街社區衛生服務中心，XR組織圓任居士以《教子之道》為題為來服務中心打疫苗的年輕媽媽們，舉辦講座活動。聽眾15人左右。圓任居士就中西方傳統教育進行了對比，之後從子女行為的模仿性強調了父母言行的重要性，部分聽眾深受感動。

2016年10月24日，為配合B社區服務中心籌辦社區大學的方案，XR組織招募到兩名書法老師。隨後通過接洽，決定開展公益書法課程培訓活動。24日，筆者代表XR組織帶領書法老師過去和社區服務中心商討課程具體開展的事宜。最後暫定課程總共一個季度，每週日開課一次。

第三節　佛化國學市場運作的資源長尾機制

XR組織之所以能夠快速發展，一方面基於上述細分市場滿足了多種小眾群體需求，另一方面則依靠信徒網路的支持下形成了跨區域的課程資源、師資力量、市場需求和項目孵化四個方面的資源長尾機制。正是借助上述多種資源長尾機制，充分顯示了XR組織對各類細小市場的開發整合能力，如此多地域、多主題、多種社會團體、小規模的講座活動使得XR組織獲得快速發展，號稱「第二菩提道場」[22]。本節以廣州XR組織[23]為例來說明上述基於信徒關係網絡彙集而成的資源長尾機制。

一、共享課程資源的長尾

課程資源共享機制包括課程研發、課程資源引入和素材三個方

【22】來自XR組織負責人圓泓居士的說法。

【23】限於數據資料的可得性，本書使用的資料具有局限性，比如有些資料不是非常完備，只是截取了某一個時間段、某一項目的活動資料。不過，足以說明長尾機制的運作情況。

面。XR組織的發心義工老師中，絕大部分均受過高等教育，還有不少來自高校的老師，也有各行各業的精英，他們大都能熟練使用電腦，諸如各類新媒體資源，如PPT、H5等等的製作，課程錄製開發方面更是擅長。廣州XR組織專門成立了課程研發部，組織優勢師資力量開發了大量的課程，比如《臨終助念實務》、《網路助念》、《禮儀》等等。各地XR組織均根據自身項目活動需要研發新的課程。如此一來，產生了多主題的課程體系。不同的課程滿足不同的受眾偏好，每一個課程形成了更為細化的課程體系。比如養生保健方面，產生了兒童課程、孕婦課程、中年人課程和老年人課程。臨終助念課程則細化為實地助念和網路助念系列課程。《人生各個階段成長的特點》則分為0-3歲、4-7歲、8-14歲、15-25歲、26-32歲、33-35歲等各個階段的課程。作為一個全國性的團體，各地XR組織充分發揮資源共享的優勢，相互借鑒，課程資源互補。比如社區老年項目中，需要老年養生方面的課程，廣州XR組織缺乏這方面的課程資源。經過圓泓居士和總部溝通，發現北京XR組織有這方面的成熟課程。這套課程很快就引入廣州XR組織，並投入使用，廣州XR組織的課程體系逐步走向完善，越來越多樣化。同樣，北京XR組織缺乏助念方面的課程，廣州助念課程資源相對豐富，廣州XR組織派出兩位資深講師協助北京培訓臨終助念技巧。廣州XR組織弟子規班講師培訓中，則主要依託了肇慶弟子規班的師資力量和課程資源。如此以來，各項課程資源都可以成為XR組織推廣的一個個著力點。XR組織的課程資源保持了一個不斷增長的趨勢。各地各類課程資源的細分化發展的彙集構成了課程資源方面的長尾效應。

素材積累方面，也有類似的長尾增長機制。比如「感人故事」演講比賽是一項選拔師資，並收集有教育意義的故事作為全國XR組織共享素材，建立課程資源共享資料庫。此外，還有上課小遊戲方面，XR組織也同樣嘗試建立課程資源共享資料庫。

二、師資力量的長尾

借助共修小組，廣州XR組織面向菩提學會內部招募XR組織預備講師，每年招募兩批進行培訓。目前已經成功的開展了三個批次的師資培訓，大大增強了師資力量。其他地區的XR組織也同樣開展了這樣的工作，通過彙集各地的優秀師資力量，組建成一支較為有實力的全國性師資隊伍。然後根據各地發展需要，抽調師資到各個地方發展團隊，繼續培訓師資，推動師資隊伍滾雪球式的發展。這就是師資力量的長尾效應機制。比如廣州XR組織師資力量相對充沛，開始向珠三角及周邊省分推廣。貴陽項目是廣州XR組織為了支持貴陽XR組織的發展，而由廣州XR組織負責人圓泓居士牽頭組建的項目。首先搞了一次給貴陽貧困家庭孩子捐款的活動；又搞了一次西部支教活動。西部支教活動，主要是由前文所述高校某社團承擔，通過該社團招募到了近20名大學生志願者，來XR組織進行《弟子規》教學培訓，之後去貴州開展了一個月的支教活動。最近派精英師資力量去貴陽某社區舉辦講座活動。中山項目是廣州XR組織和中山XR組織的合作項目，馬居士經常邀請廣州XR組織老師去中山開展講座。但實際上，基本上也就是一個指導過程。在中山XR組織創立初期，馬居士帶領中山團隊來廣州學習交流。筆者就參加過幾次這樣的學習交流活動。去年專門召開了珠三角XR組織經驗交流會。為發展長沙XR組織團隊，廣州XR組織給予了大力的支持。比如去年，廣州XR組織負責人圓泓居士帶領廣州XR組織骨幹師資去湖南XR組織連續舉辦了多場講座。最近，根據廣州XR組織協助各地XR組織發展的經驗，總部許老師希望廣州能夠派出居士指導珠海XR組織的組建工作。圓泓推薦了中山XR組織負責人馬居士擔任珠海XR組織的指導老師。馬居士決定從少兒弟子規班開始作為起步。隨後馬居士聯繫了廣州少兒事業部的負責人方方老師。方方老師讓筆者協助其製作珠海弟子規班的學生、老師的招募計劃書和公告。從招募計畫看，廣州、中山等地的發展模式起到了很好示範作用。隨著各地XR組織的創建，師資隊伍不斷的建設中，為XR組織的整體師資力量輸入的新的血液，涓涓細流彙集成為一股強大的洪流。此外，各地XR組織的創建也激發了市場需求的長尾效應。

三、需求市場的長尾

借助菩提學會廣泛的網路體系，通過各地菩提學會居士的牽線，XR組織的課程可以跨地域的開展，從而開拓出了跨地域的市場。據筆者統計（見附錄2），2016年3月-2017年8月廣州XR組織外出講座共計84場，受眾人數達到8272人。其中廣州市區的講座48場，珠三角講座26場，其中中山講座14場，佛山講座4場，東莞講座3場，珠海講座5場；外省講座20場，其中貴陽4場，六盤水1場，湖南長沙12場，株洲1場，北京2場；講座受眾人數絕大多數在50人以下，講座的單位類型也非常多樣化，有高校、技校、企業、戒毒所、培訓機構、素食館、幼稚園、會所、醫院以及各地的菩提學會及其下屬組織團體（如一程助念團）。

廣州XR組織的講座主題涉及到少兒教育、養生、臨終助念、愛情婚姻、企業管理、就業、成功、禮儀等多個方面的內容。之所以能夠形成如此眾多的講座主題，是因為XR組織在對外講座中，通常會結合對方的需要來研發課程。如果廣州XR組織沒有這樣的課程，可以通過XR組織總部聯絡，從各地XR組織引入相關課程。如此以來，在外出講座活動中，廣州XR組織的課程體系越來越豐富。除了那些最受歡迎的精品課程，非精品課程所形成的的市場尾巴效應同樣很可觀。據統計，2016年3月-17年8月廣州XR組織共84場外出講座活動中，臨終助念和弟子規各占24場和16場，「成功」主題的有12場，《孝》主題的有8場，管理類的有6場，人生哲學的有5場，養生的有3場，禮儀的也有3場。此外，還有很多主題講座場次在2場及以下。雖然前四類講座場次達60場，但場次較低的講座也有24場，占28.57%。

從講座規模來說，並非每一場講座的人數都很可觀，多的有上千人，少的只有幾個人，大多數講座參與人數均比較少。但由於其宗教使命感所驅動，無論人多人少都沒有影響XR義工講師的積極性。正是這種不計較人數講座活動的累積，才使得XR組織的各項活動持續進行。並且各類小眾講座累加在一起的長尾效應使得受眾總數依然較可觀。筆者統計了2016年3月到2017年8月廣州XR組織外出講座的受眾人數分佈情況。統計顯示：600人以上的有3場，200人以上的有19場，180人和100人以上的各有1場，50-80人的有19場，50人以下的有41場，其中20人以下的有11場。有些講座人數雖然較少，但考慮到其後期效益，也非常可觀，比如某資產公司的第一場講座只是針對該公司某部門進行的，參加人數只有7人。但講座效果得到肯定後，後續講座面向該公司全體員工，每場講座人數都在50人以上，這就是二次增長效應[24]。

四、項目孵化器

在這裡，我將重點介紹另外一種重要的動員策略，借助網路追求橫向發展。總部鼓勵各地項目創新，各地可以成立項目孵化組，積累和交流經驗，經總部評估後可以設立為孵化器。孵化器項目要求已經具備成熟條件，預期在一年內可以形成模式的項目。一旦成熟，可以設立事業部、組織團隊，全面推廣。所謂孵化器，就是根據事業部進行板塊分割，然後成立相應的負責人。比如廣州XR組織

【24】Erik Brynjolfsson; *Yu 'Jeffrey' Hu; Michael D. Smith.From Niches to Riches: Anatomy of the Long Tail.* MIT Sloan Management Review. 2006, 47(04).

很擅長做臨終助念，那麼全國甚至全球的臨終助念活動全部由廣州居士統籌，廣州XR組織將提供典型運作模式，協助各地組建臨終助念團隊。再比如長沙的居士很擅長學校項目開展，那麼就由其負責管理全國甚至全球的學校項目，提供成功模式，供各地相應事業部借鑒學習。

孵化器的申報流程是：目錄公佈：總部每年公佈兩次孵化組目錄，鼓勵有意樂的城市開展項目創新；孵化組成立：由各城市負責人確定，上報總部拓展部確認並備案；評估：每半年各孵化組提交一次總結報告，召開一次交流會。總部對各孵化組提出指導與建議。在各城市中選定孵化器召集人，組成團隊。孵化器成立：經總部評審，符合條件可以成立孵化器，成立後調集資源，每季度寫總結報告，開交流會，在一年內確保成熟。推廣：經過評審合格後，設立相應事業部，進行推廣。保留一年的調整期，移交管理部管理。

XR組織在對外開展項目中，較為注重典範模式的構建和孵化。截止目前，開發的典範模式單位有弟子規家長班、國學師資培訓班、素食館系列養生講座、養老院項目、某行業協會的系列講座、某戒毒所的系列講座、某高校學生社團系列講座活動、某社區綜合項目、長沙XR組織項目和中山XR組織項目等等。各個項目孵化中講座的場次，每一個典範模式均有系列的講座活動，隨著一個個典範的創立，講座場次的長尾效應得以顯現。

如上文所述，某行業協會為例，該項目的聯繫人圓敘居士，某公司老闆，兼某行業協會的會長，是筆者所參與的入行論共修班的學員，也擔任項目拓展部的部長。在圓敘居士的牽線下，目前已經開展了多次講座活動（如下表3所示）。前期的主要活動均以圓敘居士公司以及行業協會的會議為平臺，後期開始向加盟的各個公司推廣相關系列課程。

表3　某行業協會講課記錄[25]

時間	主題	受眾情況
2016.3.3	《老闆的經營思路》	在圓敘的組織下，圓成居士為行業協會的各位老總們進行了一場傳統文化講座，講座之後，各位老總反應很好。這是一個很好的緣起。
2016.3.26	《淺談人生意義——放鬆心情，帶上心來上一堂心靈瑜伽》	圓敘公司員工內部培訓，員工是20-50歲年齡段，80人左右，是做辦公行業的，代理銷售：影印機、印表機、電腦、紙張等產品，還有很多租賃業務、政府行業投標、售後的維修服務。這次講座的主題涉及疾病、痛苦、憂慮、無聊的人生，應該怎麼面對和避免。這是繼上次行業協會老總講座之後的後續跟進項目，可以長期做下去，圓敘居士公司員工內訓每月一次。
2016.5.28	《領導與管理》	今日（2016年9月23日）下午兩點半，受廣州XXX協會的邀請，廣州XR組織圓泓老師不辭辛勞，前往東莞為該協會企業家進行講座活動。參會人數40餘人。老師集傳統文化智慧與現代企業管理於一體，為企業老總們奉獻了一場精彩的講座。最後聽眾對XR組織產生了濃厚的興趣，老師向各位企業老總們推介了XR組織。
2016.9.23	《如何改變命運》	今日（2016年9月26日）中午，受廣州XXX公司的邀請，廣州XR組織圓泓老師不辭辛勞，再次前往該公司為員工進行講座活動。受眾30餘人。講座中，圓泓竭力以因果報應、輪迴之理喚醒夢中人。

類似的，圓菊居士所在的女子戒毒改教所也是一個典型的孵化器項目案例。從去年開始，圓菊居士引入XR組織《弟子規》的七個專題課程對改教人員進行了系列講座活動。活動效果比較理想，圓菊居士也得到了領導的表揚和鼓勵。今年圓菊居士在改教所申請成

【25】資料來源：根據XR組織外出講座記錄表選取。

立了一個傳統文化學習會，建立了正式的平臺，更為系統的引入XR組織課程，邀請XR組織可可老師開設系列的專題課程。截止目前，該項目已經成功舉辦講座24場次，逐漸走向常規化。以此為契機，總部設立了女子改教所孵化器項目，準備向全國各地推廣，比如貴陽的某農村女子改教所，中山某社區的未成年行為矯正項目等等。

1000場「愛情與婚姻」講座：發願場數（己完成場數，受眾人數）[26]

1.圓極 35場（14場，974人）
2.圓弘 12場（0）
3.圓琳 23場（4，約506人）
4.圓佳 12場（1）
5.圓寶 12場（1，60人）
6.圓威 6場（0）
7.圓潔 17場（6場，300人）
8.圓容 6場（3場，150人）
9.卓瑪 3場（2場，100人）
10.華生 1場（1，320人）
11.圓敏 3場（1 ，50人）
12.圓新 3場（1）
13.圓雄 10場（1）
14.圓英 3場（0）
15.圓東 12場（3）
16.圓昱 1場（0）
17.圓芬 1場（0）
18.圓霞 4場（0）
19.圓兵 6場（0）
20.圓菲 24場+6場（0）

【26】資料來源：總部義工阮居士所建的愛情與婚姻專題課程交流群。

21.圓芳 171場（171場，9221人）
22.圓穎 1（1，170人）
23.圓奎 6場（0）
24.圓虹 3（3，180人）
25.圓冰 3（2，245人）
26.圓霞 3（0）
27.圓會 2 （1，人數20）
28.圓芮 18場（4，222人）
29.圓啟 2（0）
30.梅老師 10場，1000人（1場，85人）
31.圓燕 3場（0）
32.圓平 1場（60）
33.圓飛 1場（15人）
34.圓中 5場（1）
大家儘量也寫上受益人數，謝謝！

自從XR組織建立各個事業部的孵化器項目以來，陸續發起了多個系列的千場講座活動。如上的微信群內「愛情與婚姻」講座接龍所示：這樣把各地的義工老師進行了串聯，相互競賽。值得注意的是，接龍是面向全國各地XR組織發起的，接龍人員來自各地的老師。其實這也是一種集聚全國資源的一種模式。鼓勵各地均派出多位代表老師主講XR組織的各類課程，進而聚沙成塔，形成規模效應。雖然各個地方的講座不多，但彙集全國的講座，這就變得很可觀。

本章小結

本章詳述了佛化國學市場的細分市場構成和市場運作的資源長尾效應。

第一節敘述了推動廣州XR組織快速發展的外部動力。田野調查發現，正是佛法共修班遭到各種打壓，尤其是嚴打的緊張形勢才推動了廣州菩提學會的負責人意識到發展佛化國學的現實意義。

第二節介紹了XR組織在佛化國學市場中開闢的各類細分市場。根據信眾的年齡階段。廣州XR組織的佛化國學市場包括嬰幼兒（含孕媽）、青少年、高校學生、社會企事業單位工作人員、社區老人等五個群體，分別開發不同的課程體系。

第三節分析了各類市場運作中的資源長尾效應。基於佛法共修活動中生成的跨區域信徒網路，XR組織在運作中，產生了課程資源、師資力量、受眾需求等等方面多條資源長尾效應，為各類細分市場的運作提供了重要的支持。

第六章
慈善和放生市場的資源動員機制

本章將分別就廣州菩提學會漢族居士參加的人間慈善和放生兩類慈善細分市場進行介紹，在此基礎上，借助長尾理論分析慈善和放生市場增長中的資源長尾機制。發菩提心，就是要踐行菩薩的六度萬行，從菩薩六度萬行來說，慈善屬於佈施度。根據佈施的內容，可分為：「一財施；二法施；三無畏施，謂救人之厄難也；四身體佈施。」[1]社會慈善行為通常屬於財佈施，放生則屬於無畏佈施。不同的菩薩行為方式有不同的功德，居士對不同積累功德的方式的信心也不同，這本身也可以看作不同的信仰偏好。佛教居士的慈善活動由此也可以看作是一個信仰小眾市場。從市場供需互動角度來說，慈善的各類細分市場同樣迎合了新型階層多樣化的信仰表達偏好，遵循了信仰市場規律。和其他道場增長機制類似，依託眾

【1】 此外，還有二分法，六分法，十分法。引自在線《佛學大辭典》，《佛學大辭典》是由近代無錫人丁福保先生轉譯日本真宗大穀派學僧織田得能著作《織田佛學大辭典》而成。https://foxue.supfree.net/lcd.asp?id=1344

多佛法共修小組生成的信徒網路，慈善和放生兩類市場資源動員中也產生了的各類資源長尾效應。

第一節　公益活動中的信仰需求偏好和細分市場的構成

CH宗教公益團體是主要為貧困大小學生、殘疾人、老年人及災民等社會弱勢群體提供一定的經濟物資和精神關懷的組織。但從參與者角度來說，這則是一種踐行佈施度的實踐形式，也就是其表達信仰偏好的一種社會形式。本節將對廣州CH宗教公益團體廣州分部的活動進行概況性介紹，以此分析這一宗教信仰偏好市場的構成情況。下一節將詳述其資源動員的長尾機制。

一、宗教慈善需求偏好市場

宗教慈善，和一般慈善行為不同之處，就在於參與者賦予了宗教意義，因此從信徒來說，宗教慈善也是信仰表達的一種社會形式。對於宗教供方來說，宗教慈善也是一片值得開拓的市場。宗教慈善活動則是典型的宗教產品形式之一。當然，並不是所有的宗教信徒都同樣熱衷於宗教慈善，尤其是那些追求解脫的居士會認為宗教慈善不追求根本的解脫、不究竟，充其量只是一種追求人天福報的行為罷了。比如在社區市場開拓中，XR組織的圓泓居士對待社區各類公益活動的態度：「那是在兜圈子，是器物層次，沒有上升到道的層次」，因此他對於宗教的慈善活動也缺乏熱情。反過來，熱愛宗教慈善的居士又會對那種熱衷聞思、專講佛教，嚮往西方極樂世界，不講現實生活的做法，同樣有異議。再說臨終助念活動，熱衷慈善的居士認為那是死人的服務，為什麼不能多對活著的人發菩提心呢？人間慈善這才是慈悲心的真實體現。還有一種區分，比如前面XR組織的活動，對參與者是有一定要求的，不僅僅是有熱情，還要有一定的素質才行，畢竟是弘揚傳統文化，不是所有人最終都能夠成為XR組織的課程講師。並且時間和精力的投入度高，比如一名弟子規老師，不僅僅要為每週的上課做準備，還要參與每週一次的培訓，然後還有自己平時的共修、研討班等課程，這樣下來，時間會佔用很多。但慈善就不同，活動就集中在幾天。

用斯達克的話來說，人們的信仰偏好或喜好不同，就有不同的細分市場。這一市場和其他宗教活動相比，其社會張力更低，因為宗教慈善是官方鼓勵的。合法性是信眾參與活動考慮的一個重要因素，尤其是對於那些中等收入階層的居士。和前述幾類活動組織平臺不同，以菩提學會為背景的慈善團體已經在民政部門合法註冊。從慈善產品類型看，還可以進一步對慈善市場進行細分，廣州菩提學會的慈善包括西部助學、孝親敬老、安寧陪護、救災慰問等細分的類型，其中西部助學又包含逐夢成長、大學生夏令營等各種亞類型。

當然，CH組織的運作主要得益於上師的弘法體系，主要參與者均是各地菩提學會的居士。這種依託在CH宗教公益團體的會歌、CH宗教公益團體日行一善的活動語、義賣活動捐贈名單、捐贈物品、活動的組織人員，義賣拍賣現場的義工等方面體現出來；徒步公益的義工以及活動參加者、參賽隊伍的名稱等等均有較為明顯的體現。但作為慈善團體，在管制背景下，也有意識的強調去宗教的問題。比如上師主動「撤退」，不繼續擔任該慈善團體名譽負責人、活動現場不得穿戴有宗教意味的衣服、首飾等等，還有修改稱謂，統一稱義工為某某老師。

二、CH宗教公益團體：信仰偏好的社會表達形式

2011年3月7日，CH公益基金會成立，註冊資金300萬元，是全

國性的慈善組織。[2]CH基金的組織結構有理事會、監事會、理事長和秘書長；下設項目管理部、志願者管理部、事業發展部、宣傳部、財務部和秘書處。總部在上海，目前在廣州、北京、昆明、成都、蘇州、哈爾濱等地先後建立了分部。其開展的主要項目包括春花秋實西部助學、孝親敬老、安寧陪護、大學生公益、情系困弱和急難救助。本書將主要結合廣州CH分部活動情況對各個項目（慈善信仰偏好市場）進行介紹。

「『春華秋實』西部助學是CH宗教公益團體成立之初便發起的重要公益項目之一。旨在幫助我國中西部貧困地區品學兼優、家境貧寒的高中（職）、大學生持續接受教育，順利完成學業。」[3]「同時，引導學生積極投入公益，回報社會。2014年，申請並通過審核受助的學生共計1190名」[4]，比2013年增加了503名；發放助學金447.1萬元，比上一年增加69%；2015年「春華秋實」西部助學資助名額1600名貧困生。2016年8月6日，經二十餘名工作人員及志願者的緊張工作，截止當晚8點半，現場放款工作結束，共確認資助新生313名，發放助學金1,307,400元，資助期限為2016年9月-2017年8月。

孝親敬老是CH宗教公益團體的常規項目之一，2017年7月，CH宗教公益團體各志願者服務團隊在13家敬老院開展了16場溫暖敬老活動。志工無所求的心態可以做到更輕鬆的陪伴，真正做到以老人為中心，尊重老人。7月，孝親敬老項目開展了三場結對志願者座談，聽取老人的生命故事。[5]

安寧陪護項目。死亡不可避免，誰都無法逃避，最大的需求是

【2】 名譽會長索達吉堪布。

【3】 參考CH宗教公益組織公眾號的介紹性文字改寫。

【4】 資料來源：CH公益基金微信公眾號發佈的相關公示資訊。

【5】 資料來源：CH公益基金微信公眾號。

安寧，尤其在人生最後時刻，沒有痛苦、沒有遺憾、有尊嚴的離開則尤為重要，這也是對生命最大的尊重。基於此，CH宗教公益基金會特設臨終關懷「安寧陪護」項目，通過醫生、護士、心理師、社工、義工等多方團隊合作，對臨終者提供愛心陪伴與靈性關懷，同時給予家屬精神支持與心靈慰藉。2017年7月20日，啟動安寧陪護第三期志願者招募活動。[6]

其他項目包括CH宗教公益團體醫療、大學生公益和情系困弱等。寶貝之家項目2015年志願者服務27場、124人次；肝膽相照-兒童肝移植專項基金救助了7個孩子，學生大病救助項目救助了1個孩子；大學生公益項目發起多彩課堂項目支持大學生捐助雲南小學投影儀；情系困弱項目為上羅科馬學校捐贈240萬元，用於學校後續的建設。[7]

三、基於信眾特徵的廣州CH宗教公益活動

根據田野調查資料，本書對廣州CH宗教公益團體孝敬老人、助學義賣、徒步公益和大學生夏令營等活動進行描述。正是從這些活動類型中，可以看到信眾特徵對於慈善具體內容的影響，這是不同於一般社會慈善的信仰偏好表達形式，從某種意義上反映了新型階層信眾的信仰表達形式。比如黃居士因為自身工作類型而參與CH組織活動並成為孝敬老人事業部負責人，義賣品捐贈活動則表達了這一群體崇尚節約的生活風格，徒步公益則迎合了中青年新型社會階層對健康的態度，而99公益日則是典型的網路時代的慈善動員模式等等。

（一）孝敬老人活動

【6】　資料來源：CH公益基金微信公眾號。

【7】　資料來源：CH公益基金微信公眾號。

蘇菲婆婆（黃居士）是2014級某加行班學員，這一名字體現了黃居士的工作性質。她是某社區家綜服務中心長者服務部的主任，廣州CH宗教公益團體的長者服務部的負責人，長期和老人打交道，所以叫蘇菲婆婆。她是一名老牌的社會工作者，已經有從業經驗18年了，非常善於整合各類資源。如本書第五章第二節所述，XR組織和F社區的合作項目，就經由她牽線的。F社區長者服務中心成為CH宗教公益團體老年項目實踐點，社區長者服務部也借助CH宗教公益團體的相關資源為本社區老人爭取更多的福利資源。

以元宵活動為例，那天筆者起了個大早，在路上，感受到涼涼的晨風，吹著面龐，感覺卻很清新。還是去年XR組織和F社區開展合作項目，去了幾次也沒有記住各個活動場地的分佈，所以這次到了F社區，沒找到地方。向一位打掃衛生的工作人員打聽後進去，發現是一個禮堂，蘇菲婆婆和幾位義工正在佈置場地，鍋碗瓢盆、線板和電磁爐等擺了一地。還有幾位年輕的義工在一個講桌後邊吃早餐，估計都是趕著過來的。我和蘇菲婆婆打了個招呼。

有義工在禮堂門口擺好簽到本子。大家開始穿上了深紅色的義工馬甲。穿上義工服裝，感覺自己很不一樣。真的，有一種內心的小小波動，我真的成為一員了，我在做慈善，我在做好事！根據昨天的分工，十多位義工開始包湯圓。有些義工還帶了自己的孩子來一起包湯圓。隨後F社區家政的工作人員也過來了，她們的著裝和CH組織義工不同，所以很好辨認。

上午9點整，蘇菲婆婆開始招呼老人們坐下來，觀眾坐前排，演員坐後排，CH宗教公益團體的義工坐在兩側。每位義工負責其中的三排，尤其是後邊的遊戲活動，傳遞麥克風比較方便。氣氛很活躍，我也感覺自己融入進去了。比如第一項活動，就是傳遞乒乓球，主持人給大家做示範，讓大家用預先準備好的紙張折疊成圓柱，上邊大，下邊小，然後傳遞乒乓球，每一排大概有6只球。哪一排最先傳遞完乒乓球，就算贏，然後第一名組長上臺講話。十點左右，湯圓煮熟了，CH組織義工們用餐盤端上來發給各位老人。大家邊吃湯圓邊看表演。還有一個清唱節目，是一位老奶奶自己作詞清唱，有時候難免忘了臺詞，她掏出來看看，惹得一陣陣歡笑。還有一個親子節目，一位CH公益組織的義工和其兩個小孩，一起唱《星星點燈》。小孩子們幫忙給老人頒發獎品，各個遊戲，比如猜謎語環節，猜對了，就給一條餐巾紙。那個肢體表演節目，很有意思，老人們的身體語言，引發笑聲陣陣，好多老人都排隊上去表演節目。

活動結束清場之後，義工留了下來，大家站成一個圈，分享自己的心得。大家都很滿意，認為F社區和CH提供給大家一起做好事的平臺。隨後全體義工一起合影留念。

（二）大型西部助學義賣活動

上次培訓會上，圓哲居士介紹CH宗教公益團體全年活動的時候，用了一個很通俗的說法，說CH組織活動可以分為兩大部分，前面是「賺錢」活動，後邊是「花錢」的活動。其中賺錢的活動主要包括西部助學大型義賣拍賣活動、徒步公益活動，花錢的活動主要包括大學生成長夏令營和西部助學放款活動。

西部助學大型義賣拍賣活動是一年中最為主要的捐款方式之一。發佈徵集義賣品公告，鼓動大家積極捐贈各類有價值的物品（要求價值一般都在1000元以上）。筆者當時擔任電話訪問員，根據去年的捐贈名單聯絡，問今年是否還願意參與活動。並登記捐贈品名稱、數量、單價以及配送方式等資訊。筆者聯絡了6位，發現一個最大的不同就是佛友好相處得多，非佛友比較冷漠，不太好打交道。差點顆粒無收，只有一名法名叫圓慧的居士願意繼續捐獻義賣品，還有3位說到時候再看，如果有了再主動聯繫CH組織。一位則直接說很忙，很快就掛了電話。還有一位說要和胡女士聯繫，很顯然，有些客商資源是無法轉手的，這是信任問題。

隨後，黃居士向志願者徵集推文。主要是談去年參加西部助學義賣拍賣活動的心得體會，以此擴大宣傳效果。看到沒人回應，筆者就回應了一下，想到圓慧居士比較好打交道，所以向她徵集了一篇推文。圓慧居士開始很推辭，說自己文筆不好，但筆者說這是要去帶動更多人利他，讓更多的人參與到上師的事業中來，她就答應了。後來筆者就收到了稿子，看得出圓慧居士還是費了心思的。

黃居士提前在群裡發起了義工招募通知。義工種類很多，包括會務、財務、銷售、拍賣舞臺和攝影等等。很想瞭解這次活動的財務情況，所以筆者報了財務。很快就接到參加週六或周日的培訓的通知，兩天任選一天即可，培訓現場，圓頌、聰哲等居士分別給大家講了CH公益團體的組織結構、志工的行為規範以及CH公益團體各個項目的開展情況。隨後是各個部門自己的碰頭會。財務組負責人陳居士把財務義工叫了過去，對財務的工作分工進行討論。那天去了四位居士，有兩位去年參加過的。據陳居士介紹，財務分兩塊，一塊是拍賣，一塊是義賣。拍賣成立拍賣財務小組，負責現場拍賣財務管理；義賣成立義賣財務小組，除了負責現場義賣外，還兼管小馬駒發放回收。準備安排筆者去負責收小馬駒，小馬駒是讓捐款人帶回家的儲錢罐，就是一隻小馬形的，捐贈人做一個登記，時不時的往罐子裡放錢，一年後帶回來。

陳居士把大家拉入了一個微信群，對具體的分工進行了安排，根據分工，我看到共修班的助理輔導員圓果居士擔任了拍賣組財務的組長，旁聽學員劉居士也參加了。並且陳居士還特別再次強調了CH宗教公益團體各項活動的注意事項。比如不得穿戴有宗教含義的配飾，儘量穿白色體恤和黑色長褲、能夠護腳的鞋。志工之間相互稱呼老師，不要叫「師兄」或「居士」。隨後開始徵集財務組物品，比如電腦和計算器。在群裡讓大家接龍報名。

2017年4月23日當天早上，說是八點集合，我七點半就到了XXX路希爾頓大酒店。走到電梯，發現有好幾位志工也要上樓。這時候，從身後趕過來一位居士，感覺眼熟。這樣一起上了四樓，我試探著問他，是否是「吃豆的獅子」[8]居士，他太太在中大幼稚園工作，家住在中大，他自已做電腦銷售方面的工作，以前極樂法會的時候，在中大共修場地認識的他。果然是他，原來他負責廣州CH宗教公益團體財務。

義工先去簽到，領取CH宗教公益團體統一配發的馬甲。根據實到義工情況，組長陳居士進行現場分工，筆者作為機動人員。讓筆者負責協助購買義賣品的顧客使用支付寶付款，特別強調要有備註「廣州」的字樣。因為錢是匯到上海總部的，所以需要區分出來。還有一條是說3000元以下的都不限定捐款內容，只有3000元以上的才可以限定性捐款（如西部助學專項款）。好幾個支付平臺的義工均是學會的居士，還有好幾個就是圓明居士（已擔任2016級某基礎班輔導員）班上的學員，時不時的有人跑過去和圓明居士拍合影照。她們也抽空去義賣區，去購買上師加持品。大概十一點多，拍賣活動也開始了，很多大件的物品開始拍賣，有主持人，還有禮儀小姐端上拍賣品，有專人攝像、拍照。

下午，義賣財務組的組長看筆者有帶電腦，讓筆者幫忙錄入數據。把所有義賣的詳單分為三類（現金、支付寶、POS機）錄入事先製作好的表格，之後和陳居士核對總額。據統計，當天義賣區收入3萬多，拍賣收入50多萬元。[9]

【8】 微信群中的暱稱。

【9】 資料來源：根據當天義賣各項收入匯總報表計算得出。

（三）徒步公益活動

2017年4月26日，黃居士在CH宗教公益團體群裡發起了徒步公益活動推文。這是廣州CH宗教公益團體的又一個重要的捐款項目。看到CH宗教公益團體的義工發起了招募鏈接。角色分為徒步小組和志願者。徒步小組自願組隊（4人一隊），每位參加者需要捐款100元，每一支小隊組隊成功後發起一個自己隊伍的捐款項目，憑藉自己隊伍的人氣來募捐籌款。

打開微信，每天清晨就會看到專門的宣傳員發起的慈善動員語。接下來就發佈各類招募或募捐鏈接。根據組建的徒步團隊分別募捐，這些團隊名稱有：同願同行隊專屬捐款；禾洋圓亮隊專屬捐款；潯策之愛隊專屬捐款；慈心慧影隊專屬捐款；CH宗教公益團體小馬駒隊專屬捐款；CH宗教公益團體圓滿隊專屬捐款；慈愛同行隊專屬捐款；與良善者同行專屬捐款；福慧圓滿隊專屬捐款、愛普行隊專屬捐款；金剛隊專屬捐款；三妹公益隊專屬捐款；叮噹貓隊……[10]。從這些小隊名字看，多半要麼借用了CH宗教公益團體的名字，要麼借用了佛教慈悲精神，福慧雙修的理念。還有些比較活潑可愛的名字，比較撩人。

接下來的一段語言和圖片（略），特別強調了自己的合法身份屬性：「關於『慈者愛·慧者行』：由愛德基金會冠名主辦、CH宗教公益團體公益基金會協辦的大型城市公益徒步活動。旨在搭建公益平臺，傳播公益文化，推動公益事業發展。『慈者愛·慧者行』徒步公益活動將在上海、北京、杭州、廣州、成都、武漢、無錫、湛江等城市舉行。參與者需4人組成一個團隊，攜手完成一定公里數的徒步挑

【10】資料來源：筆者根據CH宗教公益基金微信群消息匯總統計得出。

戰。」[11]最後是一個報名鏈接和二維碼。有些小隊別出心裁，依靠自己的人氣發起了動員募捐。還時時在群裡報告目前已經收到的捐款金額。

志願者主要負責物資管理、醫療協助和禮儀。筆者在一個捐款鏈接上捐了50元隨後報名為志願者。隨後黃居士就把筆者拉入了一個服務組小群。進入徒步服務組後自己選擇服務的內容，並隨後更改群名片。筆者選擇了補給組，負責搬運物資。黃居士通知筆者填寫了另外一個鏈接，包括志願者個人的姓名、身份證，手機號以及去場地方式、是否需要CH宗教公益團體馬甲等等問題。身份證號是為了給大家買保險。再接下來，組長發了一個詳細的分工表。內容包括出發時間、集合地點、目的地、獎品類目、禮儀組分工及彩排等等。

根據出發時間安排，2017年4月28日早上6點半在中山紀念堂集合。怕早上太趕，所以筆者加入了先行小組，4月27日就過去。大概下午四點到了增城活動場地。場地在增江邊，對面就是增江畫廊。發現好幾位居士已經早就到了，協助做了一些事情。聽馮居士說，明天停水，要義工去打水。下午活不多，主要就是一些物資的分配，包括醫藥、獎品、飲料、洗髮水等等物品，按照四個補給站點分成四堆，為明天裝車做好準備。下午六點，義工們把各方面的工作也做得差不多了。第二天早上七點，筆者徒步到了增江賽場，一起搭帳篷搬東西。由於不少人沒有到，而且男義工數量較少，所以筆者除了做自己的工作外，也兼做其他事情。

九點左右，隊員們陸續到來了，很多隊伍是全家人一起參與的，他們開始準備，小朋友趴在地上畫隊旗彩圖。主持人開始召集

【11】資料來源：廣州CH宗教慈善公益基金微信群。

大家，補給組開始準備相應的物品（麵包、礦泉水、粽子等），專車運送到四個補給站。組長找義工一起寫獎狀。到十二點半，第一支隊伍返回，叫「愛心接力隊」。簽章後，發獎章和獎狀。隨著其他隊伍陸續返回，義工有點快忙不過來了，組長安排了好幾個義工過來幫忙。有專門的攝影小隊負責攝影，還有醫療小組騎車沿途進行救護。

領了獎狀之後，領取粽子、飲料，還可以去舞臺領取太陽傘一把。在頒發獎狀、核對隊伍名稱的過程，筆者發現了好多有意思的細節，比如佛子行1-7組，福慧圓滿XXX組，等等幾乎全都是信仰小組，還有以自己共修小組命名的，比如靜雅集、天源三組。還看到了好些熟識的居士，比如入行共修的許居士、圓華、傅居士、圓成居士、吳居士和梁居士等等。接下來主持人開始召集返回的隊伍上去抽獎，隨機抽了三組號碼，志願者也有抽獎券。活動大概在一點左右結束，開始收拾現場，集體乘車返回廣州市。

（四）大學生夏令營活動

大學生夏令營活動最開始是西部助學的一個子項目。如第五章第二節所述，CH公益團體考慮到學生的成長不僅僅依賴於經濟物質方面的支持，還有心靈的成長。所以CH宗教公益團體隨後開始發起了大學生夏令營活動。分別在廣州、上海、北京、杭州、成都、昆明和哈爾濱等各地都開展了夏令營活動。有別於西部助學項目的是，大學生夏令營活動的主要目的是陪伴成長，打造有CH公益團體特色助學品牌。

以廣州為例，捐款活動之後，6月開始，就開始籌備各個地方的夏令營培訓活動。招募的義工包括：輔導員、學生組、宣傳組、場地組和物資運輸組。然後由上海總部統一安排培訓。筆者去年報名了學生組，今年受到黃居士的邀請，報名輔導員。學生組負責聯絡報名學生。從學生院校分佈看，主要有廣東工業大學、廣州第二師範學院、廣東金融學院和白雲學院等。筆者負責聯絡的是廣州第二師範學院的學生。聯絡學生的主要方式是找學校的助學管理辦公室，他們很歡迎社會慈善在助學中的參與，所以開展工作比較順利。前幾天通過YY，筆者參加了培訓活動。主要介紹了項目情況、輔導員素質要求和基本職責，還有具體的操作流程。行為方式都是標準化的。從成長營課程表（見附錄3）看，夏令營活動的課程內容主要是結合學生的實際情況來設置的。都是很實用的課程，而不是講解那種大道理的課程。正如一位負責人給筆者說，要關注學生當下的基本焦慮。原本計畫引入XR組織的一些課程，但後來總部審核沒有通過。

第二節　一種長尾式慈善資源動員機制

本節將借助信徒網路和長尾理論分析各類渠道捐款構成的長尾效應機制。研究發現，慈善項目、微慈善配捐、義賣、愛心小馬駒和徒步公益等捐款形式均嵌入於一定的信徒網路中而生成慈善資源的長尾效應。

一、慈善項目

如上文所述，CH宗教團體公益組織包括春花秋實、孝親敬老、情系困弱、CH宗教公益團體醫療、急難救助、安寧陪護等多個細分的公益項目。統計顯示，除了情系困弱等少部分項目外，大部分項目均有較為明顯的長尾效應。例如春華秋實項目歷年捐款中，2011-2016年，10000元以下捐款人數分別為306人、3288人、5738人、6254人、7428人、31535人，占捐款總人數的比例分別為96.23%、

98.50%、98.86%、98.23%、97.93%、99.42%；10000元以下捐款占總額比例分別為63.14%、50.95%、64.62%、57.84%、48.84%、39.86%。孝親敬老項目中，2012-2016年間，1000元以下343人、776人、601人、692人、6603人，占總人數的比例分別為88.86%、96.96%、93.91%、94.15%、98.94%；1000元以下捐款占捐款總額的比例分別為：18.31%、64.63%、33.32%、31.10%、62.48%。急難救助項目中，2014-2016三年間1000元以下捐款人數分佈為987人、114人、2614人，占總人數比例分別為87.50%、95.00%、98.27%，1000元以下捐款占捐款總額的比例分別為29.29%、29.26%、62.24%。安寧陪護項目中，2015、2016兩年中，1000元以下捐款人數分佈為3298人、864人，占總人數比例分佈為98.39%、99.20%；1000元以下捐款占捐款總額的比例分別為70.94%、41.91%。[12]

二、微慈善：配捐

這是一項新形式的線上捐款活動。由騰訊公司提供的公益捐款平臺。設定9月9日為公益日，於每年9月9日前後開展配捐活動。所謂配捐，是指將個人捐款和公司捐款進行搭配，這樣就能帶起更好的聯動效應。騰訊公司設立了公益基金，每次個人捐款，就能獲得不等額的基金配額捐款。這似乎有一種賺手氣的心理，參加配捐的個人期待自己的捐款能夠得到更多的配捐金額，愛心得到放大。如圓德先生捐款了68元，獲得了騰訊公益基金配捐151元，愛心放大了3.2倍。捐款越多，獲得的配捐金額就越大。所以很多共修小組共同捐款，比如圓瑞居士所在共修班級共捐款350元，獲得騰訊公益基金配捐738.93元。這次捐款項目是CH公益團體和北京青年基金會合作

【12】數據來源：CH宗教慈善公益基金微信公眾號。

的，捐款用於川西孩子助學行動。

到了9月8日下午五點，廣州菩提小組參加捐款人數達到1215人，一起捐款總額達到36,123.26元。CH宗教公益團體同時在幾個主要城市（如北京、上海、廣州、成都、杭州等）發起的捐款活動，總共參加人數達到12571人，總額度達到1,216,616.49元。最後到9月9日活動結束，廣州地區1909人參與愛心捐款，捐款44,569.69元，全國各地捐款合計180餘萬元，2.2萬人參加捐款。[13]

廣州1909人的捐款構成情況顯示，捐款者大部分都是法名，並且大量的法名均是以「圓」字開頭或具有典型的藏文法名，表明這次捐款活動的主要參與者均是上師的弟子，菩提學會的居士。如「圓具」、「圓顏」、「圓空」、「圓霞」、「圓勝」、「香巴卓瑪」、「慈誠班瑪」、「問佛」、「緣分」、「無常」、「淨香」、「多傑扎西」、「清靜妙法」、「善妙」等等。此外，也有不少用真名或網名的捐款者，還有一些非菩提學會的市民參與捐款。這表明捐款除了菩提學會內部，還借助佛友個人網路在不信佛的朋友圈子或者親人圈子中延伸。

從捐款金額來看，絕大多數捐款金額較低，但匯溪成流，總金額也變得可觀。統計顯示，廣州菩提學會捐款金額2000元的有1人，999元的有4人，636元的有1人，500元的有8人，100元及以上的合計為118人，100元以下的合計為1751人。總捐款金額為43,604.68元。其中捐款金額100元以下合計21,104.78元，其比例為48.4%。這又是一個典型的長尾式慈善捐款的例證。[14]

【13】數據來源：筆者微信朋友圈看到居士分享的捐款H5。

【14】數據來源：筆者微信朋友圈看到居士分享的捐款H5。

三、「佛友交易俱樂部」[15]

義賣是一年中最為主要的捐款方式之一。筆者統計了CH公益團體義賣活動捐贈義賣品價值分佈情況。統計顯示，義賣品捐贈分佈和義賣品購買等消費活動均呈現長尾效應。義賣品數量合計為1728件，總價值為160,951.80元。單價在1000元以上的有13件，總額22,860元；單價在500-1000元的有17件，價值總額10,660元，兩者合計占33,520元。而單價在500元以下的占1698件，占全部義賣品數量的98.26%，價值總額為128,431.8元，占全部義賣品價值總額的79.17%。[16]統計2017年4月23日CH宗教公益團體義賣活動（含網路銷售和現場實地銷售）銷售額明細發現，購買者數量為470人，義賣銷售總額為78,691.5元。只有16人購物開銷在1000元以上，22人消費在500-1000元之間，兩者合計金額為36,458元，另外42,233.5元收入則來自432人的小額消費。[17]

四、愛心小馬駒

這是針對小孩的一項慈善活動，也算是對慈善市場的一個年齡細分，也就是一個細分市場的開發。這樣的活動很受家長們歡迎，因為這不僅有助於培養孩子的節儉品德，還有助於培養孩子的愛心與奉獻精神。這種長尾一方面是時間長尾，雖然領養者每次只是往小馬駒投少量的硬幣，但時間的積累下，最後總額也比較可觀，甚至有些送小馬駒回來的媽媽都會驚訝自己和小孩領養的小馬駒裡面

【15】考慮到這次義賣活動的主要參與者絕大部分都是來自菩提學會的居士，所以稱其為「佛友交易俱樂部」似乎更形象。當筆者把這個說給義賣現場負責人聽時，他會心的微笑。

【16】資料來源：根據2016年義賣品資訊表計算得出。

【17】資料來源：根據當天義賣現場財物統計報表計算得出。

攢有這麼多錢。另外一個長尾，就是數量的長尾，每次活動都會有人登記領養小馬駒，每次領養數量不多，少的幾個，多的十多個，但一年若干次活動下來，其數量就很可觀。在活動現場，我和另外一位居士負責清點小馬駒，結果發現全都是一元、五毛的硬幣，最後算下來，近百個小馬駒，合計4萬多元，這幾乎相當於當天義賣收入的三分之二。[18]

五、徒步公益捐款

在越來越追求健康、樂活生活的今天，徒步和公益的組合迎合了不少市民的熱心。這也是一個慈善信仰偏好市場，即根據興趣來進行區分的一種信仰偏好市場。筆者統計徒步公益捐款情況發現：捐款分為個人和團體捐款。雖然單個人或單支隊伍捐款不多，但彙集起來，依然相當可觀。從各個參賽隊捐款情況構成看，捐款金額1000元及以上的只有1支隊伍，5000-9999元的有2支隊伍，3000-4999元的有5支隊伍，1000-2999元的有9支隊伍，還有81支隊伍收到的捐款金額在999元以下。從捐款鏈接的下方可以看到各位捐款人的資訊，包括昵稱或名字，捐款金額和留言。個人捐款統計發現，捐款金額偏低，絕大多數捐款金額都在50元以下。從個人捐款構成看，1000元以上的有5人，501-1000員的有13人，301-500元的有26人，101-300元的42人，絕大多數捐款金額在100元及以下，有573人。從捐款姓名看，捐款金額最多的是活動的幾位發起人，捐款次數方面也有同樣的顯示，活動發起者捐款次數最多，尤其是侯居士每天都帶頭捐款。[19]

【18】資料來源：每年義賣活動那一天，也是回收小馬駒的時間，筆者根據當天的財物統計資訊計算得出。

【19】資料來源：根據朋友圈佛友分享的捐款招募鏈接中資訊計算得出。這些

第三節　放生細分市場的運作的長尾機制

如上文所述，從廣義的宗教慈善來說，根據發慈悲心[20]的類型，可以分為對世間人和其他眾生[21]的慈善活動。放生就是對其他眾生的慈善行為，本節將對作為信仰偏好市場的放生、放生過程和長尾資源動員機制進行論述。

一、放生中的信仰偏好

放生是什麼？有何功德？希阿榮博堪布[22]認為，「放生一是對有情的無畏佈施，使他們脫離暫時的死亡恐懼與痛苦；二是對有情的法佈施，通過行持佛教的放生儀軌使他們種下了解脫的種子；三是培養佛子的菩提心，讓自他迅速解脫；四是昭續佛法，使更多的有情不斷的與佛法結緣，放生也是善知識長久住世的殊勝緣起。慈悲心擴展到其他眾生，就是放生活動。放生是遣除違緣、積累福報的有效方法，不但利益了被解救的眾生，也能增加自己現世的福報，獲得健康長壽的善果，還是下一世往生極樂世界的修行捷徑和最好的法門之一。」[23]

為什麼有些人喜歡放生，而不喜歡把時間和金錢投放到人間的事情呢？有居士這樣解釋：

招募鏈接比較透明，從中可以看到詳細的捐款資訊，如捐款人，捐款金額。

【20】慈悲心也是菩提心的內涵之一。

【21】在佛教世級觀中，有六道輪迴的說法，即將所有的生命分為六類基本形式，包括六道：一、天道，二、阿修羅道，三、人道，四、畜生道，五、餓鬼道，六、地獄道。各類生命形式因為自身業力不同或者出離輪迴，或者繼續在六道中輪迴轉換。相對於人道，其他道則成為其他眾生。

【22】又一位來內地弘法的當代藏傳佛教堪布。

【23】這段文字引自廣州菩提學會放生組織的微信公眾號資訊。

「因為給人做十件事情，做好了九件，有一件沒有做好，別人就會記住那一件沒做好的事情，不會記住做好了九件。所以，做人間事情太複雜，而眾生就不同，沒有那麼複雜。同樣是積累功德，積累福報資糧，放生更好。」[24]

雖然放生也出現了各種問題，比如廣東某地放生蛇的行為，還有生態環境破壞等等的報導。但相對於其他宗教修行活動，人們一般很容易把放生和環保聯想到一起，相對比較容易得到社會民眾的認可。對於參與者而言，放生活動也是一項政治風險較低的、積累福報的宗教修行方式。所以放生也成為眾多居士比較熱衷的活動。楊德睿在〈放生：在市場和公園間上演的佛法〉一文中提出了兩種解釋放生偏好的方式：一則是放生儀軌相對簡單易學；二則放生是在家信徒積累功德方式中最經濟、最可信的一種方式，這符合中國人信仰中感應心理。[25]如此一來，和人間慈善活動相比，放生又可以看作某種宗教信仰偏好，因此也是一個細分的宗教市場。

二、放生概況

與本地寺院放生形成對照的是，廣州菩提學會舉行了百日放生活動。連續100天左右，每日都有放生活動。平均下來，雖然每日的放生不是很多，但百日放生總體規模很大。據統計，2016年百日放生總共有103個共修小組學員陸續參與，總共有8個放生群，合計人數達到1000餘人。根據筆者剛剛參加的放生年會得到的資訊，2015年百日放生從2014年9月28日開始，持續到2015年1月5日，共100天

【24】講述者：圓惜居士，女，1971年生，本科，廣州加行預科系學員，公司經理，講述地點：心家共修道場內，時間：2016年7月15日。

【25】楊德睿，傳承：認知與宗教人類學的探索，北京：商務印書館，2018：173-188。

整，共放生物命3,538,406位，總支出191,131.30元，平均每日放生物命35,384.06位，每日支出1,911.31元，全年放生（含非百日放生）物命4,083,686位，總支出403,217元。2016年百日放生從9月11日開始，持續到2017年1月3日，共115天，解救總物命945,732位，總支出382,851.5元，平均每日放生支出3,329.14元；全年放生物命2,703,850位，總支出851,388元。2017年上半年，截止到6月30日，累計放生2,509,668位生命，放生總計742,642.75元。[26]

各個菩提小組共修場地都有專員負責定期籌集放生款，既有各個小組的放生活動，也有每月一次的大組放生活動。放生的地點多半選擇在珠江江岸，後來為了防止被捕撈，放生團租船到江中放生。百日放生活動期間，每天由不同的居士負責帶隊。平日放生包括以下八個步驟：

（一）捐款

捐款包括現場隨喜、交給共修小組放生管理人員、打款到指定帳戶和微信群發紅包等多種方式。比如廣州某放生團，建立了統一的微信公眾號，提前發佈放生預告，另外建立了8個微信群，每個群150人左右。每個群設置群主一名，主要負責發佈放生預告，收大家的放生隨喜款。開始通過紅包的方式，但後來有人混入搶紅包，所以現在通過掃描二維碼捐款。

（二）選擇放生點

地點選擇要考慮避開漁人、利於放生物生存和交通條件。為了防止放生物種被打撈，放生地點一般都不固定。

（三）購買物命

放生負責人組織放生人員一起去水產品市場購買放生的物命。

【26】資料來源：2017年廣州菩提學會放生團年會上負責人總結報告。

上師開示指出，不能讓賣魚的知道大家買魚是為了放生，否則容易引發這些商販的貪心，他們會組織人手在放生後馬上打撈。

（四）運送放生物到預定地點

運送過程，也是不定期的承包一些車輛，防止被摸到規律。

（五）念誦放生儀軌

放生團有統一的儀軌樣板。放生也叫無畏佈施，即將眾生從屠刀下解救出來，免除其苦痛和恐懼。同時，佛教還通過念誦儀軌，並且會兌甘露丸於水中，這些儀軌據說是為了和眾生結法緣，這樣就是更為根本的利益眾生，助其走上解脫道路，早日離苦得樂。甚至當被問到：「如果放的生命因為不適應環境，很快就死去了，或者被人打撈了，那這樣的放生有意義嗎？」筆者得到的回答是：「因為不適應環境而死亡，或者被人打撈，那都是它的因緣，我們只是給了它一次解脫的機會。同時，最關鍵的是，通過念誦儀軌或者給甘露丸，已經為它種下了解脫的緣分，比起這一世的遭遇，解脫才更為根本。」[27]

（六）放生

據輔導員說，放生的時候，要注意選擇適合物種生存的地方，既不能給當地物種造成煩惱，也不能給要放生的物種造成麻煩，比如，選擇的地方不合適，放到經常容易被捕撈的地方，或者放生到容易被其他物種吃的地方。還有放生的時候，要輕拿輕放，不能直接往空中拋，搞成一個拋物線，那樣會讓眾生受到驚嚇，升起嗔恨心，要讓眾生歡喜的回歸自然。為了防止被打撈，放生居士們想各種辦法把放生的物命直接放到江中間位置。有幾位居士分享經驗

【27】講述者：圓華居士，男，1965年生，本科，廣州藏傳淨土預科系負責人，原聯通公司高管，講述地點：某寺院共修道場內，時間：2015年10月28日。

說，他們一般用氣水槽或滑布，滑布借助架子可以伸入江中，直接搭建到水深處；或者通過租用漁船，還有的居士到大橋中間去放生，用長繩子把水桶吊起來，然後慢慢放入江中。

（七）念誦回向文

居士們認為這一步很重要，放生的功德要回向給各界眾生，不能僅僅為了放生者自己的「人天」福報而放生，那樣的功德有限。放生的功德很大，但這種功德不能僅僅限於換取自己或親人的各種現實福利，比如求學、求財或求升官等等，而是要回向給無量無邊的有情眾生。這才是把放生功德最大化，也是最為殊勝的發心。

（八）發佈放生彙報

借助微信群平台，放生彙報列有較為詳細的放生物種及其數量或重量等方面的資訊，另外還公佈了放生用款資訊。

三、道友網路與日常化放生的長尾機制

那這麼大型的放生活動如何得以持續開展呢？統計發現，這有賴於信徒網路關係基礎上形成的捐款、人力、動機、地點和物種等多條長尾機制。透過這些長尾效應，可以看到廣泛的信徒網路對於捐款、人力等等資源的聚集效應。

（一）捐款

放生活動由地方菩提學會統一管理，進行大組放生。廣州目前每個共修小組都有專門的放生專員，通過這些專員每週在各自小組微信群發起放生通知，募捐放生款。雖然單個班級每次參加放生的學員不多，但匯溪成流。以2016級為例，同一年級的整個科系就好幾個班，三個科系就幾十個班，尤其是加行班就有30多個，另外淨土和入行論科系又有十多個班級，這樣就有40-50個班級了。自2006年到2017年，已經有12界學員，那麼這個數量就變得非常可觀。

另外一個放生捐款方式，則是通過微信平臺。前文所述，方方老師的放生團隊目前已經在廣州組建了8個群，每個群150人，人滿了就建新群。雖然大多數人捐款金額都不多，但人數彙聚起來就多了。據方方居士說，她們的放生團隊每天可以捐款2000多元。

從連續三年放生捐款統計數據看，長尾效應更為明顯。2015年包括9月份前的日常放生和十月後下半年的百日放生，2016年發起了孝親百日放生、秋冬百日放生和淨障百日放生等多個項目，使得放生趨於日常化。捐款人數和總額明顯增加，三類捐款人數分別為：536人、4698人、18,670人，捐款總額分別為：50,348元、203,962.07元和642,658.27元。個人捐款金額0.5元、1元、2元、5元、6元、10元占了大多數，100元及以下捐款人數三次比例分別為82.46%、94.76%和95.56%，合計金額占總額的比例分別為42.55%、57.10%、59.91%。[28]

（二）人力資源

如上文所述，放生現場也需要各類義工支持。雖然每次放生參與人數未必很多，但彙集這些小規模的放生，其人數總規模就很可觀了，這就是人力資源長尾效應。當然，這背後的依託依然是佛法共修中生成的信徒網路的支持。2015年合計122次現場放生，總共1163人參與現場放生活動。根據參與人數分類，20人以下人數有110次，占全年放生次數的90.16%，人數合計780人，占全年總人數的67.07%；2016年合計182次現場放生，總共2692人參與現場放生活動，根據參與人數分類，20人以下人數有145次，占全年放生次數的79.67%，人數合計1541人，占全年總人數的57.24%；2017年上半年合計188次放生，總共2225人參與現場放生活動，根據參與人數分

【28】資料來源：廣州菩提學會放生團財務統計資料。

類，20人以下人數有176次，占上半年放生次數的93.62%，人數合計1828人，占上半年總人數的82.16%。[29]

（三）放生點

放生點也是影響放生參與的一個重要因素，放生團每次都會提前幾天預告下次放生的時間和地點。為了便於大家參與，放生團不定期的改變放生地點，同時根據居士們的提議增加新的放生點，對於參與較高的放生點，則增加放生次數。這些不同的放生點放生次數，同樣構成了一條長尾。2015年、2016年和2017年放生點數量分別為：14處、19處、17處。以2017年各處放生次數分佈（如圖22）為例：朗豪酒店江邊放生次數為75次，荔港南灣放生70次，黃沙渡輪碼頭放生62次，……，二沙島放生4次，8號線新港東地鐵站江邊放生3次。

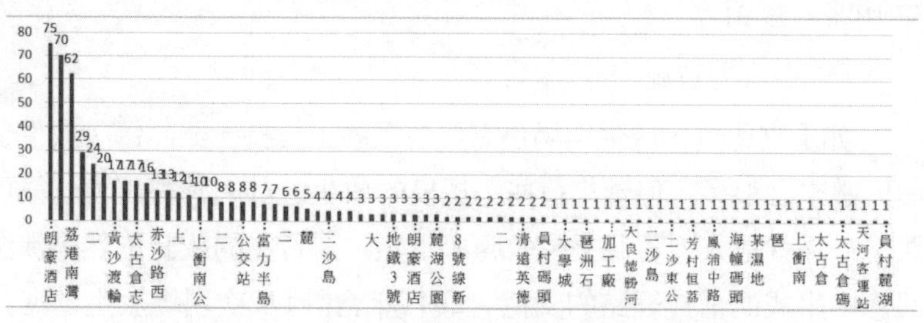

圖22　2017年廣州菩提學會各個放生點放生次數[30]

（四）放生殊勝日

放生最開始一月一次，後來逐漸走向日常化，這種轉變背後的宗教動力相當部分來自於放生殊勝日制度的設立。各類殊勝日促成了放生的長尾效應。調查發現，放生團的殊勝日名目繁多。各種

【29】資料來源：廣州菩提學會放生團財務統計資料。

【30】資料來源：廣州菩提學會放生團財務統計資料。

佛教法會、節日的放生，比如釋迦牟尼佛聖誕、成道日、出家日和涅槃日，觀世音菩薩出家日、成道日，阿彌陀佛聖誕，韋馱菩薩聖誕、迦南菩薩聖誕日，藥師佛聖誕等等；還有不少藏傳佛教的節日，比如薩嘎達瓦節、蓮師節日，由於藏曆的原因，上述一般佛教節日和漢傳佛教時間上也是交錯的，由此增加了節日數量。一些世俗的節日也有重大的放生活動，比如父親節、母親節、端午節、清明節、重陽節、春節、元宵節、元旦和國慶等等。此外，一些特殊的日子也變成放生的節日，如高考周放生，很多父母放生，為子女祈福。各類節日放生的頻次分佈如圖23-1、23-2所示，其中2016年節日放生中，其中觀音菩薩節日放生8次，禪定聖王佛節日放生7次，地藏王菩薩節日放生7次，……；2017年節日放生中，阿彌托佛節日放生8次，釋迦牟尼佛節日放生7次，觀世音菩薩節日放生6次，……。各類節日放生形成了一條長長的尾巴。2015年下半年才開始啟動百日放生活動，節日放生數量和類型均較少，總共才11次節日放生活動；2016年類型明顯較2015年增多，全年104次節日放生，占全年放生活動數量的57.14%；2017年[31]和2016年差不多，全年放生188次，殊勝日合計103次，節日放生比例占54.79%。可見，放生次數的增加和殊勝日數量和類型的增加是同步的。這種動力作用還體現在殊勝日的類型也會對放生規模的影響。調查表明，上師生日、釋迦牟尼佛誕辰、觀世音菩薩節日、春節等節日放生規模明顯增大。因此，可以把這類節日界定為重大節日、一般節日，根據其數量統計，這同樣也是一條長尾。

【31】缺12月數據。

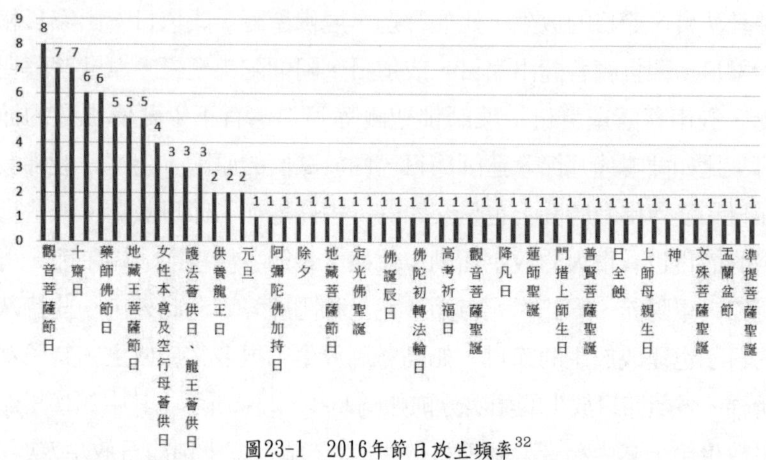

圖23-1　2016年節日放生頻率[32]

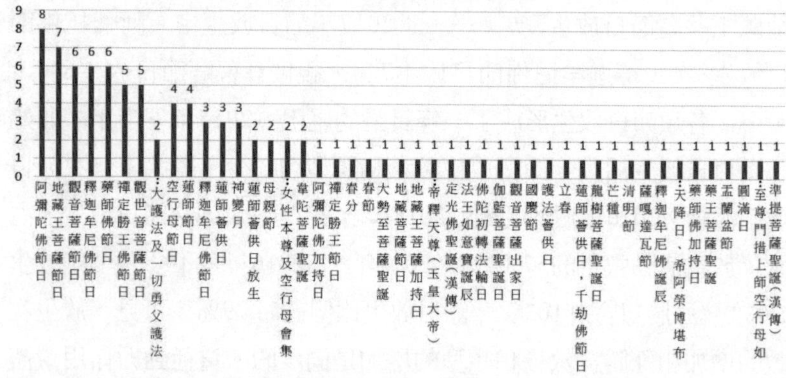

圖23-2　2017年節日放生頻率[33]

（五）放生物種

放生團放生的物種非常豐富多樣。參與者對放生物種具有一定的選擇性。放生物種的增加也為放生活動提供了多樣化的選擇空間。放生參與者對不同物種的態度存在差異。有些居士認為放生物體積越大，放生的功德越大。另外有些人則認為放生的數量越多功德越大。

【32】數據來源：根據廣州菩提學會放生團財務統計資料相關資訊計算。

【33】數據來源：根據廣州菩提學會放生團財務統計資料相關資訊計算。

這種選擇的累積，也同樣具有長尾效應。如圖24-1、圖24-2、圖24-3所示，放生各類物種的重量、數量和開銷金額均構成了長尾。2016年放生物種比2015年增加了30多種，2017年又增加了10多種。

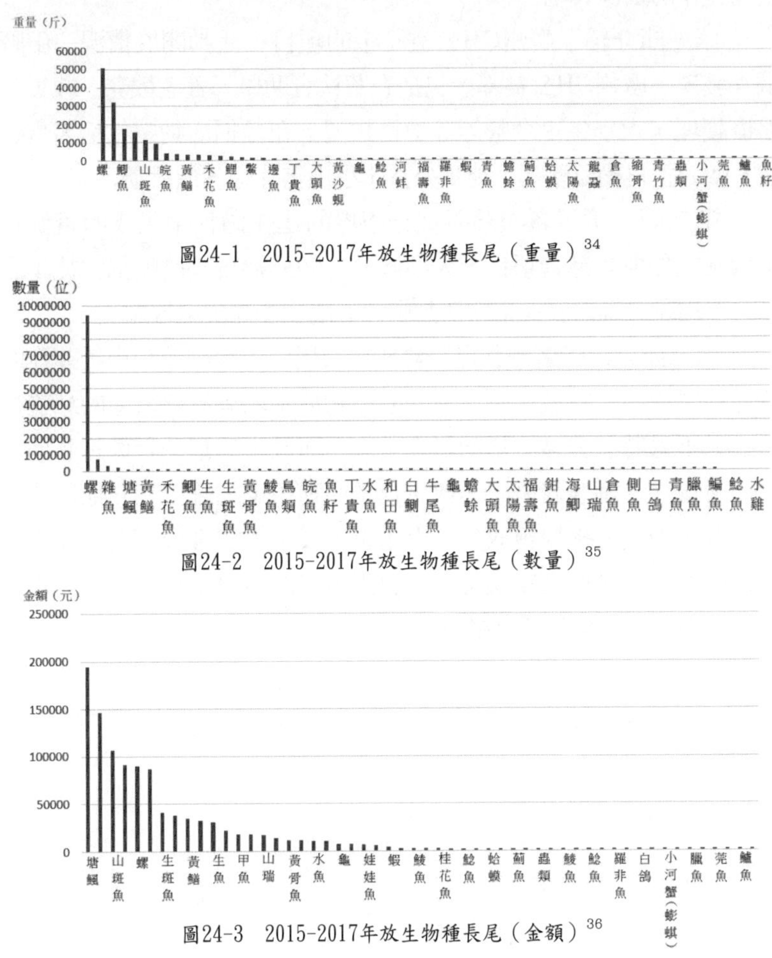

圖24-1　2015-2017年放生物種長尾（重量）[34]

圖24-2　2015-2017年放生物種長尾（數量）[35]

圖24-3　2015-2017年放生物種長尾（金額）[36]

【34】數據來源：根據廣州菩提學會放生團財務統計資料相關資訊計算。

【35】數據來源：根據廣州菩提學會放生團財務統計資料相關資訊計算。

【36】數據來源：根據廣州菩提學會放生團財務統計資料相關資訊計算。

本章小結

本章詳述了廣州菩提學會的慈善和放生市場的細分市場空間和市場運作的資源長尾。

第一節介紹了廣州CH公益基金的項目、活動開展情況。田野調查發現，廣州CH公益基金包括春華秋實助學、養老敬老、救災、醫療護理、大學生夏令營等等項目類型。在募捐活動中包括大型義賣、99公益日網路配捐、徒步公益、小馬駒等等各類活動。

第二節分析了各類慈善細分市場的運作過程中生成的資源長尾效應。如各類慈善項目、大型義賣、99公益日網路配捐、徒步公益、小馬駒等等籌款、捐款活動中均形成了多條長尾機制。

第三節分析了廣州菩提學會放生市場中市場細分和市場運作的資源長尾效應。廣義來說，慈善公益和放生均屬於佛教中的慈善行為，只不過慈善公益的幫助對像是人，而放生的幫助對像是其他眾生。所以從這個意義來說，放生也是一種市場細分。和其他市場運作類似，廣州菩提學會放生市場中也生成了各類細分市場，並且在共修中生成的信仰網路支持下，放生市場的運作中也形成了需求、人力、物力等各種資源長尾。

第七章
臨終助念市場的資源動員機制

如第三章所述，根據度化對象和方式的不同，廣州菩提學會的宗教市場包括佛法共修、佛化國學、慈善、放生和臨終助念等細分市場。前面第四章、第五章和第六章分別論述了前四類細分市場的增長機制。本章將論述臨終助念市場的增長機制。本章按照兩種助念發展的先後順序展開描述。第一、第二節將從信仰市場供需互動角度分別就實地助念的概況、一般過程和困境及改變策略進行探討，以揭示助念網路化背後的市場供求規律；隨後第三節將結合信徒網路和長尾理論對網路助念及其增長的資源動員機制展開論述。

一位居士原本參加了XR組織弟子規老師培訓活動，後來因為工作的原因參加活動越來越少了。但在一次臨終助念講座培訓的現場，筆者再次碰到了她，玩味的問道：「好久不見你出沒，怎麼突然出現了？」她回答說：「因為這個太重要了，其他的什麼活動都可以不參與，這個必須要參與，學佛的根本目的就是為了求解脫，將來生命告終的時候，能夠往生西方極樂世界。這是關涉學佛的根本目的的事情，必須要重視。」[1]臨終助念活動是佛友最為重視的修行活動之一。根據「自度度他」的修行理念，臨終助念屬於度他層次，具體來說是要發心協助臨終者或亡靈往生西方極樂世界。對臨終助念及其他修行活動重視程度的差異也是斯達克所言的宗教喜好或偏好的區分維度之一。臨終助念因此也成為一個宗教區位，成為一個細分的市場。

那麼廣州菩提學會是如何經營這一宗教市場的呢？根據助念的形式，廣州菩提學會的助念活動大體可以分為實地助念和網路助念兩種基本的類型。經調查瞭解到，一程網路助念是在實地助念遭遇各方面困境後發展起來的。這是信仰市場中供求平衡的體現。而網路助念的成功運作，則有賴於佛法共修中積累的信徒網路資本的支持，正是基於這一信徒網路資本，網路助念才獲得了增長和發展所必須的市場空間、人力和時間等資源。

第一節　實地助念市場：一種供方模式

廣州慈航生命關懷團有了較為完備的組織隊伍，形成了規範的臨終生命關懷流程。本節將對廣州慈航生命關懷團的組織建設和臨終生命關懷流程作描述介紹。

一、慈航：廣州生命關懷團概況

臨終助念活動是一種度化亡靈的宗教活動。廣州臨終關懷團自

【1】　資料來源：2017年5月17日筆者參加的臨終助念培訓會議中的訪談記錄摘選。訪談對象：圓蓮居士，女，36歲，本科，某私企會計。訪談地點：黃花崗道場。

2013年成立，2014年增設本地網路助念項目，2015年在原臨終關懷助念組的基礎上，正式成立「慈航救度生命關懷團」。該團以做好臨終關懷助念為本懷，以護持、弘揚佛法為宗旨。其臨終助念的對象基本上是廣州菩提學會內部的修行居士及其家人。目前該團負責人是心秀居士，技術指導老師是廣州菩提學會負責人圓成居士，活動骨幹成員50餘人。各個小組成員均來自廣州菩提學會的學員，尤其是心秀居士本人還兼任某共修小組的輔導員，慈航臨終助念團的好幾位核心成員都是心秀居士自己所在共修小組的老道友。助念團成立以來，已成功舉辦實地臨終助念活動近200餘場次，網路助念70餘場次。[2]除平時的助念活動，慈航救度生命關懷團還通過舉辦年會或各類節日聚會活動（如圖25所示），給予表現積極的道友以象徵性表彰。

目前臨終助念團下設有八個工作組，每個工作組設有組長和副組長若干名。各組及職能如下：（1）技術指導組。主要負責指導臨終助念程式，比如給臨終者或亡者做臨終開示等。（2）編輯組。負責編寫發佈臨終助念通知。（3）日常事務組。負責臨終助念團隊的日常工作運作和監管。（4）財務組。負責管理臨終助念活動的經費收支，如給參與臨終助念的人員報銷車費和餐費。（5）網路助念組。負責安排本地網路平臺的臨終助念活動。（6）特殊場地關懷組。針對特殊的情況，進行特別的臨終助念安排。（7）骨幹人員組。這是為了保證每次臨終助念活動的參加人數，採取的一種應對措施，發展核心骨幹人員。（8）助念聯絡專員組。負責招募臨終助念的志願者，以及聯絡臨終助念對象的家屬。

【2】 數據來源：廣州慈航生命關懷團微信公眾號。

圖25　2016年廣州慈航生命關懷團年會現場[3]

實地助念平臺包括：第一，亡者家裡。如果家人允許，並且亡者在家中斷氣，就有在家中進行臨終助念的條件。這在居士們看來，是亡者的福報，表明其修行好，所以在臨終助念活動中違緣較少。第二，醫院。很多醫院不允許開展臨終助念活動。慈航助念團的組織者們開始和一些私立醫院進行合作，探索長期合作機制。比如友好醫院，就是一個比較成功的合作對象，很多臨終助念對象轉院過去，進入慈航的臨終助念流程中。友好醫院能夠保證臨終者斷氣後24小時不動亡者遺體，這為臨終助念的開展創造了條件。第三，殯儀館或太平間。部分亡者如果在醫院斷氣，24小時之內親人無法接觸到亡者，只能在開了死亡證明之後，去殯儀館舉行臨終助念儀式。或者如果能夠得到醫院的默許，就去太平間進行臨終助念。第四，寺院。慈航助念團準備在某寺院組建念佛堂，為亡者臨終助念提供場地保證。

【3】　筆者攝於2016年12月25日。

本地網路助念平臺[4]是相對於現場助念而來的，因為實地助念受到各種條件的約束。網路助念具有不限地域，擴大受眾的優點。參與網路助念的居士也比較方便發心。因此，上師特地開示，辦起了網路助念。網絡助念主要在YY語音軟件上開展活動，網路助念活動由組長安排助念人員輪流為亡者進行助念，助念週期為49天，49天後助念圓滿發佈報告，同時進行助念名單的更新。

二、實地助念的一般程序

廣州慈航臨終助念團有一套比較系統規範的程序。這些程序包括：臨終助念申請、接收臨終助念需求、家屬動員、助念義工動員、開示（技術指導）、排班助念、功德回向、發佈助念總結報告和感謝信等。

收到居士或其家人和親朋病危或亡故消息後，慈航助念團派人探訪，進行溝通協商，瞭解開展臨終助念活動可行性，設計臨終助念方案。

雖然很多居士希望為其親人念佛，進行臨終助念，以度化其親人往生西方極樂世界。但居士家人並不信佛，臨終病人或亡者本人也未必信仰佛教。這就需要進行動員。慈航助念團針對不同的對象，採取不同的動員策略。比如傅居士母親臨終時，傅居士和其父親和大姨媽發生爭執，他向慈航求助，慈航負責人發動傅居士信佛的岳母一起說服其家人。一個年輕小夥子要走了，旁邊還有一個姑娘在掉淚，助念團通過姑娘去做動員工作。下面材料中，老伴的一

【4】　這與第三節的網路助念有區別，主要區別在於助念參與人員和服務對象的範圍不同，本地網路助念僅僅限於廣州市或各個菩提學會所在的地級市，而一程網路助念的助念參與人員和服務對象則面向全球菩提學會學員或與佛結緣者。

方即將斷氣，通過動員另一位老人去做工作。

一位大爺和大媽兩相依相靠一輩子，一起走過了七十多年了。最近老頭子生病了，要住院，家人就為老人辦理了兩張病床，老兩口從未離開過。後來，老頭子快不行了，但始終咽不下那口氣。慈航助念團動員老太太去勸說：「你去吧，放心的去吧，你先去，我以後來，你以後來接我。就好像七十年前，你把我從海南接到廣州一樣啊！那邊很好的，早點去，去佔個好的位置。將來再把我也接過去。」[5]

接下來慈航臨終助念團編輯組通過各類助念微信群發布臨終助念活動通知，同時通知各位助念專員在各自共修小組微信群發布助念通知，採取報名接龍的方式發動居士參加臨終助念。一般助念時間為24小時，每三個小時為一個時間段，分小組參加助念活動。

慈航有專門的資深居士負責給臨終者或亡靈做開示。目前負責開示的居士主要是廣州菩提學會的圓成居士和心秀居士。據圓成居士講，開示相當於安撫和導引，通過開示，指導亡靈如何度過自己的中陰階段。亡靈在中陰身階段非常的敏感，微弱的聲音如雷貫耳。開示的主要內容是給亡靈反覆講它現在的處境，還有前方的各種選擇，西方極樂世界，天界等六道輪迴世界。勸其升起對西方極樂世界的嚮往之心，就避免墮入地獄等三惡趣。隨後會給亡者念誦《佛說阿彌陀經》幾遍。開示完成後，由報名參加助念的居士排班進行助念，給亡靈營造一種嚮往西方極樂世界的助緣。助念的主要方式是圍繞亡靈的遺體念誦「南無阿彌佗佛」佛號。

每次助念結束，居士都需要把自己助念的功德迴向給亡者或

【5】 講述者：圓華居士，男，1965年生，本科，廣州藏傳淨土預科系負責人，原聯2015年10月28日。

病危者，據說這樣就能利益到亡靈。同時，自己把助念的功德迴向了，是佛教修行者慈悲心的體現。迴向的主要方式是面向亡者遺體，口中念誦迴向文（略）。24小時助念結束後，助念對象親人或家屬會寫一封感謝信，表達對各位助念居士的真誠感謝，彙報助念的實際效果，喚起大家對於臨終助念的信心。最後，慈航臨終生命關懷團的居士會做一些助念經驗的總結性報告。

第二節　實地助念的困境與適應策略

實地助念活動中，需要涉及方方面面的動員工作，這一過程中存在不少困境。儘管慈航生命關懷團採取了種種對策，但依然受到很大程度的限制，最後開拓出了網路助念市場空間。這一轉變的過程是信仰市場供求關係平衡的集中體現。換句話說，正是臨終助念市場空間的轉換，才獲得組織增長和發展的市場動力。

一、動員困境

臨終助念的種種要求與傳統的民間喪葬習俗和死亡制度存在著衝突。據筆者調查，這些衝突主要表現在：第一，生命垂危，要不要送醫院。對於非佛教徒來說，家人，尤其是長者病危的時候，一般都會送往醫院，盡力搶救，如果不送醫院，易被人指責為不孝。但佛教徒卻不太主張病危的時候送醫院，他們認為：「一則是因為醫院重症監護室，親人都無法靠近，不方便進行臨終助念；二則與其讓親人痛苦的活著，還不如往生西方極樂世界獲得更大的利益；三是擔心痛苦容易讓臨終病人產生嗔恨心，容易造惡業。」[6] 第二，要不要哭喪。哭喪是中國民間喪葬儀式中的重要環節之一，

【6】 根據2016年10月18日圓泓居士的訪談錄音資料整理。

有時候甚至要請人哭喪。但在佛教信徒看來，「哭喪將不利於亡者的境界提升，不利於其往生。哭喪可能會造成亡者升起對世間親人的貪戀，從而不能往生西方，反而墮入三惡趣，再次經歷六道輪迴之苦。」[7]第三，要不要宰殺。按民間傳統，家裡長者亡故後，都會請街坊親朋過來幫忙，並且大擺酒席，宴請各位親朋好友，免不了牛羊、雞鴨魚的宰殺。但是照佛教來看，「這是造了殺孽，並且是因為亡者的原因而造的，就會把這些惡業的賬全記在亡者頭上，這是對亡者最大的傷害，將會因此墮入三惡趣。」[8]第四，醫院、太平間和殯儀館的限制。很多大醫院都不允許在醫院進行宗教類的臨終助念活動。並且對於在醫院死去的病人，家屬在24小時之內無法接觸到自己親人的遺體，需要辦理死亡證明等各種手續後才行。除了少部分情況，大多數太平間、殯儀館等也都不接待宗教類的臨終助念。這使得臨終助念平臺非常有限，無法很好的滿足各種臨終助念對象的需求。「只要人斷氣了，民政部門就會介入，殯儀館、太平間和一些醫院都不會允許其他人隨意介入，這樣就會很不利益亡者，我們無法去進行助念。有一次，我們想去殯儀館給某某居士的家屬助念，就不讓接近，說除非有民政部門的批條。」[9]

除了上述這些困難，助念人員的穩定性更成問題。開始臨終助念活動的發起和動員是面向全體菩提學會的修行居士的。這樣的不足是缺乏組織動員的具體機制，雖然有些居士比較的積極，但是不可持續，時不時的出現斷節現象，晚上的臨終助念參與者非常少。有時候番禺地區需要臨終助念，但其他地區的居士參與很不方便，

【7】 根據2016年10月18日圓泓居士的訪談錄音資料整理。

【8】 根據2016年10月18日圓泓居士的訪談錄音資料整理。

【9】 根據2016年10月18日圓泓居士的訪談錄音資料整理。

交通等都是問題。隨後心秀居士開始組建分區臨終助念小組，在一定程度上緩解了跨區助念問題，但沒解決隊伍穩定問題。另外，部分居士還有心理上的障礙。很多居士道心不夠堅定，依然有較為濃厚的鬼神觀念，害怕去太平間、殯儀館、火葬場為亡者助念，擔心被鬼魂附身。圓成居士在廣州2016年慈航臨終助念團年會上說，很多人就是害怕亡靈，很奇怪，一頭死豬、一條死魚不怕，就怕死人。假如這個場地突然抬進來一具遺體，很多人心理就會生起畏懼感。臨終病人沒斷氣，不怕，一旦斷氣，大家就怕了。

二、適應需求方的策略

面對上述困難，臨終助念團採取的策略[10]有以下三種：

（一）家庭的動員策略

據筆者所在入行論班輔導員圓泓居士說，人的生命快要結束的時候最牽掛、最放不下的大多是他的兒女、配偶、父母等至親的家人。此時，家人也同樣是極其的不舍、難忍和悲痛，在難捨難分中神經繃得很緊、糾結不已。因此，家人往往會成為臨終者實現往生的重大障礙，有必要對臨終者的家人等身邊的人進行適當的引導，動員他們一起來幫助臨終者往生極樂世界。臨終助念團的具體做法包括：第一，作主要親屬的動員工作。先是對臨終者最親或對其臨終安排影響力最大的家人進行引導；第二，動之以情。要根據家人的具體情況進行有針對性的溝通交流。說服他認同臨終往生對臨終者是一件非常重要、非常有意義的事，這也是報答即將離世的親人，幫助他獲得徹底的安樂的最好方式和機會。如果想真正感謝他、關懷他、利益他，利用臨終這個機會幫助他往生極樂世界是最

【10】根據2016年10月18日圓泓居士的訪談錄音資料整理。

好的方式和最重要的一件事。第三，曉之以理。對那些感情特別執著、很依賴、難捨的親人如未成年的子女等，跟他說，即使感情再好親人，在本期生命結束進入新一輪的生命後，大家再也不會相見。即使有緣相遇，互相也不會認識了，就像現在人間眾生不可能認識前一世的熟人。如果他往生到極樂世界就不同了，因為到了極樂世界的人都有宿世通、神足通等不可思議的神通妙力，大家要想見面是很容易的。而且如果親人現在往生到了極樂世界，當以後離世並也想往生極樂世界時，他會和阿彌陀佛等西方聖眾一起來接引他的親人。如果想下一生大家還能相遇並認識，只有大家都往生極樂世界。當下急於要做的就是要抓住現在這個關鍵的時期與機會，想方設法、盡一切努力幫助他先往生極樂世界。第四，善巧方便。要根據家人不同的接受佛法的程度做好工作，信佛的和不信佛的有不同的說服方法。助念團動員工作注重隨順當地風俗，要善巧方便。

據江居士說，以上內容結合家人的不同情況，經過有針對性的個別或集體性的引導後，臨終者身邊的家人會認識到，幫助他往生極樂世界對即將離世的親人及全家人的現在和未來都是一件極其重要而有意義的事。要動員、調動家人等臨終者身邊的人齊心協力、想方設法把這件事做好。去年助念的臨終者家屬多數是這樣引導成功的。

通過這樣引導與動員，臨終者家人不再是在絕望、悲傷、無奈中等待親人痛苦地離去，而是以積極主動有為的狀態，全家人和臨終者一起共同努力，幫助臨終者爭取美好的未來——往生極樂世界。這樣就會將本來是臨終者往生障礙的親人轉變為幫助、支持其實現往生極樂世界的重要力量。從這個時候起，助念道友、臨終者及其家人等身邊的人會凝成一股強大的合力，步調一致地朝著共同的目標——幫助臨終者朝往生淨土邁進。臨終者的周圍開始洋溢著積極、緊張、充滿希望與期待的氛圍，身邊的家人們都願意積極主動地配合做或說一切有利於臨終者往生的事情。

（二）選擇合適的助念場地

如臨終者已經斷氣，要求家屬向醫院申請對遺體自行處理，比如拉回家，或者申請殯葬一條龍服務，或者私下找醫院太平間的護工，為死者創造助念往生的條件，如注意好開死亡證明的時間。如果在醫院太平間助念就不要太快開死亡證明，如果去殯儀館助念就要儘快開死亡證明。如上述條件也不具足，則申請殯儀館的專車服務，將亡者拉入殯儀館。要提前與殯儀館講好不化妝、不放冰櫃、不打防腐劑。不要告訴殯儀館念佛的事情，只說守靈。如條件還不具足，那麼此項目不再建立項目組，由助念發心居士前往助念一段時間即可。如臨終者在家裡即將往生，家屬撥打120急救電話，在120趕到時，臨終者已經斷氣，則告誡家屬不要再讓120做搶救，不要做任何會觸碰亡者身體的事情。如果尚未斷氣，且無生還的可能，最好提醒家屬要求120不要做過度搶救，或放棄搶救，以儘量減少亡者的痛苦，防止亡者因痛苦而起嗔恨心。如120經過診斷告知病人還有生還的希望，則不干擾家屬的意願，讓其進入正常搶救程式。

（三）助念人員的動員策略

最初的一種動員模式是分區組建團隊，主要是針對路途遙遠等問題，比如番禺區的居士要去白雲區參加臨終助念活動，比較耗時。為了保證臨終助念活動按預期舉行，成立了各個區的臨終助念小組，以各個區為單位招募臨終助念志工。比如番禺區某某居士親屬臨終或過世，就由番禺區的小組招募本區的助念義工開展臨終助念活動。但由於菩提學會居士非常注重聞思修，偏重聞思，所以能參加現場助念的居士非常的少，造成各種臨終助念活動出現人員缺乏問題，排班上常常難以為繼。比如某某居士晚上十點去世，很多凌晨的排班經常缺人。

正是基於如上困境，心秀居士提出發展核心骨幹的策略，即對接模式。如前文所述，所謂對接模式，是指充分實現臨終助念活動和廣州菩提學會其他學佛共修小組以及其他佛教組織團體的對接。要求各個共修小組和佛教團體派出各自的助念專員，專門負責本小組居士及其親屬的助念需求。如前文所述，自2006年開始，在五明佛學院索達吉堪布的引領下，成立了各地的菩提學會，廣州菩提學會下有三大學修體系，分別是加行、入行和藏傳淨土科系。每個科系又分為預科班和正科班。每年都會招生，然後在廣州各個區域成立各科的共修小組，比如海珠區就有6-7個共修小組，每年廣州菩提學會新開有30-40個共修小組。每個共修小組大概有15-30人不等。10多年來，先後成立了上百個共修小組。各個共修小組均有相應的輔導員和助理輔導員若干名，以及幾個小組組長，一個科系有科系負責人。臨終助念的對接模式，就是依託各個共修小組進行對接，由各個共修小組選派助念專員，專門負責發佈助念資訊，動員本共修小組學員參加本小組居士或親屬的助念活動，或者支持其他小組。此外，還有XR佛化國學、CH宗教公益團體和次第花開放生團等度化道場組織，臨終助念也在這些居士團體中發展助念專員，採取類似的動員模式。

但對接模式依然沒有很好的解決人員缺失問題。由於菩提小組比較強調聞思，很多居士無法堅持發心參加臨終助念。與此相比，漢傳淨土非常強調往生西方極樂世界，對於臨終念佛助念等儀式活動尤其重視，所以漢傳淨土的居士則具有更強的意願參加實地臨終助念。另外，慈航助念場地方面，也受到很多限制，比如醫院、太平間、殯儀館，能夠接受其開展助念活動的場地較少，所以，寺院則提供了一個比較可取的選擇，於是，大量的漢傳淨土居士以及廣州本地寺院僧人加入到臨終助念團隊中來。最後，漢傳淨土居士及僧人逐漸佔據了多數，推動了慈航的改組，組織了專門的臨終助念培訓，系統講授漢傳淨土的臨終助念知識和技能。臨終助念對象也不再僅僅限於菩提學會內部，而是面向廣州市所有需要臨終助念的對象。最後慈航從菩提學會獨立了出去。

原來慈航的核心成員，也就是菩提學會的居士們開始重組慈航。鑒於實地助念的種種困境，提出了5大集群的發展模式和網路助念的構想。具體來講，就是根據共修小組的組織管理模式，劃分為：廣州2006-2016級各個共修小組輔導員、廣州2006-2017級加行共修小組助理輔導員、廣州2006-2017級入行共修小組助理輔導員、廣州2009-2017級淨土共修小組助理輔導員和廣州2006-2010級正科系學員五大集群。五大集群模式最初限於本地，後來學院主管臨終助念法師認為廣州的經驗值得推廣，於是批准為菩提學會孵化器項目，這就是後來的「一程」網路助念團。

第三節　網路助念市場資源動員的長尾機制

在上述策略中，橫向發展是重組助念團，突破助念困境的最為重要的策略。所謂橫向發展是指基於原先網路助念小組基礎上，借助信仰網路和因特網平臺，擴大跨區域助念服務。上師開許通過網路助念對於亡者的超度效果。借助佛法共修中生成的廣泛信徒網路資本，臨終助念走向了網路化、橫向化發展，網路助念義工來自全國各地，最終形成網路助念的長尾效應機制。

一、一程網路助念[11]發展概況

筆者首先借一程助念團負責人圓程居士創作的三首打油詩[12]來簡單介紹一程網路助念模式。

1.《網路助念》

核心人員不用多，一位統計一主播。

每週輪值兩小時，聞思修行不耽擱。

2.《共修佛號》

念佛一百零八遍，即可享受成會員。

助念祈福亡病者，加持感應在心田。

3.《善巧之門》

感恩上師和三寶，念佛持咒很善巧。

念佛學佛到信佛，不知不覺解脫了。

一程助念團隊自去年10月啟動以來發展迅猛，請看一次培訓會議的報告：

一程現狀簡介[13]

【一程】生命關懷在上師仁波切和三寶的加持下，在法師的關懷下，在許老師的引領和圓泓的指導下，在各地居士道友的共同努力下，從去年10月26號啟動至今，經過七個月的時間已經形成了：

【11】「一程」來自學院主管法師的賜名，主要意涵是指在去往西方極樂世級的旅途上，送臨終道友一程，以協助其往生西方極樂世級，這也是助念的本來意涵。

【12】資料來源：截取自一程項目管理人員圓程師兄的2017年6月10日會議報告PPT。

【13】資料來源：該報告截取自一程項目管理人員圓程師兄的2017年6月10日會議報告PPT。

1.一個穩定成熟的一年365天不間斷的網路助念平臺！

2.不到半年的時間，昨天已經突破3億佛號（截止2017年6月9日合計：30,170.4880萬）！

3.為一千多位亡者網路助念和回向（截止2017年6月9日共1442位亡者）！

4.每天約有1200多人的佛號共修，累計2300多人次的網路助念！

5.每天有300多萬聲六字佛號的共修回向，加持力大，感應力強！

6.今年三月份正式開始接受「一程會員」報名，目前有正式會員815人，會員的感應事例很多，接下來大家會聽到。（舉例：《一位不念佛的母親》、《一位戰勝腫瘤的父親》）

生命關懷網路平臺除了常規的亡者助念、病者回向和共修佛號外，還推出了一系列面向會員的互助項目：祖先和已故亡者超度助念專場和祖先和已故亡者電子牌位（PPT）；嬰靈超度助念專場和嬰靈電子牌位（PPT）；祈福消災延壽（病者）回向及電子牌位（PPT）；子女學業回向專場（中考、高考、考研等）。項目多元化發展，充分的激發了各類助念需求。反過來也推動了助念組織團體的增長。

一程發心人員結構情況。發心人員分為五個大類：總部發心人員、廣州各群發心人員、總部各群發心人員、遠程群發心人員和各城市群發心人員。其中總部發心人員包括網路助念主播、佛號共誦（包括統計和資訊發佈人員）、遠程關懷（包括司儀和開示人員）、現場助念（包括開示、念佛和班長）、技術支持和公眾號管理人員。廣州各群發心人員包括管理群、5個子群和會員群的發心人員；總部各群發心人員包括報備群、3個管理群和1個技術群的發心人員；3個遠程群發心人員；各城市群發心人員根據會員城市分佈確定。

筆者負責設計報名資訊表的時候，特意設置了這一題項。「您是否參加了菩提學會學習？」，試圖從這一選項看會員的來源情況，以分析網路助念項目的市場開拓與發展趨勢。這不是必選題，截止2017年10月20日有547名會員提交了相關資訊，還有416名會員拒絕回答此題。表4統計了一程會員的來源情況。統計顯示：一程管理人員來自菩提學會的有195人，占總數35.65%，沒參加佛教團體學習的會員占了近半數，有277人，其比例達到50.64%，而來自其他佛教團體的，包括佛教寺院或其他上師學佛系統的，也有75人，占總數的13.71%。這顯示出一程項目已經突破發起者的圈子，廣泛吸引了其他佛教團體或非佛教徒，如果助念是一個宗教市場，那麼網路助念在助念市場中取了某種「勝利」。

表4 一程會員來源構成[14]

選項	人數	百分比
菩提學會	195	35.65
没參加任何佛教團體學習	277	50.64
其他佛教團體	75	13.71
合計	547	100.00

表5統計了2017年5-6月廣州一程項目外出講座培訓情況。統計顯示：一程孵化項目外出講座培訓活動日漸增多。2017年5-6月講座受眾達到1891人，講座達24場次。目前主要以廣州、珠三角城市為主，北京、長沙等外省也開始有課程訂制。講座主要面向各地菩提學會及一程項目會員。

【14】資料來源：來自會員報名資訊表。

表5　2017年5-6月廣州一程項目外出講座培訓記錄[15]

地區	單位	受眾人數	頻次	講座主題
北京	傳奇佛學社、北京一程	30	2	臨終助念的理論與實踐
佛山	佛山佛學會	70	2	臨終關懷系列課程
廣州	廣州佛學會、廣州一程	1006	6	臨終關懷的必要性、原理等課程
中山	中山一程	125	5	臨終關懷系列課程
珠海	珠海一程	380	5	臨終關懷系列課程
長沙	長沙佛學會	280	4	臨終關懷系列課程
合計		1891	24	

目前，總部負責人委託廣州一程項目組協助支持各地一程助念團的組建工作。比如廣東珠海、東莞、佛山等地一程項目組的組建。這些都是由廣州一程項目負責人委派居士指導，一方面是系統的助念課程培訓，發展骨幹，另一方面結合助念實踐推動各地助念團隊的建設發展。比如前文所述的珠海李軍老居士的助念活動，就起到了推動珠海一程項目團隊凝聚和訓練的效果。

二、助念的多重偏好市場

傳統的實地助念受現代社會死亡管理制度、助念參與時間成本較高、現場助念場地受限和亡者家人動員成本較高，並且和其他社會習俗存在衝突等。再加上現代都市生活的高節奏，尤其是對於中等收入的新型階層更是如此，使得實地助念模式受到多重限制。網路助念能夠較好的克服上述不足之處。這些阻礙因素本身也構成了網路助念市場的分化機制。

從助念方式可以分為實地助念和網路助念；從助念場地，可以分為太平間、殯儀館、醫院或家裡的助念和網路虛擬空間的助念；

【15】資料來源：一程生命關懷團外出講座登記匯總表。

從終極生命關懷的角度說，助念只是其中的一種類型，此外還有祈福消災、祖先超度、靈嬰超度、子女求學回向等多門類的信仰偏好市場。和上述助念方式分化相關，各類發心工作也進一步分化，類目多樣。助念參與方式也有了相應的分化，可以參加現場助念，也可以參加網路助念，助念角色叢更為豐富。隨著網路助念的發展，產生了多種新的發心崗位，如資訊收集、各地會員管理義工、網路助念開示、主播、念佛助念等等。另外，從會員等級上看，分為三個類型：普通會員，每天念佛或念咒108遍；銀牌會員，每天念佛或念咒1080遍；金牌會員，每天念佛或念咒10800遍。

會員持咒念佛共修的種類也有多種類型，因為居士對不同咒的信心不同，不同咒功德不同，所以大家選擇的持咒種類也不同。一些居士可能更喜歡念誦南無阿彌陀佛，有些則對南無觀世音菩薩更有信心，還有些可能對文殊心咒更有信心。在佛教中，念佛或持咒類型不同功德不同：通常認為觀世音菩薩救苦救難、求子；文殊菩薩是智慧的象徵，那些期望子女升學的一般都會選擇念誦文殊菩薩心咒；而阿彌陀佛則代表著往生西方極樂世界，這是長者，同時也是所有佛子共同的心願，所以比較受歡迎；念金剛薩埵菩薩心咒的主要功德是懺悔罪業。此外還有蓮花生大師心咒、藥師佛心咒、地藏王菩薩心咒、綠度母心咒等多種多樣的選擇。念誦藥師佛心咒的主要功德是祈求消災延壽，尤其是適合病者；地藏王菩薩心咒則主要是超度祖先；綠度母心咒則特別受到孕育希望事業部年輕媽媽們的歡迎。

上述分類構成了不同的助念活動屬性維度和空間。助念需方根據自己的偏好選擇不同的助念形式，助念發心人員也有了更廣的選擇空間，如此以來，就形成了多重的助念信仰偏好市場框架。這些多樣化的助念市場為網路助念的經營創造了廣闊的市場空間。

三、信徒網路與助念活動中的長尾效應

在佛法共修中生成的信徒網路的紐帶作用下，網路助念活動開展中生成了需求、會員、時間、佛號和口碑等多條資源長尾機制，這對於網路助念的推廣起到了重要的支撐作用。

（一）需求的彙集

以2017年6月1日一程會員的助念需求數據地區分佈[16]為例。如圖26-1至26-5所示，從超度祖先、超度亡靈、超度靈嬰、消災祈福和子女求學等助念項目需求看，各個地區的數量不多，但聚沙成塔，數量就可觀了。這樣的數量反過來又激發了義工的發心，起到促使助念項目持續運作的作用，使得助念變成修行人的日常化活動。

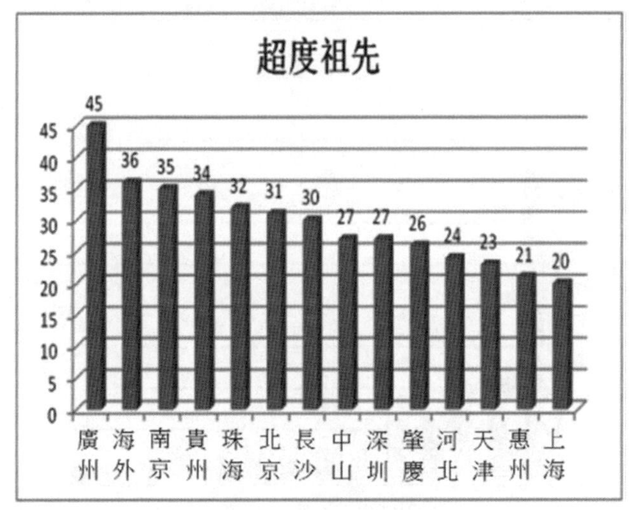

圖26-1　超度祖先需求分佈

【16】數據來源：廣州一程項目需求申報微信群。

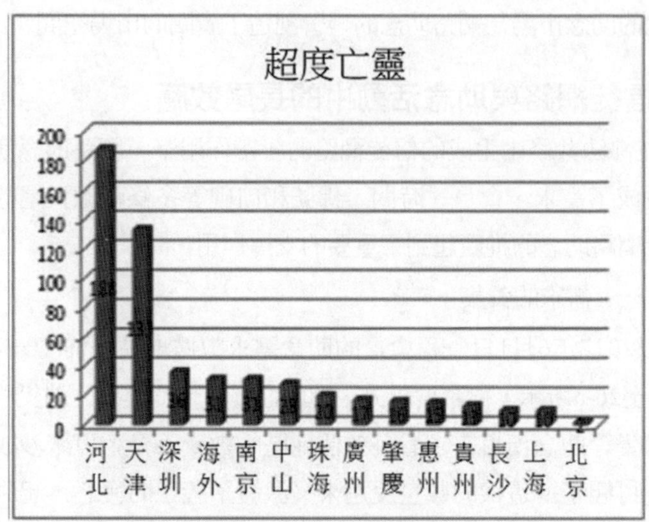

圖26-2　超度亡靈需求分佈

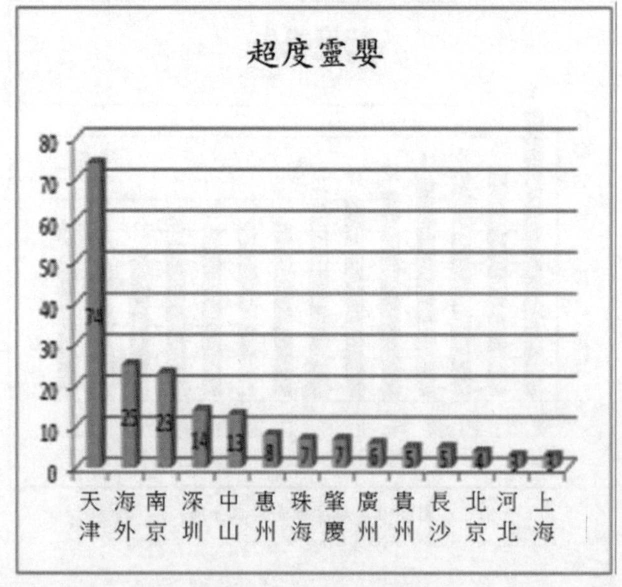

圖26-3　超度靈嬰需求分佈

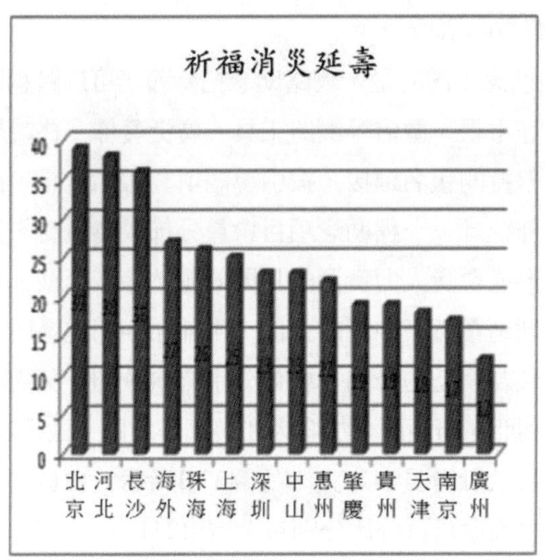

圖26-4　超度祈福消災需求分佈

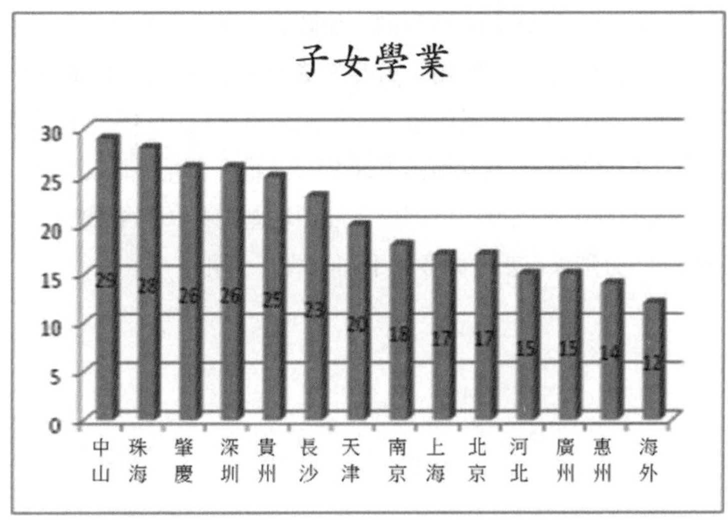

圖26-5　子女求學回向需求分佈

（二）會員的增長

和實地助念不同的是，網路助念招募義工可以跨越區域限制。借助金數據等平臺、微信等網路工具，廣泛發佈。終端學員只需要在手機上點擊打開報名鏈接，按引導語填寫報名資訊，提交即可。根據會員分佈統計，一程助念項目會員分佈較為廣泛，但區域差異較大，由此形成會員人力資源的長尾效應。除了西藏、青海和寧夏三省，國內地區覆蓋了中國的東部、中部和西部地區所有省市，海外會員也有較為廣泛的分佈，會員分別來自歐洲（英國、法國、德國）、澳大利亞、新西蘭、加拿大和美國等地區。截止2018年1月14日，一程項目共計會員3427人，如圖27-1所示，會員主要集中在廣東地區，各地區會員百分比分別為：廣東2411人，占70.35%，其餘地區占29.65%。另外，具體到地級市，各個地區的會員自身也同樣存在長尾現象，以廣東地區為例，如圖27-2所示，總共2411名會員分別來自汕頭、汕尾、廣州、東莞、肇慶、深圳、佛山、韶關、潮州等地區，同樣存在長尾現象，如汕頭地區會員1038人，占廣東省一程會員的43.05%，其餘地區占56.95%。而各個地級市範圍內，根據所加入的群體可以進一步細分，汕頭地區總共1038名會員，如圖27-3所示，分別來自當地80多個不同的共修小組。

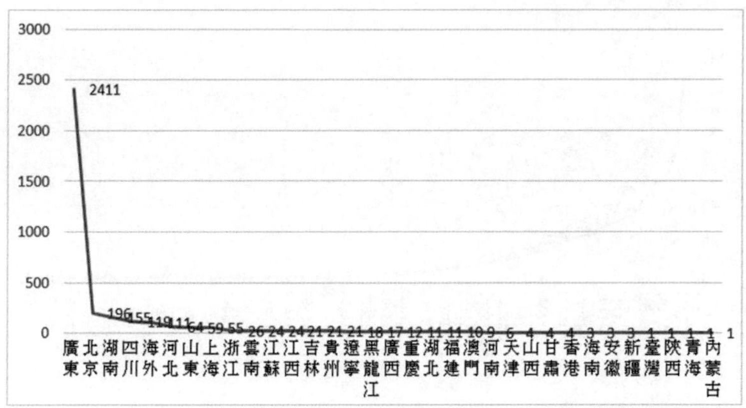

圖27-1　一程會員全球地區分佈（人數）[17]

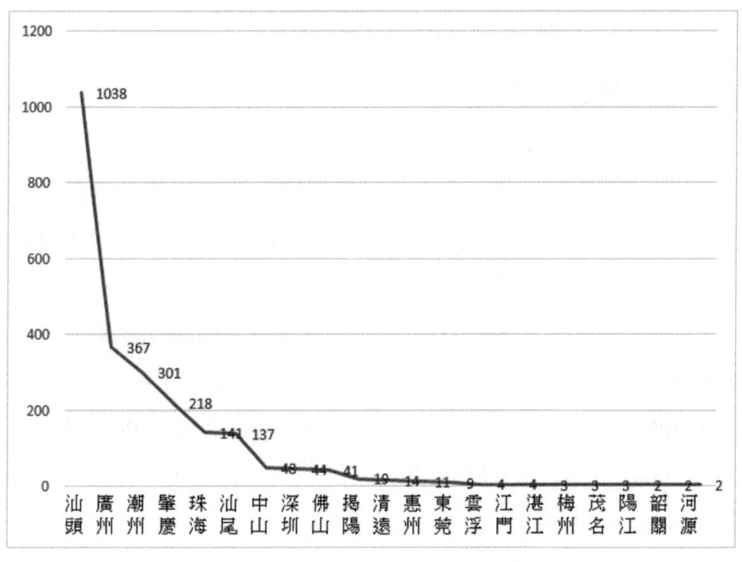

圖27-2　廣東省一程會員分佈（人數）[18]

【17】數據來源：根據廣州一程會員報名資訊表計算。

【18】數據來源：根據廣州一程會員報名資訊表計算。

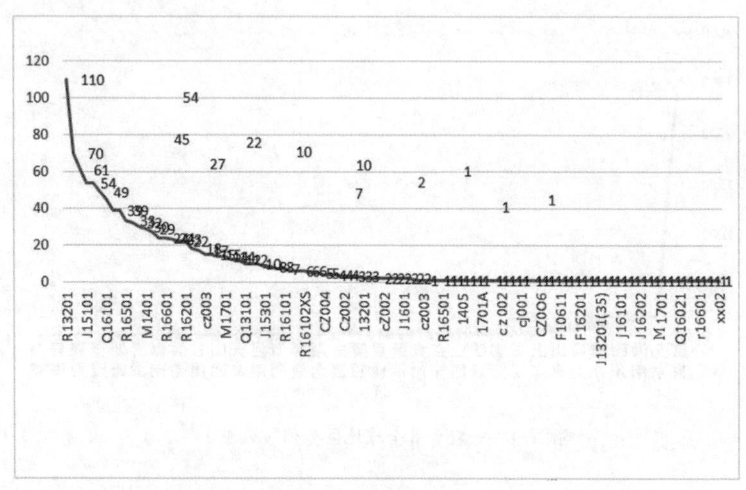

圖27-3　汕頭地區會員群分佈圖（人數）[19]

（三）時間的接力

臨終助念的運作需要穩定的義工隊伍，但特定區域內助念人員的招募受到各種限制。助念人員不穩定，經常影響助念接力。而網路助念就很好的克服了這個問題。通過跨區域的接龍，各個時間段都能彙集到足夠數量的助念人員。尤其是不同時差會員的參與，夜間時段的助念更方便。下面是《生命關懷》網路助念時間安排。21:00-23:00上海/北京、23:00-1:00石家莊/肇慶、1:00-3:00海外一區、[20]3:00-5:00海外二區、5:00-7:00海外三區、7:00-9:00海外四區、9:00-11:00北京、11:00-13:00貴陽、13:00-15:00廣州、15:00-17:00長沙、17:00-19:00塘沽、19:00-21:00惠州。如此以來，就形成了一個穩定（一年365天不間斷）的網路助念平臺。網路助念團依託跨區域的會員支持，成功的解決了不同時間段的助念人力資源需求。

【19】數據來源：根據廣州一程會員報名資訊表計算。

【20】根據時差劃分區域和確定助念時間。

（四）念佛號、持咒的累積

隨著參與人數增多，各地人力資源的彙集，目前生命關懷項目已經走向日常化。這在實地助念中是無法想像的。以佛號念誦項目為例，每個地區由一位負責居士統一填報匯總表。最後由項目總負責人安排居士將各個地區的佛號數量匯總。再將這些念佛的功德回向給各位需要助念的會員。生命關懷項目在各地共修佛號、念佛人數和參加網路助念人數累計如下：八個月的時間已經突破了3億佛號（截止6月9日合計：30170.4880萬）。以2017年6月9日各地區數據為例，如下圖28-1、28-2所示，念佛人數、念佛總數均具有明顯的長尾現象，這就是佛法共修中的信徒網路促成跨區域小市場彙集而成的資源長尾效應。

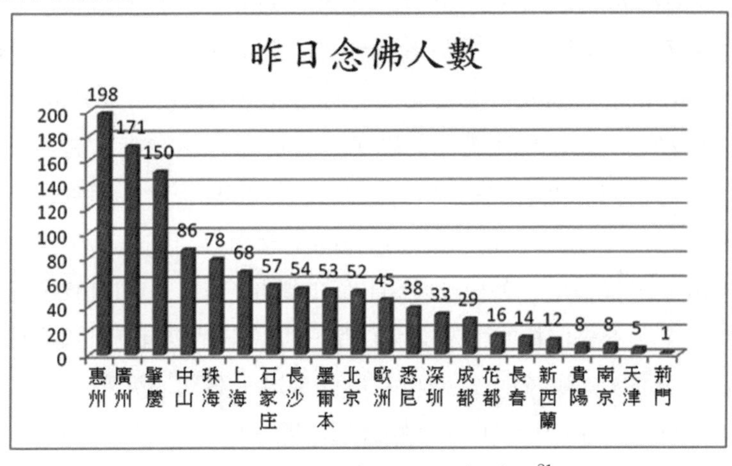

圖28-1　各地2017年6月8日念佛人數圖[21]

【21】數據來源：一程助念後臺報數平臺。

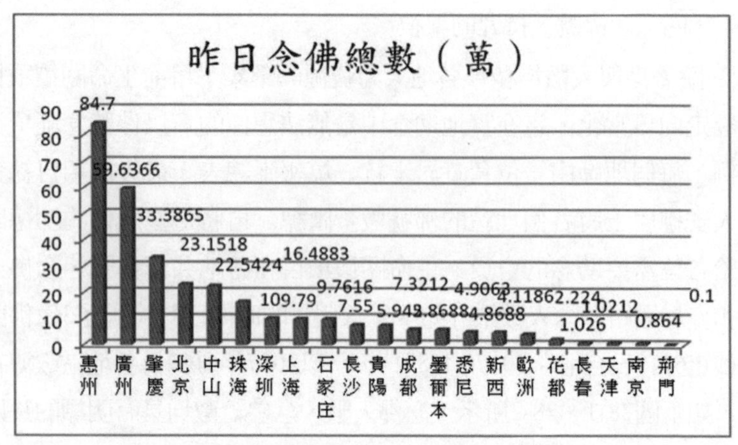

圖28-2　2017年6月8日念佛號總數（萬）[22]

如圖29-1、29-2、29-3所示，任何一種選擇的比例雖然不等，有些甚至才幾個百分點，但考慮到會員數量的增加，那些相對較少被選中的心咒數量，彙集起來，也是非常可觀的。2017年6月9日-7月26日各類誦咒匯總統計顯示，會員總共1884人，其中普通會員914人（48.5%）、銀牌會員905人（48.0%）、金牌會員65人（3.5%）。普通會員中，優先選擇的是念南無阿彌陀佛，其他的則形成了一條長尾。各種佛號和心咒的數量合計19,581,467遍；銀牌會員中，優先選擇的則是文殊心咒、觀音心咒和南無阿彌陀佛，其比例分佈相對均勻，後邊也有一條長尾，各類心咒和佛號合計1,588,696遍。金牌會員中，金剛薩埵心咒、觀音心咒、文殊心咒和蓮師心咒比例相對較高，但後邊依然有相當比例的其他選擇。各類佛號和心咒數量合計519,571遍。

【22】數據來源：一程助念後臺報數平臺。

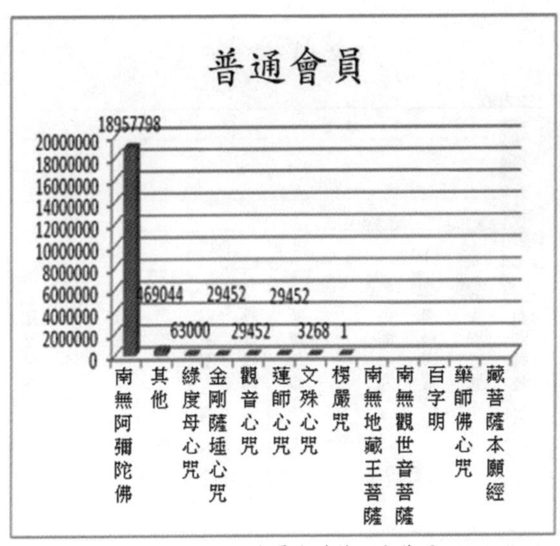

圖29-1　一程會員念佛持咒分佈圖

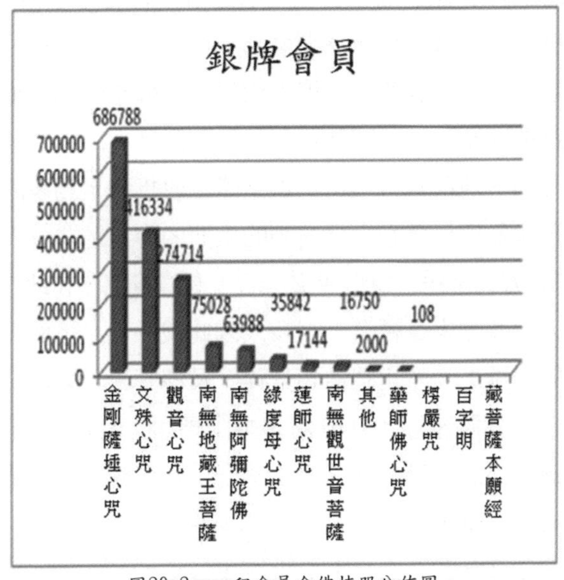

圖29-2　一程會員念佛持咒分佈圖

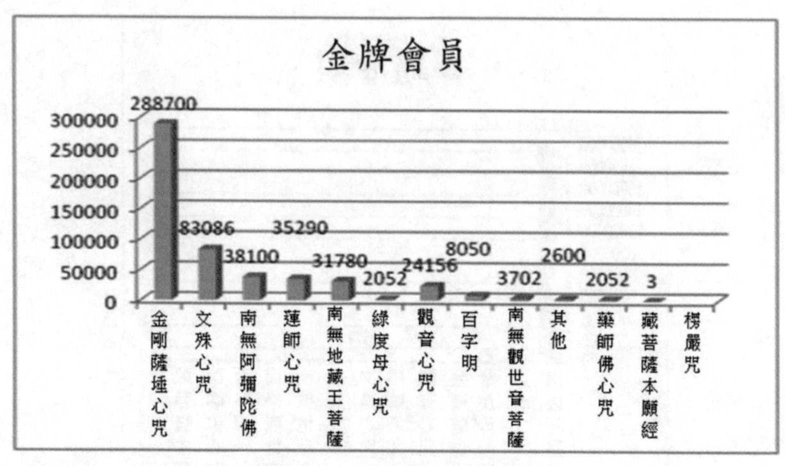

圖29-3　一程會員念佛持咒分佈

（五）口碑的分享

生命關懷項目組會收集各地的助念精彩故事，時不時的組織大家分享經歷。分享者既有助念者家屬，還有助念播音員、佛號助念義工和開示人員等。很多分享催人淚下，在分享中相互加強對助念的共鳴。這種經歷分享，因為跨越了地區限制，所以數量也變得非常可觀，彙集各地精華，項目組總是能夠收集到足夠多的生命關懷故事。這也成為項目發心人員培訓的重要內容。這些分享不僅僅通過YY房間的方式傳播，還形成文字版，有道筆記，在助念的各個微信群，個人朋友圈大量轉發，很多人因此被感化。下面是一次網路助念分享的安排：「廣州圓怡15分鐘、長沙圓芳15分鐘、貴陽淨暉師父10分鐘、貴陽羅居士10分鐘、中山馬居士5分鐘、中山黃居士15分鐘、佛山肖居士15分鐘、惠州李居士10分鐘、肇慶周居士10分鐘、汕頭陳居士10分鐘。」[23]

【23】這部分資料來自筆者以成員身份參加2017年6月9日YY會議獲得的資料。

本章小結

本章詳述了廣州菩提學會臨終助念市場的細分市場空間和市場運作中的資源長尾效應。

第一節介紹了廣州菩提學會實地助念的組織和一般程式。廣州菩提學會創立了慈航生命關懷團，該團以助念往生為宗旨，有較為完備組織結構和助念規程。主要為菩提學會內部的居士及其親屬朋友開展免費的助念服務。

第二節結合田野資料論述了實地助念的困境和解決對策。田野調查發現，由於菩提學會注重佛法學習，助念和傳統習俗觀念、醫院死亡制度的衝突，並且助念義工穩定性方面均面臨困境。廣州菩提學會在得到上師開許後，發展了網路助念平臺，推動了助念市場的分化。

第三節詳述了一程網路助念的市場構成及運作的資源長尾效應。和其他類型市場類似，網路助念市場相對於實地助念市場來說是一個細分市場，這迎合了新型階層的信仰偏好。借助佛法共修中生成的信徒網路，網路助念市場運作中也生成了助念需求、人力、時間、口碑等多條資源長尾效應，這有力的推動了助念活動廣泛開展。

結語

本書以廣州菩提學會為例，論述了一個小眾信仰的宗教市場模式。最後本書將在此基礎上就廣州菩提學會宗教市場構成的社會文化脈絡、市場資源動員的長尾機制及其對於區域宗教和社會關係重構的意義三方面作結論性探討。以此彰顯宗教市場論回應宗教和社會關係問題方面的潛力，以拓展宗教市場論的理論邊界。本書還從類型學上展望其他佛教教派、其他宗教的市場構成、資源動員機制和宗教社會關係的研究。

一、廣州菩提學會的宗教市場構成及其資源動員機制

結合本書研究，我們可以發現廣州菩提學會的宗教市場有如下特徵：市場構成有獨特社會文化脈絡、漢族居士信仰選擇和信仰流動具有實踐理性、市場的「顏色」不止三種且區位跨立是一種常態。基於細分市場和信徒網路資本，廣州菩提學會的各類信仰市場運作中資源動員上生成了資源長尾效應。

（一）修行理念、組織和宗教市場構成。

從文化脈絡看，基於「自度度他」的大乘佛教精神和「漸修漸悟」的修行理念，廣州菩提學會構建了佛法共修、佛化國學、慈善、放生和臨終助念等修行道場。其中佛法共修是學習佛法，實現自度的修行活動；而佛化國學、慈善、放生和臨終助念則是度化其他眾生的活動，屬於度他的層面。義理佛教強調系統的學習佛法，由淺入深，先顯後密。這本身就是吐蕃僧諍後期藏傳佛教的修行理念，即強調將信仰建立在系統的認知邏輯基礎上，強調日常生活中的點滴修行積累上。每一類修行道場又包含很多亞類型。如佛法共修道場，根據學習目標，分學員共修班和輔導員培訓班；根據學習內容深淺，共修班又分基礎班、預科班和正科系等；根據受教育程度和職業，分普通共修班和高知高管班等等。佛化國學根據生命週期，分為孕育希望、青少年、高校學生、企業社團、社區老人等多個課程體系；慈善（含放生）也包括多種形式；臨終助念除了實地還有網路助念等多種細分類型。從社會脈絡看，廣州菩提學會的信眾以文化水準高、收入穩定的新型社會階層女性青年人為主，如第三章第二節所述，這類群體有其自身的信仰偏好特徵，比如注重佛教教義學習。在各類度化活動參與中，也有自己的特別偏好，比如熱愛傳統文化和佛學結合、網路化助念，以及慈善活動方面也有其特殊偏好。廣州菩提學會多樣的宗教組織提供多種的宗教服務，迎合了新型社會階層多重信仰偏好，在供需互動中形成了多種信仰偏好（小眾）市場及其亞類型，獲得了廣闊的市場空間。

（二）從靈驗到理性認知型的信仰流動：新型階層信仰選擇中的實踐理性。

部分學者認為中國宗教的主體依然是各類非制度型宗教，這些宗教信仰選擇具有功利性，追求的是靈驗。[1]其實，如本書第二章有關廣州菩提學會信眾人口特徵和第四章信眾義理佛教信仰偏好兩處所述，信眾疏離於當地寺院而加入菩提學會修行的主要原因是：信眾受教育水準較高，注重佛教義理的學習。在信仰的路徑上，試圖借助認知提升自我覺悟的信仰[2]，這和那些建立在神跡上的信仰明顯不同。這正是信仰理性化的一種體現，這恐怕無法用工具理性來概括。這一理性選擇引起的改宗和信仰流動的背後則是宗教供應差異引起的信仰流動。在不同佛教教派之間的改宗所引起的信仰流動現象也應驗了斯達克的一些有關宗教供應水準對宗教公司市場佔有的影響方面的的命題。「新公司進入任何市場都取決於機會。機會的出現是由於既存公司的競爭力弱，或者因為有些市場區位未得到服務或者未得到充分服務。導致既存宗教公司沒有效率的任何事情，或者在一個未得到服務的市場區位中，都會使得新公司的進入變得容易。」[3]如第四章有關改信經歷的口述資料顯示，很多改信者均是因為在本地寺院無法獲得系統學習佛法的渠道，而菩提學會則提供了這樣一種平臺。不僅如此，除了佛法共修市場，還有佛化國學、慈善、放生、臨終助念市場等等，均在某種程度上體現了新型階層的表達信仰的某種偏好。這些信仰偏好和宗教選擇性參與本身體現了廣州菩提學會信徒的實踐理性。可見，宗教市場論對於轉型期的中國宗教現象具有解釋力。所以筆者認為宗教市場論強調宗教供方的作用值得肯定，廣州菩提學會的確提供了一種充滿吸引力的宗教

【1】 Weller，范麗珠，Madsen，陳納，鄭筱筠，對話宗教與社會資本，世界宗教文化，2011，05。

【2】 盧雲峰，超越基督宗教社會學——兼論宗教市場理論在華人社會的適用性問題，社會學研究，2008，05。

【3】 羅德尼・斯達克，羅傑爾・芬克著，楊鳳崗譯，信仰的法則：解釋宗教之人的方面，北京：中國人民大學出版社，2004：249。

修行方式。

（三）中國宗教市場「顏色」不止三種，區位跨立是一種常態。

斯達克將利基概念引入宗教市場論後，將宗教和社會的張力作為區分區位的核心維度，因此認為同一個宗教公司長期佔據幾個區位是不可能的，區位跨立只是過渡性的，不可能成為一種常態。但廣州菩提學會的市場資源動員機制看，區位跨立是一種常態現象。廣州菩提學會上述多樣的宗教組織提供多種的宗教服務，迎合了新型社會階層多重信仰偏好，在供需互動中形成了多種信仰偏好（小眾）市場及其亞類型，為其擴展性傳播提供了廣闊的市場空間。根據學習目標，義理佛教市場包括各種亞類型：如按學員類型分為共修班和輔導員培訓班；根據學習內容深淺，共修班又分基礎班、預科班和正科系等信仰偏好市場；根據受教育程度和職業，分普通共修班和高知高管班。另外根據度化對象和方式差異，分佛化國學、慈善、放生和臨終助念等信仰偏好市場等多重類型及亞類型。

即使從張力維度來劃分區位，我們也可以看到區位跨立現象的常態性。參考楊鳳崗的三色市場理論框架，我們可以看到廣州菩提學會的諸種組織形態上兼具三色市場。慈善、放生基本上可以看作紅色市場，臨終助念、佛化國學可以看作是灰色市場，共修學佛可以看作是黑色市場。不過三色市場的關係並非是此消彼長的關係，而是一種共生關係。如本書前文所述，義理佛教市場為佛化國學、慈善、放生、臨終助念提供了重要精神動力、人力、物力等等的支持。所以說，張力維度的區位概念無法很好的解釋中國的宗教現象。我們放棄僅僅從張力角度探討區位概念，保留信仰偏好這個維度，那麼這個問題就能解釋通了。有多少信仰偏好，就有多少區位的劃分維度。如此以來，宗教公司的市場佔有取決於宗教產品對宗教消費者的滿足程度。這依然符合斯達克的宗教供應理論命題：宗教供應能力決定宗教公司的市場佔有水準。廣州菩提學會正是提供了多樣化的宗教產品服務，滿足了新型階層的多種信仰偏好，才獲得了廣闊的多重宗教細分市場空間。簡而言之，宗教公司的區位跨立在廣州菩提學會成為了一種策略和常態。

（四）資源長尾：廣州菩提學會的市場資源動員機制。

正是基於其獨特的修行理念、組織模式、多重細分市場空間和信徒網路等具體機制，各類組織和市場在資源動員中形成了資源長尾效應，長尾效應的內涵不僅僅包括信仰市場需求，還有道場運作所需要的人力、物質和社會資本等等各種資源。這就是廣州菩提學會運作的資源動員機制。資源長尾機制的形成包括兩個方面：

第一，市場空間：供需交互與多元小眾信仰市場的構成。廣州菩提學會的上述多樣的宗教組織（「宗教子公司」）提供多種的宗教服務，迎合了新型社會階層多重信仰偏好，在供需互動中形成了多種信仰偏好（小眾）市場及其亞類型，為擴展性傳播提供了廣闊的市場空間。本書結合廣州菩提學會的組織類型和居士信仰偏好（相似信仰需求和喜好），提出佛法共修和佛化國學、慈善、放生和臨終助念等信仰偏好市場及亞類型。各類市場還可以進一步細分，如佛法共修市場，根據學習目標，分學員共修班和輔導員培訓班；根據學習內容深淺，共修班又分基礎班、預科班和正科系等信仰偏好市場；根據受教育程度和職業，分普通共修班和高知高管班。

第二，信徒網路與資源長尾效應。佛法共修中積累了廣泛穩定的信徒網路，這從宗教動力、資源彙集和經濟物質等方面支持了各類市場的運作。在資源動員過程中，正是借助信徒網路彙集了各種人力、物力和市場需求，促成了各類市場運作中資源長尾效應的生成。無論是佛法共修、佛化國學、慈善、放生和臨終助念等市場均形成了多個信仰偏好市場和長尾效應：各地菩提小組和輔導員培養體系聚集效益；XR組織（佛化國學）中從師資力量、課程資源、講座需求等方面的長尾機制；慈善捐款中9.9慈善日、義賣、公益徒步、小馬駒儲錢罐等等多條長尾機制；放生活動中，從隨喜放生捐款、參與現場放生人數、殊勝日設計、放生物種等方面形成的長尾效應；網路助念從助念需求、會員、佛號共修、時間接力、口碑五條長尾機制。這些長尾效應為廣州菩提學會的市場運作提供了有力支持。尤其是網路時代，這一多重市場區位和信徒網路的適應能力很強，由此可以解釋近年來菩提學會在內地乃至海外的廣泛傳播。

二、宗教市場的資源長尾與區域佛教結構重組

透過本書關於廣州菩提學會組織運作增長的市場空間、資源動員機制的分析，可以看到，信仰市場空間分化、資源長尾效應本質上是基於個體信仰偏好而產生的個性化宗教信仰偏好市場的累積效益。這也是社會變遷背景下新型階層的佛教信仰偏好分化、信仰流動、信仰階層分化、僧俗角色關係重構、佛教組織形態、佛教結構性地位和社會功能變遷等中國佛教結構重組[4]的過程。

（一）階層分化、信仰偏好和信仰流動。

社會階層對宗教信仰偏好的影響，這是宗教社會學研究中的重要論題，有大量的關於社會經濟地位對宗教信仰的影響研究。如韋伯[5]在《新教倫理與資本主義精神》中所提出的西方現代性的精神動力命題，探討了清教徒的信仰取向和世俗生活的關係。宗教市場論

【4】 這部分借鑒吸取當代美國宗教社會學家伍斯諾有關美國宗教結構重組研究的啟發。參考：Robert Wuthnow, *The restructuring of American religion :society and faith since World War II*, Princeton University, 1988, 72-126.

【5】 美·J·M·yinger編著，李向平、傅敬民譯，宗教社會學經典快讀，北京：宗教文化出版社，2006：176。

有關區位構成中，關於保守和開放區位的探討中，也從信徒的經濟地位角度探討了改宗或改教現象。[6]有學者對教會－教派連續體與社會經濟地位的相關關係進行了量化研究，研究發現，教育程度越高、社會職業地位高和社會聲望高的階層更傾向於教會模式，而受教育程度低、社會職業地位低和社會聲望低的階層傾向於教派模式。[7]

那麼為什麼信仰和階層屬性有內在關係呢？為了糾正斯達克宗教市場論偏於供方的解釋偏頗，本書也同時引入基於需方的一種宗教社會學理論，即查爾斯・Y・格洛克（Charles Y・Glock）的短缺理論。所謂「『短缺』的英語原文是『Deprivation』，含有被剝奪、喪失等意。社會學家用它來表示人們需要有或應該有的東西，卻由於某種原因沒有得到。」[8]並將「短缺」區分為經濟、社會、機體、倫理和心理五種類型。[9]國內學者劉昭瑞較早應用這一理論解釋中國廣東某鄉村天主教宗教皈依原因。[10]隨後馬建釗、陳曉毅等人結合短缺理論維度，嘗試構建的經驗理論模型頗具啟發性。[11]

【6】 Warren B L. *Socioeconomic achievement and religion: The American case. Sociological Inquiry,* 1970, 40(02).

【7】 Dynes R R. *Church-sect typology and socio-economic status.American Sociological Review*, 1955, 20(05).

【8】 美・羅納德・L. 約翰斯通，袁亞愚等譯，社會中的宗教：一種宗教社會學（第八版），成都：四川人民出版社，2012：107-109。

【9】 Charles Y.Glock. *The Role of Deprivation in the Origin and Evolution of Religious Groups[A].* in Religion and Social Conflict, eds[C]. Robert Lee and Martin Marty. New York: Oxford University Press. 1964: 24-36.

【10】劉昭瑞，上帝的山葡萄園——關於揭西縣一個天主教徒村的調查與思考[A]。黃淑娉主編，廣東族群與區域文化研究調查報告集[C]，廣州：廣東高等教育出版社，1999：440-468。

【11】馬建釗、陳曉毅，短缺—功能論視野下的社會主義中國之宗教長期性[C]，政協廣東省委辦公廳編，促進建設和諧社會——宗教與社會主義社會相適應研討會論文集，中國，北京：宗教文化出版社，2005：205-

田野調查發現，從社會人口特徵來說，廣州菩提學會的漢族居士年輕女性多、文化水準較高且大多都是專業技術等中等職業收入階層人員。本書認為這些改信的新型社會階層居士所缺乏的不是物質、權力、機體健康方面的滿足，而是因為中國社會轉型中，舊的價值體系脫魅，新的價值體系尚未建立起來造成的倫理價值真空所帶來的生活意義危機感。而內地的寺院佛教在相當程度上無法提供這樣的滿足感，菩提學會注重次第的教義學習恰恰為填補這一意義短缺提供了可能。廣州菩提學會的佛法共修、佛化國學、慈善、放生和臨終助念等各類宗教服務所提供的恰恰是一種重要的倫理精神資源。佛法共修小組對於佛教的系統化學習，注重佛法教義聞思基礎上的修行，積極參加XR等佛化傳統文化學習班，以及慈善、放生以及臨終助念等信仰實踐活動的參與中，都可以明顯的感受到信眾對一種生活意義的追尋。

這種倫理意義的尋求表現在信仰上，正是對於義理佛教的信仰偏好。中國傳統社會階層結構分化較低，社會生活經驗同質性較高，大眾文化素質普遍偏低，宗教偏好趨於民間化信仰模式，這樣的信仰不注重宗教教義的掌握和理解。傳統的頓悟派禪宗和一心念佛的淨土宗均不注重佛法教義系統學習的修行模式能夠滿足傳統信仰偏好。而中國改革開放以來，民眾文化素質大幅度提高，新型社會階層崛起，其信仰偏好由功利型轉向認知理性型。廣州菩提學會在內地的跨區域傳播背後正是社會階層分化，尤其是新型社會階層崛起中居士信仰偏好由民間型向義理佛教轉變的產物。

（二）信眾的階層分化、僧俗角色關係重組和宗教生態重構。

如上文所述，廣州菩提學會踐行漸修漸悟的修行理念，特別是其注重修行道次第的特徵迎合了新型階層的信仰偏好，這導致了漢

228。

地佛教信眾的信仰流動現象。另外，漢傳佛教僧俗關係和菩提學會僧俗關係很大的不同在於居士地位的差異。漢傳佛教僧人弘法，居士護法；而菩提學會中上師和居士均可弘法。漢傳佛教一方面義理佛教欠發達，另一方面僧團素質相對低下的前提下堅持傳統的僧俗關係模式。廣州菩提學會的共修體系、輔導員培養體系一方面展示了佛教僧團的攝持力，另一方面為菩提學會的宗教傳播提供了重要的社會資本。造成菩提學會吸引了更多的中等收入階層的信徒，而漢傳佛教寺院則留下了傳統的三多（老人多、女人多、文化水準低的多）信徒。長此以往，區域佛教的發展將會走向階層分化。菩提學會越來越成為新型社會階層的信仰，漢傳佛教則將面臨新型社會階層居士的疏離，三多現象更為明顯。信徒的階層構成不同將直接影響宗教的社會地位。憑藉新型社會階層信徒的擴張，社會資源的動員能力將獲得穩定的增長，菩提學會將發揮更為廣泛的社會影響力，得到深度的滲透。而漢傳佛教受制於底層信徒的社會資源量，將越來越喪失發展佛教的能力。其社會資源的動員能力都將受到限制，其社會生存發展空間將面臨相對壓縮。這將是中國佛教內部不同派系生態關係的變遷。

（三）信徒網路、資源長尾和跨區域佛教組織的蔓延。

有學者從資源動員角度將互聯網定義為一種動員資源。並且認為理論上，互聯網作為宗教動員的資源更有其深刻含義，互聯網作為動員資源讓各種宗教團體（或以信仰為基礎的團體）的活動範圍變寬、影響變大。互聯網作為動員資源不僅使宗教非政府行為體獲得了媒體資源，而且作為社交平臺和通訊網絡增強了宗教組織及宗教團體的內部聯繫，提升了它們的組織能力；同時，經由互聯網傳遞出來的資訊，既增強了人們的宗教認同感，又塑造了人們對周圍世界的看法並改變了他們的行動方式，從而使宗教組織和個人成為國際關係行為體的可能性加大，國家宗教形象、人道主義援助、社會運動和恐怖主義的傳播都因此受到影響。[12]在互聯網時代，宗教文化的全球化和網路密切關聯[13]。廣州菩提學會的宗教傳播中，在新型階層的參與支持下，既有網上宗教也有網路中宗教的形態，比如共修、XR組織、實地助念、慈善、放生中，很多借助網路進行跨區域的人員溝通，資訊傳遞；而網路助念等活動已然成為網路形態的宗教。正是借助互聯網和信仰社會網路超越了地理區域的限制，將不同地區的有類似信仰偏好的信徒聚集在一個網路空間中，由此才使得小眾文化轉換為不可忽視全球文化亞群體，進而產生廣泛的社會影響。資源長尾機制所要揭示的正是小眾文化的全球市場的延伸模式。這和元明清時期藏傳佛教在內地的傳播途徑大為不同。傳統社會藏傳佛教的傳播只能借助有限的政治空間，在基於地理區域法規的約束下，獲得有限的發展空間。而互聯網時代，宗教的傳播借助多重信仰偏好市場，滿足了新型社會階層信徒的多元信仰喜好，為宗教的跨區域傳播創造了機會。組織角度來看，在互聯網背景下借助信徒網路生成的資源長尾機制，菩提學會的各類宗教子公司，如佛法共修、佛化國學、慈善、放生和臨終助念都創立了跨區域的組織模式。這樣的組織模式擁有更為廣泛的組織資源，憑藉這些資源，佛教的結構性地位得到提升，無論是宗教的擴大傳播還是宗教的社會參與能力，均得到大幅度提升。

（四）宗教社會參與：資源長尾促成區域佛教與社會關係重構。

世俗化理論一度成為20世紀宗教社會學的主導性理論。該理論認為，隨著現代性的進展，宗教的結構性地位將會降低。激進的世

【12】黃平，互聯網、宗教與國際關係——基於結構化理論的資源動員論觀點，世級經濟與政治，2011，09。

【13】學誠，全球化背景下的中國佛教，世界宗教研究，2015，04。

俗化理論認為宗教將為走向消亡，信徒越來越少。溫和的世俗化理論觀點是：宗教與社會其他制度的關係中，宗教的影響將會降低。[14] 宗教世俗化理論的這些預言使其成為宗教市場論的理論靶子。批評者認為，世俗化理論所提出的宗教與現代性關係是基於歐洲經驗，宗教與現代性的關係應該是多元的。[15]中國的現代性是國家主導的現代性，[16]根據我國意識形態，宗教的地位經歷了「鴉片論」、「文化論」，再到社會資本論的轉變。[17]這一過程中，宗教一度走向邊緣化，並影響至今。廣州菩提學會的市場資源動員機製錶明，隨著中國新型階層的出現，居士信仰偏好的變化，以漸修漸悟為理念的藏傳佛教在內地獲得了傳播的市場空間，並形成了獨特的修行組織模式。借助其獨特的修行模式和市場構成，廣州菩提學會宗教市場生成了多重的資源長尾機制。資源動員能力將成為影響宗教傳播的重要變數。所謂藏傳佛教熱或許就是其資源動員能力的一種表現。同時，從宗教與社會關係來說，宗教組織的資源動員能力也將影響宗教在社會空間中的位置和結構性地位、宗教的社會性[18]和社會參與能

【14】李向平等，當代美國宗教社會學理論研究，上海：中西書局，2015：38。

【15】Davie G. *Creating an agenda in the sociology of religion: Common sources/different pathways*. Sociology of religion, 2004, 65(04).

【16】翟年祥，項光勤，政府在後發型國家現代化進程中的主導作用，安徽大學學報（哲學社會科學版），2008，(01)：137-141。段志超，論國家主導現代化與意識形態建設的統一性，湖湘論壇，2002，03。

【17】李向平，從「精神鴉片」到「社會資本」——改革開放三十年中國宗教的基本變遷，中國宗教，2008，11。

【18】李向平，郭理，人間佛教的神聖性與社會性——以星雲大師的佛教思想為中心，上海大學學報（社會科學版），2016，33(05)。王增福，何夥旺，理解宗教社會性的三重維度——從迪爾凱姆的立場談起，理論月刊，2013，02。張橋貴，宗教的社會性及其現實意義，世界宗教文化，

力。這種宗教社會參與能力的提升讓人喜憂參半。

1.資源長尾與宗教在現代教育領域的滲透。

按照我國宗教政策管理條例，任何宗教均不可以干涉教育活動。廣州菩提學會的佛化國學項目活動開展中，借助推廣傳統文化的文化符號，借助廣泛的信徒網路資源。開始面向青少年、高校學生等等群體傳播充滿佛教理念的課程。如本書第五章所論述，這樣的課程體系覆蓋面越來越廣，廣泛在一些幼稚園、小學、中學和高校滲透。形式多樣，有公益講座，也有各類互動活動。有線上活動、也有線下活動。這些課程對於青少年學生，甚至高校博士的群體的價值觀、人生觀發生了或直接或間接的型塑作用。客觀地說，接受傳統文化的學習是學生的自由，並且傳統價值觀也不乏可取之處，有些甚至對於青少年的成長也是很有益處的。不過，佛教對於現世價值的否定，也導致了一些負面影響。比如中山大學某女博士放棄學業出家。開展的各種《弟子規》教育，也讓不少社會人士擔憂，究竟是奴才教育還是聖賢教育？是傳播封建思想還是傳統價值觀的積極修復？

2.長尾式慈善與佛教社會主體性[19]。

影響我國宗教慈善事業發展水準的因素很多，如宗教差異、[20]

2004，02。

【19】何建明，公益事業與宗教的社會主體性[A]，張士江，魏德東主編，中國宗教公益事業的回顧與展望[C]，北京：宗教文化出版社，2008：93-94。

【20】魏樂博教授探討宗教對社會構建的貢獻中，提出了一個慈善活動積極序列，基督教、佛教、其他宗教，並認為宗教組織的巨大差異對中國的宗教慈善影響甚小。魏樂博，汪昱廷，中國社會的宗教和公益，北京大學學報（哲學社會科學版），2009，46(04)。

服務項目和募捐手段、[21]宗教團體社會資本[22]和資源動員能力[23][24]倍受學界的關注。受到特定歷史條件及宗教政策的約制，不少宗教慈善組織的資源動員是限於某特定區域的，比如佛教寺院的慈善資源獲取通常以寺院為中心的附近區域居士為主。筆者曾以瑪納斯大佛寺寺內居士林為區域宗教慈善組織的典型形式。[25]相對於寺內居士林模式，在互聯網時代，CH慈善公益組織則提供了另外一種跨區域的資源整合模式。自2011年創立註冊以來，借助跨區域的佛教居士網路，其慈善資源籌集方面取得了顯著的成功。由此獲得快速發展，以此捐款模式，陸續開展更為多樣化的慈善項目，進而生成多條資源長尾效應機制。從救助對象資訊的搜集、慈善資源的招募等方面均有無限寬闊的市場。「遠水不解近渴」已經被改變，借助互聯網平臺，保證信譽的前提下，各類宗教慈善資源的招募空間無限擴大。這代表了未來宗教慈善的一種重要發展方向。CH組織之所以

【21】宋躍華提出，光孝寺寺院慈善的傳統性質，服務項目和募捐資源的手段也已傳統為主，無法實現可持續性發展問題。宋躍華，關於寺廟慈善事業可持續發展的探討——以廣州光孝寺為例。宗教學研究，2010，02。

【22】劉澎提出宗教團體的社會資本對其慈善行為參與的影響問題。劉澎，美國宗教團體的社會資本，美國研究，2005，19(01)。

【23】夏金華認為民國時期的居士團體在社會動員能力、專業性、規範性和實際效用方面比當代寺院慈善活動更具水準。夏金華，民國時期上海佛教團體慈善公益事業與現代寺院慈善活動的比較研究，南京曉莊學院學報，2009，03。

【24】劉威等認為慈善組織的資源動員能力是制約宗教慈善組織發展的關鍵之一。劉威，慈善資源動員與權力邊級意識：國家的視角，東南學術，2010，04。趙利，慈善超市資源動員研究，碩士學位論文，華東師範大學，2017。龍永紅，互惠利他鏈：官民慈善組織資源動員的比較研究，博士學位論文，南京大學，2012。

【25】吳良平，龍開義，劉向權，瑪納斯大佛寺寺內居士林與社會建設，世界宗教文化，2014，04。

能夠取得如此的成功，除了利用了網路工具外，還有一個更重要的條件是信任。而這種信任是通過道友關係而得到保證的。試想，如果沒有遍佈各地的菩提小組，以及菩提小組的共修制度和輔導員制度，各類慈善活動就失去了組織依託，其社會資源的聚合過程就無法實現。

此外，放生活動中，由於生成了長尾機制，大面積的放生活動得以開展。放生的地點、時間、物種等方面也呈現出多樣化特徵。這也容易導致放生的泛濫，不僅對當地生態造成影響，而且有些物種的放生造成了一定的社會恐慌。如廣州珠江邊大量放生蛇，對市民的生活造成了負面影響。[26]

3.現代死亡管理制度下的臨終助念。

如第七章所述，一方面受到現代醫院、民政部門和殯儀館等死亡管理給予的制度空間限制，另一方面和民間各種習俗相互衝突，廣州菩提學會的實地臨終助念活動的開展中，先後經歷了多次重組。在這些重組中，既有自身資源動員模式的重構，也有對外關係的調整。借助調整重構後生成的資源長尾機制，廣州菩提學會先後建立了私立醫院、太平間、殯儀館和寺院等實地助念平臺，同時也積極創建了跨區域的網路助念平臺。隨著菩提學會會員的發展，資源長尾的增長，網路助念項目發展迅猛。

三、展望：文化並置視角下的宗教市場類型研究

如本書導論第三節所述，文化並置法（cross-cultural juxtaposition）是當代人類學家喬治·E. 馬爾庫斯（George E·Marcus）提出的文化批評方法。馬爾庫斯認為，人類學有兩大承

【26】珠江邊放生整箱的蛇，嚇得過路街坊紛紛躲避http://slide.gd.sina.com.cn/news/slide_17_2890_496308.html#p=1

諾，第一承諾是對異域文化的描寫和記述，第二個承諾是在此基礎上，反觀本土文化，形成對自己文化模式的再認識，進而達到文化自覺的目的。我們可以假設：修行理念不同，踐行理念的宗教組織類型也就不同；組織模式不同宗教市場構成也就不同，進而市場資源模式也就不同；宗教組織資源動員模式不同，宗教和社會的關係也就不同，最終宗教的社會參與也不同。本書探討了廣州菩提學會的宗教市場構成和資源動員模式。在此基礎上我們以文化並置法嘗試作些宗教組織類型學上的思考，以增強對中國佛教組織研究的理論自覺。比如中國漢傳佛教寺院及居士林的等宗教組織的研究，能否借助修行理念的分析理解其組織類型構成的內在邏輯和宗教市場構成及其資源動員機制，評判影響其社會功能的結構性因素，進而探索優化措施，以增強其社會參與能力。南傳佛教的波章制度，也出現了各種困境，是否可以從南傳佛教的宗教修行理念、組織模式和宗教市場資源動員方面進行探討，以深入發現影響其社會參與的制度性或結構性因素。除了同一種宗教不同教派的比較研究，我們還可以做不同宗教的市場比較研究。比如佛教、基督教、天主教和道教之間的宗教市場構成和資源動員機制的比較研究。還可以將制度型宗教和非制度型宗教的宗教市場構成作比較，分析其資源動員機制。對於這些問題的回答將有利於理解社會變遷中各類宗教和社會關係的重構問題。這些都是比較有潛力的研究問題。

參考文獻

中文期刊

1.安東梅，耿曉光，微內容：圖書館服務的「長尾」，圖書館建設，2010，(12)：54－56。

2.陳曉芬，楊朝軍，基於長尾理論的共用金融發展策略研究，管理現代化，2017，37(3)：5－7。

3.陳修齊，基於長尾理論的民營快遞業雲物流模式研究，東南學術，2012，06：79－87。

4.陳力，蒲愛潔，從長尾理論到3G時代小靈通市場，商場現代化，2007，28：226－227。

5.陳力丹，霍仟，互聯網傳播中的長尾理論與小眾傳播，西南民族大學學報：人文社會科學版，2013，04：148－152。

6.陳贇，基層宗教市場中的管制與競爭：以一個縣級個案適用並反思宗教經濟理論，東嶽論叢，2012，33(09)：163－167。

7.陳向東，基於Web2.0的網路教育資源建設，中國教育資訊化：高教職教，2007，04S：58－60。

8.陳凱紅，「長尾理論」視野下我國成人高等教育發展思考，成人教育，

2018，09：14-19。

9.程娟，肖雪，基於長尾理論的數字圖書館用戶保障，圖書情報工作，2008，52(8)：39-42。

10.程猛，尋找聯合生活——人類學視野下農民加入家庭教會的原因探析，北京社會科學，2017，03：84-94。

11.段志超，論國家主導現代化與意識形態建設的統一性，湖湘論壇，2002，03：64-66。

12.佟婧，美國社區學院籌資理念的三大轉變，比較教育研究，2016，8：65-71。

13.丁仁傑(Jen-Chieh Ting)，當天道遭逢宗教市場：評Lu Yunfeng, The Transformation of Yiguan Dao in Taiwan: Adapting to a Changing Religious Economy. 臺灣社會學刊，2009，43：221-230。

14.范麗珠，現代宗教是理性選擇的嗎？——質疑宗教的理性選擇研究範式，社會，2008，06：90-109。

15.馮廣聖，長尾理論視域下「衆籌新聞」現象研究，新聞界，2014，12：67-71。

16.高萬芹，民間宗教市場：一種現代社會的整合機制：以浙江農村地區的民間宗教為例，民俗研究，2015，01：132-139。

17.高貴武，連哲，試論新媒體環境下電視「長尾」市場的開發，國際新聞界，2013，02：38-46。

18.顧中，「冷門」亦可創造財富：試以「長尾理論」檢討付費電視的生存法則，中國電視，2008，02：62-67。

19.黃平，互聯網、宗教與國際關係——基於結構化理論的資源動員論觀點，世級經濟與政治，2011，09：52-66+158。

20.黃飛君，宗教經濟理論的限度：以中國臺灣地區宗教實踐為例，世界宗教文化，2013，01：22-28。

21.何白，找回電視的「尾巴」：從「長尾理論」看數字電視的發展，電視研究，2007，08：44-45。

22.韓克勇，互聯網金融發展的長尾驅動與風險生成機理，亞太經濟，

2018，01：62–66。
23.霍兵，張延良，互聯網金融發展的驅動因素和策略：基於長尾理論視角，宏觀經濟研究，2015，02：86–93。
24.汲喆，如何超越經典世俗化理論？——評宗教社會學的三種後世俗化論述，社會學研究，2008，04：55–75+242–243。
25.汲喆，禮物交換作為宗教生活的基本形式，社會學研究，2009，03：1–25。
26.季海菊，微德育：新媒體時代學校德育的新形式：基於「長尾理論」的延伸與應用，學海，2012，06：176–180。
27.季海菊，當代高等教育的問題與對策(筆談)：長尾理論視角下的微德育開發，學海，2014，06：208–213。
28.克珠群佩，藏傳佛教道次第概述，中國藏學，2005，02：67–74。
29.李竹榮，張黎焱，「長尾理論」與低成本電影的商機，當代電影，2008，09：26–28。
30.李彬，長尾理論對電視節目傳播的啓發，中國電視，2018，03：90–93。
31.李向平，楊林霞，宗教、社會與權力關係：「宗教市場論」的社會學解讀，華東師範大學學報(哲學社會科學版)，2011，43，(05)：1–7+151。
32.李向平，從「精神鴉片」到「社會資本」——改革開放三十年中國宗教的基本變遷，中國宗教，2008，11：29–32。
33.李向平，郭理，人間佛教的神聖性與社會性——以星雲大師的佛教思想為中心， 上海大學學報(社會科學版)，2016，33(05)：9–19。
35.李向振，「信仰慣習」：一個分析海外華人民間信仰的視角：基於新加坡中元祭鬼習俗的田野考察，世界宗教研究，2018，01：111–119。
36.李峰，回到社會：對當前宗教社會學研究範式之反思，江海學刊，2013，05：95–100。
37.李少貞，基於長尾理論的高校科技資訊資源管理，科技管理研究，2009，29(08)：291–292+283。
38.李書巧，李寒，政府公共決策中民意吸納的優化路徑：基於長尾理論的視角，領導科學，2018，02：16–19。
39.李麗莎，受衆角色影響下的「和」行銷策略：以奧巴馬決勝競選的「長尾戰略」為例，東南傳播，2011，81(5)：110–113。
40.劉晉英，長尾理論與檔案工作，蘭臺世界，2008，24：36–37。
41.劉威，慈善資源動員與權力邊級意識：國家的視角，東南學術，2010，04：53–60。
42.劉夏蓓，宗教研究的「科學範式」與「信教」行為的經驗研究：以兩個「信衆群體」為個案，中南民族大學學報（人文社會科學版），2010，30(06)：82–87。
43.劉建昌，李曉飛，石秀，基於長尾理論的創客運動多品種小批量生產模式分析，科技管理研究，2015，35(12)：8–12。
44.劉澎，美國宗教團體的社會資本，美國研究，2005，19(1)：37–56。
45.劉賢，淺論中國城鄉基督教會的差異：以理性選擇理論為視角的個案研究，宗教學研究，2011，02：139–147。
46.劉肖，網路自助出版模式研究：基於「長尾理論」的分析視角，出版發行研究，2007，11：42–45。
47.劉煒，「借身人」信仰：神啓現象的社會學分析，中國農業大學學報：社會科學版，2016，33(4)：85–92。
48.練小川，冪律、長尾理論和圖書出版，陝西師範大學學報（哲學社會科學版），2007，03：110–116。
49.梁景文，陳著，羅斯，陳銳鋼，民間寺廟與中國宗教經濟——對宗教經濟理論的探討，世界宗教文化，2010，02：21–26。
50.梁永佳，中國農村宗教復興與「宗教」的中國命運，社會，2015，35(01)：161–183。
51.盧雲峰，超越基督宗教社會學——兼論宗教市場理論在華人社會的適用性問題，社會學研究，2008，05：81–97+244。
52.盧雲峰，從類型學到動態研究：兼論信仰的流動，社會，2013，33(02)：33–52。
53.宓永迪，長尾理論在圖書館的應用，圖書館雜誌，2007，05：11–13。
54.馬建威，長尾理論：網路經濟時代中小企業的新寵，財務與會計，

2007，22：11–13。

55.馬宏麗，基於「長尾理論」的我國旅遊景區盈利模式創新策略研究，河南社會科學，2014，22(10)：104–106。

56.邁克爾·R.奧特，張湛，完全「他者」的概念及其在宗教批判理論與宗教的理性選擇理論中的作用，基督教學術，2012，00：16–46+328。

57.牛瑞芳，互聯網金融支持小微企業融資的經濟分析：基於「長尾理論」的視角，現代經濟探討，2016，07：47–51。

58.聶家昕，城市個體化新移民與一個跨族界教會的宗教實踐：一項應用並反思宗教市場論的教會拓殖過程研究，青海民族研究，2016，02：60–64。

59.歐陽芳，基於長尾理論的小微企業供給側改革新思路，福建論壇：人文社會科學版，2016，10：60–64。

60.歐陽進良，湯嬌雯，龐宇，陳光，國家科技計畫及項目管理中的「二八」現象和長尾理論的影響淺析，科學學研究，2009，27(10)：1448–1453。

61.秦國帥，宗教市場論對早期全眞道若干問題的解讀，理論界，2010，08：107–109。

62.彭榕，網路謠言與公共秩序：基於「長尾理論」的觀察視角，學術交流，2018，06：120–125。

63.平海，基於長尾理論的中小物流企業發展路徑探討，中國流通經濟，2011，01：68–71。

64.斯蒂芬，沃訥，宗教社會學範式及理論的新進展，中國人民大學學報，2006，06：34–40。

65.蘇林森，我國web2.0網路盈利模式探析：兼論長尾理論在網路經濟的運用，西南民族大學學報（人文社科版），2007，08：134–138。

66.蘇海燕，基於「長尾理論」的圖書館服務模式，情報資料工作，2007，03：46–48。

67.宋權華，於勇，廖守琴，長尾理論下的非正式學習方式探析，遠程教育雜誌，2009，02：54–57。

68.宋躍華，關於寺廟慈善事業可持續發展的探討——以廣州光孝寺為例，宗教學研究，2010，02：72–79。
69.吳理財，個體化與當代中國農村宗教發展，江漢論壇，2014，03：135–139。
70.吳雁平，劉東斌，「長尾理論」在檔案界遇冷的思考：檔案界10年「長尾理論」研究綜述，檔案管理，2018，02：23–26。
71.吳良平，龍開義，劉向權，瑪納斯大佛寺寺內居士林與社會建設，世界宗教文化，2014，04：92–97。
72.吳向明，高校人才培養的長尾理論：從規模到品質，高等工程教育研究，2009，01：84–88。
73.Weller，范麗珠，Madsen，陳納，鄭筱筠，對話宗教與社會資本，世界宗教文化，2011，05：35–40。
74.王奇昌，此市場非彼市場：對宗教市場論的再討論，世界宗教文化，2014，03：12–15。
75.文永輝，九福寺的宗教經營——宗教市場論視角下的田野研究，開放時代，2006，06：117–125。
76.文永輝，從宗教市場論視角看天主教的「處境化」：以貴州甕安縣草塘鎮為中心的人類學調查，西南民族大學學報（人文社科版），2007，05：31–35。
77.韋景竹，盧俊，長尾分佈的網路作品版權管理研究，圖書館論壇，2015，35(11)：34–40。
78.王增福，何夥旺，理解宗教社會性的三重維度——從迪爾凱姆的立場談起，理論月刊，2013，02：56–59。
79.王婷，魯學博，長尾理論在互聯網時代青少年文化需求中的應用，中國青年研究，2008，09：79–81。
80.王天錚，視頻內容產業價值鏈的重構與創新，編輯之友，2017(2)：47–53。
81.王維，關於長尾理論的冷思考：傳媒產業中長尾理論應用現實，新聞與寫作，2007，09：25–26。
82.王希，資訊素養教育在Web 2.0環境下的長尾效應，圖書館雜誌，

2010，03：32–35。
83.魏樂博，汪昱廷，中國社會的宗教和公益，北京大學學報（哲學社會科學版），2009，46(04)：82–88。
84.魏德東，宗教社會學的範式轉換及其影響，中國人民大學學報，2010，24(03)：61–69。
85.Weller，范麗珠，Madsen，陳納，鄭筱筠，對話宗教與社會資本，世界宗教文化，2011，05：35–40。
86.謝泗薪，袁姣，協力廠商物流企業差異化攻略：長尾理論新視角，中國流通經濟，2013，27(6)：28–34。
87.夏金華，民國時期上海佛教團體慈善公益事業與現代寺院慈善活動的比較研究，南京曉莊學院學報，2009，25(05)：104–113+124。
88.顏世偉，長尾理論與數字圖書館聯盟的長尾效應，情報雜誌，2007，11：145–147。
89.燕姣雲，長尾理論：高校學科館員服務理念創新的基石，圖書館建設，2010，(03)：56–59。
90.楊維東，朱麗軍，大學捐贈基金籌資模式的轉變：基於長尾理論的分析，教育與經濟，2015，03：3–8。
91.楊鳳崗，中國宗教的三色市場，中國人民大學學報，2006，06：41–47。
92.楊旦修，聶鈺石，數字音樂的媒介經濟學分析：基於長尾理論的視角，新聞界，2009，03：29–31。
93.於飛，靈性資本、精神資本與佛教文化，深圳大學學報（人文社會科學版），2011，28(03)：127–131。
94.余丁，數字時代圖書的長尾分析與運作，編輯之友，2016，04：27–30。
95.祝逸雯，從現代社會的道教儀式看宗教市場論，商業文化（學術版），2007，05：225–226。
96.朱映占，雲南怒江丙中洛地區多種宗教並存現象的宗教經濟學分析，宗教學研究，2013，03：183–188。
97.翟年祥，項光勤，政府在後發型國家現代化進程中的主導作用，安徽大學學報（哲學社會科學版），2008，01：137–141。

98.周典恩，從基督教在安徽的傳播再看宗教市場論：兩個時代的比較分析，宗教學研究，2013，03：238–243。

99.周拉，班班多傑，簡論藏傳佛教中上師善知識與弟子的關係，法音，2009，02：39–44。

100.鄭筱筠，梁曉芬，中國南傳佛教教派發展的歷史脈絡探析，世界宗教研究，2014，03：77–82。

101.鄭壯麗，長尾理論與互聯網時代科技期刊發展，中國科技期刊研究，2017，28(9)：810–814。

102.昝延全，高亢，手機「碎片時間」價值的「長尾理論」分析，現代傳播：中國傳媒大學學報，2013，11：96–99。

103.周軍蘭，長尾理論與圖書館，圖書情報工作，2007，51(4)：30–33。

104.趙豔枝，長尾數據監護與圖書館的職責：伊利諾伊香檳大學圖書館範例研究，國家圖書館學刊，2015，24(3)：79–84。

105.周秋良，網路戲曲視頻的特點、價值及發展前景，學術論壇，2015，38(3)：149–153。

106.鄭志明，華人的信仰心理與宗教行為，鵝湖月刊，2002，324：12–24。

107.張清津，靈性資本與中國宗教市場中的改教，文史哲，2012，03：132–142。

108.張橋貴，宗教的社會性及其現實意義，世級宗教文化，2004，02：1–3。

中文專著（含論文集）

1.美·J·M·yinger編著，李向平、傅敬民譯，宗教社會學經典快讀，北京：宗教文化出版社，2006：176。

2. 美·克里斯·安德森著，喬江濤等譯，長尾理論，北京：中信出版社，2006：12。

3.克珠群佩，西藏佛教史，北京：宗教文化出版社，2009：緒論1–13。

4.黃淑娉，龔佩華，文化人類學理論方法研究，廣州：廣東高等教育出版社，1996：329–330。

5.何星亮，近代基督宗教在民族地區的傳播策略和傳播效果分析——兼與羅德尼·斯達克等商榷[A]，國際人類學與民族學聯合會，文化多樣性背景下的宗教和諧——國際人類學民族學聯合會第十六屆大會文集[C]，國際人類學與民族學聯合會：中國民族學學會，2009：38。

6.何建明，公益事業與宗教的社會主體性[A]，張士江，魏德東主編，中國宗教公益事業的回顧與展望[C]，北京：宗教文化出版社，2008：93–94。

7.羅德尼·斯達克，羅傑爾·芬克著，楊鳳崗譯，信仰的法則：解釋宗教之人的方面，北京：中國人民大學出版社，2004。

8.美·羅納德·L.約翰斯通著，袁亞愚等譯，社會中的宗教：一種宗教社會學（第八版），成都：四川人民出版社，2012：107–109。

9.李向平等，當代美國宗教社會學理論研究，上海：中西書局，2015：254–255。

10.劉昭瑞，上帝的山葡萄園——關於揭西縣一個天主教徒村的調查與思考[A]，黃淑娉主編，廣東族群與區域文化研究調查報告集[C]，廣州：廣東高等教育出版社，1999：440–468。

11.林本炫，臺灣民眾的宗教流動與地理流動[A]，《宗教與社會變遷——第三期第五次臺灣社會變遷基本調查之研究分析》研討會論文集[C]，2001，12，賴永海，中國佛教通史（第一卷），南京：江蘇人民出版社，2010：46–49。

13.馬建釗、陳曉毅，短缺–功能論視野下的社會主義中國之宗教長期性[C]，政協廣東省委辦公廳編，促進建設和諧社會——宗教與社會主義社會相適應研討會論文集，中國，北京：宗教文化出版社，2005：205–228。

14.美·喬治·E. 馬爾庫斯，米開爾·M. J. 費徹爾，王銘銘，藍達居譯，作為文化批評的人類學，北京：生活，讀書，新知三聯書店，1998：191、193、222。

15.喬根鎖，魏冬，徐東明，藏漢佛教哲學思想比較研究，上海：上海古籍出版社，2012：372–385。

16.皮埃爾·布迪厄，華康得譯，實踐與反思：反思社會學導引，北京：中央編譯出版社，2004：42。

17.王森，西藏佛教發展史略，北京：中國藏學出版社，2010：14。

18.文永輝，神異資源：一個西部社區的宗教市場與宗教經營，北京：社會科學文獻出版社，2014：298–301。

19.楊德睿，傳承：認知與宗教人類學的探索，北京：商務印書館，2018：173–188。

中文學位論文

1.龍永紅，互惠利他鏈：官民慈善組織資源動員的比較研究，博士學位論文，南京大學，2012。

2.趙利，慈善超市資源動員研究，碩士學位論文，華東師範大學，2017。

3.吳良平，一個淨土宗寺院再造研究，碩士學位論文，石河子大學，2015。

中文報紙

1.馮玉軍，眞理與謬誤之間：略論宗教市場論的適用邊界[N]，中國民族報，2015–04–21(006)。

2.黃劍波、魏德東，宗教社會學研究的八大課題[N]，中國民族報，2008–06–03。

3.張清津，精神資本與中國宗教市場中的基督教皈依[N]，中國民族報，2009–08–18(006)。

4.魏德東，宗教市場論：全新的理論範式[N]，中國民族報，2006–01–24(006)。

英文期刊

1.Anuj Kumar; Michael D. Smith; Rahul Telang. Information Discovery and the Long Tail of Motion Picture Content. *MISQ*. 2014, 38(04): 1057-1078.

2.Bruce, Steve. Religion and rational choice: A critique of economic explanations of religious behavior. *Sociology of Religion.* 1993, 54(02): 193-205.

3.Brooks B. Hull and Frederick Bold. Product Variety in Religious Markets. *Review of Social Economy*, 1998, 56(01): 1-19.

4.Chaves, Mark. On the Rational Choice Approach to Religion. *Journal for the Scientific Study of Religion*. 1995, 34(01): 98.

5.Charles E. Zech. The Effect of Religious Market Competition on Church Giving. *Review of Social Economy,* 1995, 53(03): 350-367.

6.Dynes R R. Church-sect typology and socio-economic status. *American Sociological Review*, 1955, 20(5): 555-560.

7.Davie G. Creating an agenda in the sociology of religion: Common sources/different pathways. *Sociology of religion*, 2004, 65(04): 323-340.

8.Dewan, Sanjev; Ramaprasad, Jui. Blogging, Online Sampling, and the Long Tail. *Information Systems Research*. 2012, 23(03): 1056-1067.

9.Enders A, Hungenberg H, Denker H P, et al. The long tail of social networking: Revenue models of social networking sites. *European Management Journal*, 2008, 26(03): 199-211.

10.Erik Brynjolfsson; Yu 'Jeffrey' Hu; Michael D. Smith. From Niches to Riches: Anatomy of the Long Tail. *MIT Sloan Management Review*. 2006, 47(04): 67-71.

11.Fleming, Lee. Breakthroughs and the "Long Tail" of Innovation. *MIT Sloan Management Review*. 2007, 49(01): 69-74.

12.Heidorn P B. Shedding light on the dark data in the long tail of science. *Library Trends*, 2008, 57(02): 280-299.

13.James D. Montgomery. A Formalization and Test of the Religious Economies Model. *American Sociological Review*, 2003, 68(05): 782-809.

14.Lew A A. Long tail tourism: New geographies for marketing niche tourism products. *Journal of Travel & Tourism Marketing*, 2008,

25(3-4): 409-419.

15.Marshall, Walter, and Timothy Consedine. *The Long Tail. Monthly Labor Review,* 2007, 130(03): 69-70.

16.Melissa J.Wilde. From Excommunication to Nullification: Testing and Extending Supply-Side Theories of Religious Marketing with the Case of Catholic Marital Annulments. *Journal for the Scientific Study of Religion*, 2001, 40(02): 235-249.

17.Nikos Smyrnaios; Emmanuel Marty; Franck Rebillard. Does the Long Tail apply to online news? A quantitative study of French-speaking news websites. *New Media and Society.* 2010, 12(08): 1244-1261.

18.Olav Aarts, Manfred Te Grotenhuis, Ariana Need and Nan Dirk De Graaf. Does Duration of Deregulated Religious Markets Affect Church Attendance? Evidence from 26 Religious Markets in Europe and North America Between 1981 and 2006. *Journal for the Scientific Study of Religion*, 2010, 49(04): 657-672.

19.Phillips, Rick. The 'Secularization' of Utah and Religious Competition. *Journal for the Scientific Study of Religion.* 1999, 38(01): 72.

20.Paul Froese. Hungary for Religion: A Supply-Side Interpretation of the Hungarian Religious Revival. *Journal for the Scientific Study of Religion*, 2001,40(02): 251-268.

21.Peter A. Zaleski and Rick Phillips. Religious Market Share and Mormon Church Activity. *Sociology of Religion*, 1998, 59(02): 117-130.

22.P.Bryan Heidorn. Shedding Light on the Dark Data in the Long Tail of Science. *Library Trends*. 2008, 57(02): 280-299.

23.Pan B, Li X R. The long tail of destination image and online marketing. *Annals of Tourism Research*, 2011, 38(01): 132-152.

24.Peltier S, Benhamou F, Touré M. Does the long tail really favor small publishers? *Journal of Cultural Economics*, 2016, 40(4): 393-412.

25.Robert I. Mochrie, John W. Sawkins and Alexander Naumov.

Competition and Participation in Religious Markets: Evidence from Victorian Scotland. *Review of Social Economy*, 2008, 66(04): 437-467.

26.Sharon, Stephen. Beyond Christianity: A critique of the rational choice theory of religion from a Weberian and comparative religions perspective. *Sociology of Religion*, 2002, 63(4): 427-454.

27.Skiera B, Eckert J, Hinz O. An analysis of the importance of the long tail in search engine marketing. *Electronic Commerce Research and Applications*, 2010, 9(06): 488-494.

28.Tzung-Cheng Huan, Jay Beaman, Liang-Han Chang, Shih-Yun Hsu. Robust and alternative estimators for 'better' estimates forexpenditures and other 'long tail' distributions. *Tourism Management*, 2008, 29(04): 795–806.

29.Warren B L. Socioeconomic achievement and religion: The American case. *Sociological Inquiry*, 1970, 40(2): 130-155.

30.Yunfeng Lu. Entrepreneurial Logics and the Evolution of Falun Gong. *Journal for the Scientific Study of Religion,* 2005, 44(02): 173-185.

31.Yang F. Chinese conversion to evangelical Christianity: The importance of social and cultural contexts. *Sociology of Religion*, 1998, 59(3): 237-257.

英文專著（含文集）

1.Charles Y. Glock. *The Role of Deprivation in the Origin and Evolution of Religious Groups[A].* Robert Lee and Martin Marty. Religion and Social Conflict, eds[C]. New York: Oxford University Press. 1964: 24-36.

2.Jordan, David K. *The glyphomancy factor: Observations on Chinese conversion[A]*. Conversion to Christianity: historical and anthropological perspectives on a great transformation[C], edited by Robert W.Hefner. Berkeley: University of California Press, 1993:

285-304.

3.Lu Yunfeng, *The Transformation of Yiguan Dao in Taiwan: Adapting to a Changing Religious Economy*. New York: Lexington Books, 2008 .

4.Lang, Graeme, Selina Ching Chan and Lars Ragval. *Temples and the Religious Economy*. in Yang Fenggang and Joseph B. Tamney eds. State, Market, and Religions in Chinese Societies, Boston: Brill, 2005: 149-180.

5.Robert Wuthnow. *The restructuring of American religion: society and faith since World War II*, Princeton University, 1988: 72-126.

英文學位論文

1.Yoo, Kwangsuk. *Applicability of Religious Economy Model (REM) to the Growth of Fortunetelling in Contemporary Korea.* PHD. University of Ottawa (Canada). 2012.

2.JianLin Chen. *LAW & RELIGIOUS MARKET*. PHD. THE UNIVERSITY OF CHICAGO. 2015.

附錄一
2015級入行論預科班學員資訊表[1]

序號	性別	出生年	文化程度	職業	序號	性別	出生年	文化程度	職業
1	男	1976	本科	工程師	52	男	1963	大本	媒體
2	女	1972	本科	會計師	53	男	1975	大本	電子商務
3	女	1975	大專	自由職業	54	女	1966	大專	經營者
4	女	1971	高中	自由職業	55	女	1979	大專	幼稚園老師
5	女	1976	大專	教師	56	女	1987	大專	普通職員
6	女	1978	高中	服裝個體户	57	女	1981	碩士	貿易公司負責人
7	女	1983	高中	業務	58	男	1986	初中	自由職業
8	男	1991		學生	59	女	1975	大學	建築師
9	女	1970	大專	企業	60	男	1975	碩士	公務員
10	女	1971	大學	私企職員	61	女	1984	大專	設計師
11	男	1980	高中	自由職業	62	女	1986	大學	理財規劃師
12	女	1977	初中	個體户	63	女	1982	初中	瑜伽老師
13	女	1970	本科	教育管理	64	男	1967	大學	研究員
14	女	1989	高中	銷售	65	女	1975	大學	音樂老師
15	女	1992	大學	保險	66	女	1984	本科	省地税

【1】　資料來源：來源廣州菩提學會2015級入行論班班級郵箱管理資源。

16	女	1975	大學	影視製作	67	女	1987	本科	教師
17	女	1957	大學	私有公司營業者	68	女	1973	本科	教師
18	男	1985	碩士	公務員	69	男	1986	本科	電信行業
19	女	1975	高中	項目總監	70	女	1981	大學	文職
20	女	1986	高中	項目管理	71	女	1963	本科	教師
21	女	1967	初中	已退休	72	女	1977	大專	服裝
22	女	1986	大本		73	女	1997	本科	在校學生
23	男	1988	初中	自由職業	74	女	1966	本科	財務
24	女	1994	本科	學生	75	女	1979	本科	老師
25	女	1991	大專	銷售	76	女	1989	本科	客户經理
26	女	1976	大專	自由職業	77	女	1980	大專	傳統文化老師
27	女	1989	大專	珠寶銷售	78	男	1980	研究生	廣告業
28	女	1986	本科	動畫設計	79	男	1952	初中	退休
29	女	1968	本科	商貿	80	女	1973	大專	會計
30	女	1994	本科	學生	81	女	1983	高中	
31	女	1990	大專	外貿	82	男	1984	本科	核保
32	男	1968	高中	銷售員	83	女	1978	大專	無業
33	女	1986	大學	民航業	84	男	1995	初中	美髮師
34	女	1989	中專	銷售	85	女	1970	本科	公司職員
35	男	1971	中專	自由	86	女	1988	碩士	行政
36	男	1980	碩士	個體户	87	男	1987	大專	建築工程
37	男	1984	高中	培訓師	88	男	1988	本科	建築工程
38	女	1982	大學	教師	89	女	1988	本科	教師
39	女	1986	大學	人力資源主管	90	男	1987	本科	保險代理
40	女	1991	大專		91	女	1958	本科	退休
41	女	1972	碩士	設計師	92	女	1987	大學	管理人員
42	女	1982	初中	個體户	93	女	1980	中專	美容
43	女	1984	大本	公務員	94	男	1983	大學	銷售
44	女	1990	大學	公務員	95	女	1989	大學	HR
45	女	1973	碩士	留學顧問	96	女	1969	大專	
46	女	1978	本科	業務員	97	女	1996	高中	HR

47	男	1989	中專	教育	98	女	1986	大學	
48	女	1963	大專	房地產開發	99	男	1985	碩士	工程師
49	男	1972	大學	職業義工	100	女	1976	大學	自由職業
50	女	1996	高中	總監助理	101	女	1972	大學	自由職業
51	女	1979	本科	經理人					

附錄二 2016年3月-2017年6月廣州XR組織外出講座記錄

序號	時間	單位	主題	聽課人員情況
1	2016-03-03	廣州某行業商會	《老闆的經營思路》	廣州市某行業商會的與會老總們
2	2016-03-20	福慧輕食館	《國學養生之道》	該素食館全體店員
3	2016-03-23	廣州某高校	《用情》	200餘名學生
4	2016-03-26	某辦公用品公司	《淺談人生意義》	公司員工內部培訓，20-50歲年齡段，80人左右
5	2016-04-23	心自在素食館	《國學與養生》	該素食館全體店員
6	2016-04-27	廣州某高校	《至情莫若孝》	200餘名學生
7	2016-04-30	心自在素食館	《遇見幸福：幸福的婚姻》	該素食館全體店員
8	2016-05-08	水蔭路小學	禮儀講座	小學二年級學生（一個班45人）
9	2016-05-19	廣州某高校	《以禮輔業》	200餘名學生
10	2016-06-12	廣州某高校	《信，泛愛衆》	200餘名學生
11	2016-06-13	某老年日托中心	《老年保健知識》	該日托中心全體老人，30名左右

12	2016-06-17	某女子戒毒所	《弟子規-孝》	200餘名戒毒人員
13	2016-07-14	貴陽XR組織	《愛情與婚姻》及孕育希望的理念	貴陽XR組織全體發心人員
14	2016-07-14	貴陽XR組織	《一念之差》	貴陽XR組織全體發心人員
15	2016-07-22	某社區衛生服務中心	《0-6歲兒童的健康與保健》	兒童媽媽20餘人
16	2016-07-25	中山某社區	《弟子規》	社區矯正人員
17	2016-08-12	貴陽某戒毒所	《弟子規-孝》	戒毒所全體戒毒人員及工作人員
18	2016-08-12	明徹助學	《傳統文化與兒童教育》	全體教師
19	2016-08-12	六盤水雨花齋	《當下的領導與管理》	素食館全體管理人員
20	2016-08-30	某資產管理公司	《周易·兼德》	公司某部門主管15人左右
21	2016-09-05	中山某社區	《弟子規-孝》	社區矯正人員
22	2016-09-05	某建築設計公司	《如何改變命運》	參加人員50餘人
23	2016-09-09	某女子戒毒所	《弟子規-謹》	200餘名戒毒人員
24	2016-09-20	某社區衛生服務中心	《教子之道》	兒童媽媽20餘人
25	2016-09-23	廣州某行業協會	《領導與管理》	參會人數40餘人
26	2016-09-26	某辦公用品公司	《如何改變命運》	受眾30餘人
27	2016-09-28	佛山某月子會所	《領導與管理》	幼稚園老師和會所管理人員15人左右
28	2016-09-30	某女子戒毒所	《弟子規-親仁》	200餘名戒毒人員
29	2016-10-14	大崗中學	《孝是道德的根本》	260餘名初一學生

30	2016-10-17	中山豆丁教育	《愛與感恩的力量》	20餘位老師
31	2016-10-27	中山市某幼稚園	《愛心的力量》	幼稚園老師和兒童家長40餘人
32	2016-11-03	某建築設計長沙分公司	《公司發展與個人成長》	100餘名員工
33	2016-11-03	(株洲市)湖南某專科學校	《就業與人生之我的經驗分享》	50餘名學生
34	2016-11-03	長沙某大學	《領導與管理》	200餘名學生
35	2016-11-04	長沙某大學	《弟子規－孝》(上、下)	11個班級學生600人
36	2016-11-04	長沙市某醫院	《一念之差》	醫務人員60人
37	2016-11-05	湖南水院	《就業與人生》、《我所體認的傳統文化》	學生200人，教授、博士、領導及義工，企業家等60人
38	2016-11-06	中加集團	《快樂與痛苦》、《弟子規-孝》	董事和教職工60餘人
39	2016-11-06	長沙某教育集團	《成功人生的原理》	老師70餘人
40	2016-11-06	長沙財經學校	《我的理想》	師生600人
41	2016-11-11	某女子戒毒所	《弟子規學文篇》	200餘人
42	2016-11-17	南沙大崗中學	《弟子規孝篇》	高一年級6個班600多人
43	2016-12-04	東莞聖賢學校	《弟子規孝篇》	全校老師60餘人
44	2017-01-04	中山一程	臨終關懷系列課程一	25
45	2017-01-05	中山市某社區	精進的力量	南區矯正人員30
46	2017-01-06	中山市某社區	《感恩的力量》	社區矯正人員
47	2017-01-06	珠海一程	臨終關懷系列課程一	60
48	2017-01-12	中山一程	臨終關懷系列課程二	25
49	2017-01-14	佛山某吟誦學會	禮儀處世	35

50	2017-01-14	佛山佛學會	臨終關懷系列課程五	45
51	2017-01-20	珠海一程	臨終關懷系列課程二	60
52	2017-01-20	中山一程	臨終關懷系列課程三	25
53	2017-02-16	中山市某社區	《謙虛的力量》	30
54	2017-02-27	珠海一程	臨終關懷系列課程三	80
55	2017-03-08	珠海一程	臨終關懷系列講座四	80
56	2017-03-08	中山一程	臨終關懷系列課程四	25
57	2017-03-24	中山市某司法所	夢想的力量	30
58	2017-03-24	某投資公司	弟子規-孝	10
59	2017-04-01	珠海一程	臨終關懷系列講座五	80
60	2017-04-08	某會計師事務所	弟子規-孝篇	30
61	2017-04-12	廣州佛學會	臨終關懷流程培訓一	200
62	2017-04-12	省某技工學校	就業與人生	200
63	2017-04-15	某女子戒毒所	孝	200
64	2017-04-16	長沙佛學會	臨終關懷流程培訓一	70
65	2017-04-18	佛山佛學會	臨終關懷系列講座七	25
66	2017-04-19	廣州佛學會	臨終關懷流程培訓二	200
67	2017-04-23	長沙佛學會	臨終關懷流程培訓	70
68	2017-04-28	廣州某修造廠	傳統文化在企業核心價值觀的體現和運用	50
69	2017-05-04	廣東某技工學校	弟子規-孝篇	250
70	2017-05-07	長沙佛學會	臨終關懷流程培訓三	70

71	2017-05-10	廣州佛學會	臨終關懷流程培訓三	200
72	2017-05-12	中山市某幼稚園	弟子規孝	30
73	2017-05-13	中山一程	臨終關懷系列課程五	25
74	2017-05-14	長沙佛學會	臨終關懷流程培訓四	70
75	2017-05-15	東莞某電子廠	一念之差	50
76	2017-05-17	廣州佛學會	臨終關懷流程培訓	200
77	2017-05-25	廣州偉才幼稚園	孝	40
78	2017-06-15	東莞某電子廠	禮儀	45
79	2017-06-16	女子所四大隊	弟子規	180
80	2017-06-16	黃埔某幼稚園	成功人生的原理	35
81	2017-06-24	北京一程	臨終關懷的理論與實踐	17
82	2017-06-26	傳奇佛學社	臨終關懷	13
83	2017-07-05	一程助念	臨終助念往生的原理	7
84	2017-07-19	一程生命關懷	臨終助念面臨的困難	5

*湖南水院：全稱湖南水利水電技術學院。

附錄三
成長營課程表

Day 1	Day 2	Day 3	Day 4	Day 5	Day 6
破冰 分組	對話自己	對話自己	融入團隊	承擔社會責任	結營儀式
拓展	認知世界	認知世界	職業生涯		
拓展、團建、測試	講座及分組討論	講座及分組討論	實踐	講座:	party、團建
1.開營儀式–致辭、寄語、提出目標、介紹五天內容	1.早操(海軍)	1.早操(海軍)	外出公益實踐活動:珠海格力	參與公益對於成長的深遠意義	結營儀式(學生負責)
2.分隊、破冰:各隊領取材料包,起名、設計隊旗、設定活動目標、領取團隊任務(海軍)	2.生命成長(職慧)	2.主動領導(職慧)		項目展示:	

1.拓展活動：團隊融合（海軍）	1.拓展熱身（海軍）	1.拓展熱身（海軍）		【點評大咖】	
2.徐本亮	2.提升情商（職慧）	2.時間管理（職慧）		徐本亮	
1.測試及分析：DISC（海軍）	【選修課】	－各組討論及操練任務	－各組討論及操練任務	訪談會	
－ 各組討論分工及開始操練任務	1.人人拼客	準備結營儀式	準備結營儀式		
準備結營儀式	2.公益創業（徐本亮）		彩排		

後記

轉眼間，到了博士畢業的季節，感覺這個後記是一個很好的機會，藉此好好梳理一下自己的心路歷程，總結過去以展望未來。不管別人說我清高也好，說我虛偽也好。我依然堅信從事學術研究是一項可以安身立命的事。高三報志願那年，原本喜歡政治課，尤其喜歡其中的哲學部分，所以志願很想報哲學。但老師、同學的意見是哲學就業不好，所以我就另外選。後來感覺社會學綜合性比較強的學科，於是就有了報社會學專業作為志願的想法。後來某一天在一則《參考消息》上看到一個小片段文章介紹說「要學社會學，就需要讀費孝通的《江村經濟》。」發現這本書很難買到，就去寶雞市圖書館借閱到了，發現裡面講的內容都是我們「農村生活瑣事」，原來鄉村生活經驗也可以登上學術大雅之堂，這就是我對社會學專業的最初印象。就這樣我到了黑龍江大學社會學專業，發現班上就只有我和另外一位同學第一志願報的社會學。可以說，那個時候的志願選擇一方面是有實用主義導向，另一方面則是一些偶然的緣分，談不上自覺的選擇。以致於大學期間我陷入了虛無主義困惑。

我的大學生活可以從兩個方面來概括：一方面，大學本科期間的訓練為我後來的學術道路作了很好的鋪墊。也要感謝很多老師在我學術成長中的啟蒙作用。比如劉軍教授（現西安交通大學人文學院教授）2003年從北京大學社會學博士畢業後，回到黑大，給我們開了《社會統計學》、《專業英語》和《社會網路分析》等本科課程，正是這個《社會網路分析》課程中的訓練，讓筆者對社會網路分析方法產生了濃厚的興趣，以後轉入民族學後，用社會網路分析方法研究民族關係成為我的一個主要的探索方向。此外，劉軍老師還作為我在校期間好幾次課題調研的指導老師，在這些實踐中，受到了比較規範的學術鍛煉。周桂林教授擔任我們的班主任，也是我們《現代社會調查方法》課程的老師，正是這一門課程，讓我系統的接受到了抽樣、問卷設計等現代社會調查訓練。後來我們班同學還籌建了黑龍江大學社會調查協會，開展了多次社會調查課題。還有孫凱老師對我啟蒙意義較大，他是一位最有熱忱的老師，一直致力於創造學研究和教學，雖然那時候我沒有完全接受這個理念，但這確實種下了種子。還記得系主任曲文勇教授，對我們調查協會大力支持，給我們配了辦公室鑰匙，系裡辦公室電腦為我們處理調查數據提供了方便。還有吳丹梅教授分析問題的睿智，也讓我們學生看到了什麼是批判思考。還特別記得本科的時候，在黑龍江婦女研究所郭礫研究員指導下，和同學劉坤晶、王莉莉組隊做的哈爾濱幼兒家庭教育中的性別差異調查研究，那是我的第一篇社會調查報告，並在此基礎上寫成我的本科畢業論文。

另外一面則是內心的迷茫，這種迷茫讓我在經歷了很多曲折才重新回到大學校園，也正是這段從孤獨中走出來的歷程讓我獲得了心靈的成長。2002年剛上大學的時候，開始接觸了各種人生哲學，尤其是虛無主義，讓我陷入了嚴重的人生意義懷疑時期，那時候想，人生不過百年，做什麼能夠讓自己全身心投入精力呢，這個世界上最有意義的事情是什麼呢？究竟要怎樣過才不負此生？似乎任何答案似乎都是虛無的。任何選擇都無法經受著這個虛無感的考驗。就這樣，一直迷茫中。也開啟了自我拯救的心路歷程，如何從虛無世界感中走出來，去建構一個有存在感的世界。行屍走肉的模式直到2009年才結束，記得那一天和平常一樣，去寶雞市河濱公園散步，突然間明白，只有人的意志不是虛無的，而這種意志就需要某種形式來體現，這種形式多種多樣。所以，就需要創造，我創造，我存在，你創造了什麼，你就是誰，創造的意義越大，人生的意義越大。在創造中構築自己的人生價值，這就是最有意義的事情。而社會學、人類學的研究就是一種生命意義的形式的探索和創建。馬克思、韋伯、塗爾幹等等經典社會學家都是在探索人類存在的意義形式。既然自己有了這個學科訓練，那就繼續往這條路走下去吧，暗下決心要考研究生。花了兩年時間把新概念1-4冊課文背完，之後又花了1年時間背誦歷年考研英語閱讀真題。2011年原報考的南京大學社會學專業的研究生，未能達線，調劑西部某985大學社會學，面試中，被問及什麼是社會學的時候，沒有背書，說社會學就是一種探索有意義生活形式的學問。被認為是不懂社會學常識，所以被刷。來年再戰，各科均過線了，但總分差3分，調劑哈爾濱工程大學，出現了意外，最後「發配」新疆。短暫的失落後，我給自己心中暗示道：堅信選擇不完全決定成敗，選擇後的過程才決定成敗。所以不再徘徊在選擇的路上，而是思考如何更紮實的過好自己的研究生生活，作出對得住自己努力的學術成績。

在龍開義老師的指導下，我選擇新疆瑪納斯大佛寺作為我碩士學位論文的田野調查點。新疆大佛寺調研初期，我對佛教也認識不多，甚至還以為是迷信。寺院住持道瑾法師給予我很大的信任，在研究生期間，不知有多少個週末是和住持法師在寺院茶室聊天度過。正是在這些溝通中，筆者對佛教有了全新的認識，道瑾法師邀請我協助籌建瑪納斯大佛寺寺內居士林。還有，在寺院還認識了很多善良的義工居士，比如獨山子的張阿姨、牟叔叔以及兩位的女兒牟娜娜等居士，多次邀請筆者參加她們的各種修行活動，吃住在她們家。不過，畢竟不一樣的世界觀，每次從學校出發去寺院調研，尤其是下雪天的日子，一個人騎車在新疆大地，茫茫的雪海上，似乎感覺自己一個人通向了另一個世界的感覺，一種孤獨感變得很強烈。並且人類學研究強調從田野出發，歸納法搜集資料，然後選擇研究主題。這樣的調研模式和自己本科的定量研究範式明顯不同，自己研究主題尚無確定的情況下，不知道自己能夠從這樣的調研中能有什麼收穫的情況下，這種默默的參與更是充滿了各種不確定感。這種不確定感很多時候讓我很迷茫。在為寺院做義工活動中，得到很多同學的支持，如蔣志遠師兄，在2013年四月八那天，協助我攝影，同班同學崔匡州，一起去寺院種菜，吃齋，還有很多師弟師妹多次陪我去大佛寺參加植樹活動，如劉立傑、李沫燃、楊翔燕、王蒙、崔希濤、薄輝龍等等。是他們給了我支持，這些陪伴多少減少了我在寺院的孤寂感。在此表示特別感謝。

盤算自己碩士期間的收穫，可以概括為三個研究興趣點的探索：第一，去寺院調研三年，結識了如大佛寺住持道瑾法師這樣的高僧，在向其討教中增強了自己的「慧根」，增加了很多佛教基礎知識，加深了我對佛教的認識；學術上，發表了自己的第一篇CSSCI來源期刊論文；還認識了大量道心虔誠的善良佛友；此外，還有很實際的收穫，在為寺院做義工期間，也有一定的經濟補助，使得我有條件去購買更多的學習資源。更為重要的收穫是，碩士期間的調研，尤其是參與瑪納斯大佛寺寺內居士林的籌建工作給筆者拋出了一個問題：宗教組織結構、資源動員能力和社會參與能力的關係問題。在寺院期間看到一批居士疏離寺院參加菩提學會的共修。強調文化差異性的人類學訓練，讓筆者好奇：不同宗教教派中的宗教組織、資源動員和社會參與會有怎樣的不同。筆者在新疆瑪納斯大佛寺看到的是一種情況，菩提學會那邊會是怎樣一種情況呢？這正是筆者博士論文探討的核心問題。第二，另外兩個研究興趣點是少數民族人口結構問題和民族社會交往網路。這兩個領域也在新疆求學期間開始探索，基本都是用社會學方法回答民族學的研究問題，找到了自己的新的學術發展空間。這兩個研究興趣的培育得感謝本科劉軍教授給予的知識訓練，在碩士期間，導師龍開義教授、政法學院院長劉貢南教授給予我各種參與重要課題的機會，正是在這種支持下，找到了自己本科知識和碩士專業問題的最佳結合點。這些結合點為我後續的學術探索作了重要的鋪墊。

來到廣州後，當筆者嚮導師劉昭瑞教授提出打算做廣州菩提學會的博士學位論文時，劉老師當時正在做深圳基督教家庭教會的調查研究，所以對我的這個選題表示支持。隨後，2015年9月，在新疆佛友的幫助下，得以進入田野。先後扮演了普通學員，預科班小組長，研討班學員，預科班助理輔導員以及XR組織的後勤服務中心負責人等角色，正是借助這些角色，一方面筆者為廣州菩提學會的做了一些事情，另一方面也為收集一手資料創造了很好的條件。搜集到大量一手資料。有了很多的材料，如何將這些材料串起來成為精緻的項鏈，這需要理論思考。這一過程得到很多老師的指導。

首先感謝我的博士導師劉昭瑞教授，在本論文寫作的選題、確定論文框架、反覆修改過程中多次得到劉老師的指導。劉老師是一個非常開明的導師，比較注重學生學習研究的自主性，尊重學生的個性和興趣，除了博士論文寫作的大方向上給予糾偏與認定，具體寫作細節上給予學生充分的自由，只要學生言之有理，他就會給予認可。如此以來，我博士論文的寫作基本延續了我碩士期間的研究興趣。使得本書的研究有了較強延續性。在具體指導中，每次修改後找到老師，總能得到一些實質性的意見，遵照老師意見修改後，自己也能夠感到論文的進步。正是在這些反覆的修改中，研究能力得到了提升。本書在寫作中很多地方都吸取了老師的意見，比如對菩提學會修行理念的探討，原本筆者並沒有想到從「吐蕃僧諍」等藏漢修行理念分流上分析廣州菩提學會的組織類型和修行實踐，劉老師提出這一點後，筆者發現這一點能夠充分展現廣州菩提學會宗教市場的文化脈絡和組織結構的宗教邏輯，進而分析細分市場的構成。

博士開題答辯中麻國慶教授對本書提出了批評性建設意見，他對文永輝師兄的博士論文《神異資源：一個鄉村社區的宗教市場與宗教經營》的讚賞性評價給予筆者較大的啟發。筆者選擇宗教市場論之區位概念（細分市場）直接受益於這一啟發。另外，鄧啟耀教授建議筆者應該多關注藏傳佛教內地傳教策略問題，這也對本書的寫作有不少益處，推動了筆者在後期的田野中對這方面問題的關注。段穎副教授肯定了本書研究的學術價值，關於論文研究的可行性問題提出了一些中肯意見。張文義副教授建議筆者要充分發揮參與者的角色優勢，要突出信眾構建宗教組織結構中的能動性，對本書長尾理論的選擇及理論回應方面具有直接的幫助。譚同學教授也對筆者寫作中的不少理論問題提出過建設性意見，在此表示特別感謝！

還要感謝本書的評閱老師和答辯老師。預答辯中，石碩教授肯定本書的選題價值後，提出論文的後續研究可以加強歷史文化意義的探討，這為筆者未來研究指出了一個值得探究的新方向。和石老師的交談中，筆者得到很多教益：「做學問，要比誰比誰更慢，而不是比誰比誰更快。如果一個剛剛出道的學者能夠經歷一個如此的積累期，厚積薄發，那麼他一定可以橫空出世，將來也能走得更為長遠。」陳志明教授對本書的核心概念區位、細分市場和長尾概念的內在關聯問題提出了意見，這促使筆者在後期修改中注重強化概念之間的邏輯關係。張應強老師提醒作者需要特別注意研究者和信徒角色的平衡問題，這對於本書有矯正作用。在盲審中，三位老師都肯定了本書的選題意義及創新點，還給出了比較中肯的修改意見，在此表示感謝。今年，學院為提高博士學位論文品質，特地成立了專門的內部學術審查委員會，這樣答辯前的我們的論文又多了一個審查環節。內部評審環節中，本書也收穫了不少批評性建議，比如論述結構的問題。感謝張振江教授，他對藏密熱這個說法提出了質疑，答辯場上反問「藏密熱究竟有多熱」，這觸發了筆者的反思，結合本書調查發現，廣州菩提學會的確只是一個小眾信仰現象，所以才徵求了幾位答辯老師的意見後，決定把論文標題調整為「小眾信仰的宗教市場模式研究」；感謝劉志揚教授，在本書的題目修改和具體寫作規範方面提出了建設性意見。中文系王霄冰教授提醒筆者注意把握中國語境中一些宗教術語的用法。特別感謝張亦農教授，一方面肯定了本書運用長尾理論的跨學科思維，另一方面提出建議，採用宗教市場論視角來進行探討，挖掘本書的理論對話價值。正是吸取這一意見，幫筆者在後期論文修改中明確了方向。文章構建了當代中國語境中一個小眾宗教市場模式：結合菩提學會修行理念和實踐重構斯達克區位概念內涵和分析框架，分析作為小眾信仰現象的廣州市菩提學會各類細分市場構成，運用長尾理論分析各類細分市場的資源動員機制。在此基礎上分析區域佛教和社會關係重構，推動宗教市場論回應宗教和現代社會關係這個宗教社會學元問題，拓展其理論邊界。基於文化並置視角提出對佛教不同教派、不同宗教市場模式及宗教社會關係重構的類型比較研究。此外，陝西師範大學宗教研究中心王海燕副教授將本書的研究納入其主持的國家社科基金重點項目並給予支持。2017年5月下旬王老師親臨廣州和筆者進行實地調研，交談中讓筆者受益匪淺。本書中涉及到的相關藏傳佛教專有名詞的藏文翻譯也是王老師提供的，在此表示感謝。

碩士論文期間發現了這一宗教現象，碩士導師龍開義教授建議筆者可以做專題深入研究，於是碩士期間進行了一年左右的跟蹤調查，這對於筆者在廣州的調研是很好的鋪墊。所以特別感謝龍開義教授。本書寫作中，部分章節曾經找師兄師姐探討，比如關於中國文化背景下斯達克區位概念的構成問題，就汲取了貴州師範大學文永輝教授、雲南大學張振偉副教授的意見。文永輝教授是國內較早應用宗教市場理論進行經驗調查研究的學者，他關於中國語境的宗教市場論提出了很多探討，例如中國宗教區位的構成問題，宗教市場論的中國適用性問題。這些思考對於筆者具有一定的啟發意義。葉建芳師姐則對行文的一些章節邏輯提出過建設性意見。區續學長也對本書提出了若干有價值的修改建議。感謝學院研究生辦公室主任阮老師、彭老師和陳老師等，三年間各個環節中為我們提供了大量的服務。感謝師妹周開媛，她對本書的英文標題提出了修改意見，還有師妹莫豔婷、梁李婷，師弟亞森等等，也都為我提供了不少幫助和支持，在此表示感謝。還要感謝陳媛媛、蔣志遠、張恩迅、馬瀟驍、熊威等同學，他們都很優秀，交流中拓展了知識和眼界，我們彼此鼓勵下一起走過博士論文寫作、答辯等各個環節。能夠在中山大學有幸認識他們，萬分榮幸。感謝本次答辯中的秘書梁聲遠同學提供的幫助。

還要特別感謝實地調研中接納我、對我的調研工作給予支持的各位佛教居士，這是一批有虔誠信仰的居士，他們的為人處世藝術也讓筆者得到教益。比如圓泓居士的豁達，圓成居士的佛學智慧都讓筆者看到了信眾的人性光芒。他們也是一批很有見識的當代佛教信徒，對各種新生事物，包括學術研究都持有一種開明的心態。正是依託他們的合作，本次田野調查工作才取得了預期的成功。筆者在調研中得到很多訪談對象的支持。如廣州菩提學會的負責人張居士、周居士；2015級基礎班輔導員陳居士，及助理輔導員翁居士；預科班各科系負責人（2015級加行科系負責人李居士，2015級入行科系負責人圓泓居士，2015級淨土科系負責人圓華居士）；預科各科系輔導員以及各個班的助理輔導員（2015級某淨土班輔導員圓華居士，助理輔導員圓心居士，2015級某加行班輔導員陳居士，2016級加行班輔導員戴居士，助理輔導員李居士，2015級入行論班輔導員圓泓居士，助理輔導員黃居士、李居士和田居士）；2015級入行論研討班法師及廣州地區負責人晴天居士；XR弟子規老師；XR各個事業部的負責人（孕育希望事業部的李居士、江博士、范博士，少兒事業部的方居士、朱居士，高校社團事業部的張居士、圓明居士，社會團體事業部的劉居士，老年事業部負責人程居士、黃居士）；CH組織負責人周居士、黃居士和李居士。另外，還有與筆者合作工作的其他發心人員，比如高知班助理輔導員兩位吳居士（加上筆者三吳），XR培訓考勤的鄭居士、圓蓮居士、朱居士等等。XR與CH慈善公益團體在西部助學項目方面也有合作關係，筆者借此參與到CH組織的項目活動中去。臨終助念團和XR組織以及學會共修班進行對接，組建各個小組的臨終助念專員，筆者開始接觸到臨終助念團負責人心秀居士。放生方面，則由各個共修班負責組織，筆者依託共修班的學員、小組長及助理輔導員身份參與了諸如百日放生、節日放生、特殊紀念日放生（比如索達吉上師母親辭世的日子）等各類放生活動。筆者還經常隨同XR相關部門負責人，去與其他組織機構洽談，進而瞭解到XR與外部組織的互動關係情況。比如與F社區家庭服務中心負責人林主任、黃主任的溝通，與青少年活動中心楊主任的項目洽談。此外還有濱江某公益組織社工、一些高校社團負責人、女子戒毒所隊長圓菊居士、小學校長、中學校長等等。XR組織面向企業社團的課程項目中，筆者接觸到廣州某行業協會的會長圓敘居士。在此表示感謝！

還要特別感謝已經年邁的父母，尤其感謝我的母親，雖然只有小學二年級文化，但是一個很勤勞很上進的人，她自己讀書少，所以特別鼓勵和支持我和妹妹繼續求學。父母從上個世紀90年代就出來做生意（賣老鼠藥、擺地攤賣皮帶等小生意），經常想起父母被城管追趕的日子，記得有一次，城管突然到來，開著車把母親攤上的皮帶、工具等等全都沒收了，母親很傷心。平時他們自己省吃儉用，供養我和妹妹一直到大學畢業。作為兩個農村人，父母能夠培養出兩個大學生，實屬不易。我們大學畢業時，父母已經沒有很多的積蓄。大學畢業後，由於我尚處於人生迷茫，先是半就業狀態持續了好些年，之後又是五六年的求學生涯，雖然沒有要父母繼續從經濟上支持，作為長子對家庭的貢獻也很有限，博士期間收入有限，每個月只能給父母500元生活費，父母六十有餘了還要辛勤勞作謀生。2013年年底，年邁的父母回到離別了將近20年的農村，重新開始了種地生活，父親除了農忙種地外，其他時候在家編織竹背簍賣錢，母親在家挖各種藥材謀生，有時候要跑好遠，很晚摸黑才回家。作為長子也感到很不孝，也很為父母擔心。希望將來能夠加倍報達父母的養育之恩，希望自己能在父母身體尚且能夠自理的時候儘快在事業上立足，承擔起贍養父母的責任，讓他們安享晚年。另外，還有妹妹對我在學術道路上的努力給予了精神上的支持和理解。

感謝我的妻子三年來的陪伴和照顧，記得博一期間，選課較多，又要做田野調查，所以幾乎沒有時間陪她，我們的感情一度陷入危機，後來求得了她的原諒。在緊張的學習研究工作中，是她的陪伴讓我有了暫時跳出貫式生活模式的機會，大腦得到暫時的休息。生活上也給與了我很多照顧，尤其是在最後畢業這半年裡，更是從經濟上給予了支持。最近，她原本在一個三甲醫院工作，她又為我們的感情放棄了一份投入了六年青春的職業，這是她大學畢業後的第一份職業，收入相對較高，這六年中，醫院-家兩點一線的穿梭，磨出了她的生活意義世界，她放棄的不僅僅是收入，還有朋友圈子。接下來要隨我一起去一個陌生的城市開始全新的生活，我知道，這很不容易。當她決定辭職的時候，情緒顯得很不穩定，其實我也是表面平靜，因為我知道這是愛，是信任，是託付，對我而言，這也是一種責任。當然，這背後還有岳父、岳母大人的默許和支持，所以也要感謝他們對我的認可和接納。

最後，也要感恩自己選擇了這麼一條道路。雖然過程艱辛，未來的壓力也會很大，充滿各種不確定感，但正是這種探索中有了成長，有了創造和不虛度人生的體驗。反思自己已經走過的路，希望未來自己能夠謹記各位師長教誨，在學術道路上走得更遠，能夠做出更出色的成績來回報曾經為我付出的有緣人，也以此告訴自己沒有忘記學術的初心：探索更有意義的生命形式，我創造，我存在，創造了什麼，作了什麼貢獻，你就是誰，你就是什麼？創造賦予生命的價值和意義，最有意義的生命形式就是自己動手去創造出來的。

良平謹記於康樂園

2018年12月21日

國家圖書館出版品預行編目資料

小眾信仰的宗教市場模式研究/ 吳良平著
--初版-- 臺北市：蘭臺出版社：2020.3
ISBN：978-986-5633-93-6(平裝)
1.宗教社會學 2.文集
210.1507　　　　　　109000756

民間信仰研究叢書11

小眾信仰的宗教市場模式研究

作　　者：吳良平
編　　輯：陳嫲竹
美　　編：陳嫲竹
校　　對：陳嫲竹
封面設計：塗宇樵
出 版 者：蘭臺出版社
發　　行：蘭臺出版社
地　　址：台北市中正區重慶南路1段121號8樓之14
電　　話：(02)2331-1675或(02)2331-1691
傳　　真：(02)2382-6225
E—MAIL：books5w@gmail.com或books5w@yahoo.com.tw
網路書店：http://5w.com.tw/
https://www.pcstore.com.tw/yesbooks/
https://shopee.tw/books5w
博客來網路書店、博客思網路書店
三民書局、金石堂書店
總 經 銷：聯合發行股份有限公司
電　　話：(02) 2917-8022　傳 真：(02) 2915-7212
劃撥戶名：蘭臺出版社　帳號：18995335
香港代理：香港聯合零售有限公司
電　　話：(852)2150-2100　傳真：(852)2356-0735
出版日期：2020年3月 初版
定　　價：新臺幣380元整(平裝)
ISBN：978-986-5633-93-6